삼성에서 ERP로 먹고사는 컨설턴트가 알려주는

ABAP of SAP

삼성에서 ERP로 먹고사는
컨설턴트가 알려주는
**ABAP of SAP**

초판 1쇄 인쇄 2025년 8월 14일
초판 1쇄 발행 2025년 8월 20일

**지은이** | 주호재, 서기준
**감   수** | 양승철, 이규현
**펴낸이** | 김승기, 김민수
**펴낸곳** | ㈜생능출판사 / **주소** | 경기도 파주시 광인사길 143
**브랜드** | 생능북스
**출판사 등록일** | 2005년 1월 21일 / **신고번호** | 제406-2005-000002호
**대표전화** | (031) 955-0761 / **팩스** | (031) 955-0768
**홈페이지** | www.booksr.co.kr

**책임편집** | 최동진
**편집** | 신성민, 이종무
**교정·교열** | 최동진
**본문·표지 디자인** | 이대범
**영업** | 최복락, 심수경, 차종필, 송성환, 최태웅, 김민정
**마케팅** | 백수정, 명하나

ISBN 979-11-94630-20-3 (93000)
값 25,000원

● 생능북스는 (주)생능출판사의 단행본 브랜드입니다.
● 이 책의 저작권은 (주)생능출판사와 지은이에게 있습니다. 무단 복제 및 전재를 금합니다.
● 잘못된 책은 구입한 서점에서 교환해 드립니다.

프로그래밍 지식 1도 없이
ABAP을 배울 수 있는 최초의 책

# 삼성에서 ERP로 먹고사는 컨설턴트가 알려주는 ABAP of SAP

주호재 서기준 지음
양승철 이규현 감수

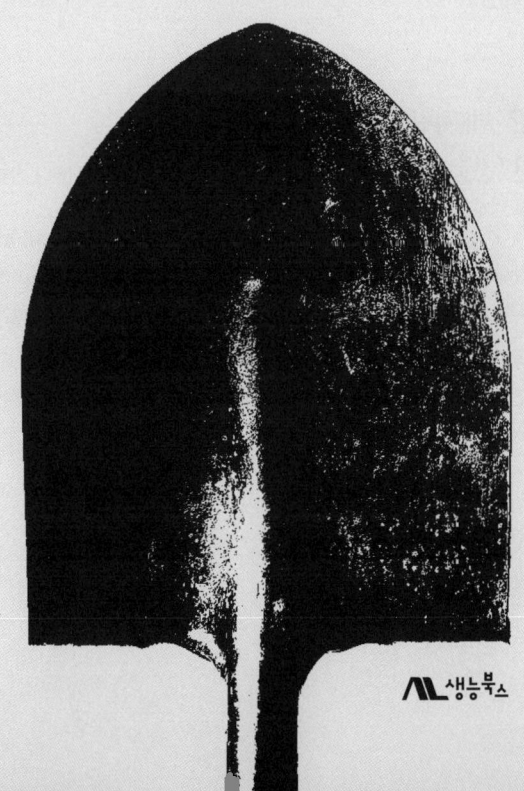

생능북스

## 추천사

### SAP ABAP을 배우는 모든 이들에게 꼭 필요한 책

**최유리** (율밥퍼, ABAP 블로거)

SAP의 개발 툴인 ABAP을 처음 공부하기 시작한 사람이라면 누구나 한 번쯤 길을 잃고 방황하는 순간을 겪게 됩니다. 방대한 내용과 복잡한 구조 속에서 무엇을, 어떻게 배워야 할지 막막함을 느끼는 일이 많기 때문입니다. 그런 고민을 단 한 번이라도 해보셨다면, 이 책이 분명 해답이 되어줄 것입니다.

이 책은 저자의 오랜 실무 경험과 깊이 있는 통찰을 바탕으로 SAP ABAP을 보다 쉽게 이해할 수 있도록 정리되어 있습니다. 단순한 이론 설명에 그치지 않고, 실무에서 바로 활용할 수 있는 핵심 개념과 개발 노하우가 담겨 있어, 초보자부터 중급자까지 모두에게 유용한 길잡이가 되어줄 것입니다. 저 역시 SAP ABAP을 공부하면서 많은 시행착오를 겪은 터라 이 책의 가치를 더욱 실감할 수 있었습니다. 저자의 지식과 경험을 한 권의 책으로 접할 수 있다는 것은 분명 큰 행운입니다. SAP를 새롭게 시작하려는 분들, 한 단계 더 성장하고 싶은 분들께 진심으로 이 책을 추천합니다.

### SAP ABAP 세계관을 바꿔 줄 시리즈의 탄생을 기대합니다

**김민철** (보나, 커뮤니티 운영자)

이 책은 첫 번째 책과 마찬가지로, 전문 지식이 없는 이들도 쉽고 친숙하게 ABAP을 이해할 수 있도록 도와주는 최고의 안내서입니다. 시스템 접속부터 실전 프로그래밍에 이르기까지 단계별로 접근하며, 실무에 직접 도움이 되는 설명과 팁들을 폭넓게 담고 있어 SAP ABAP을 처음 접하는 사람들에게 든든한 동반자가 되어줄 것입니다. 저자의 탁월한 통찰력과 친절한 설명 방식이 앞으로도 이어져, 더 많은 독자들에게 실질적인 도움이 되는 시리즈로 계속 이어지기를 기대합니다.

### 이론과 실무의 완벽한 조화: 문과생도 단숨에 사로잡는 실전형 입문서

**하수민** (시토, 커뮤니티 운영자)

SAP는 단순한 프로그램이 아닙니다. 기업의 핵심 운영을 좌우하는 복잡하고 방대한 시스템이죠. 그렇기 때문에 기술적인 이해는 물론, 실제 비즈니스 프로세스에 대한 깊이 있는 통찰력이 필수적입니다. 하지만 기존의 SAP 관련 서적들은 딱딱한 이론과 난해한 기술 용어들로 가득해, 처음 접하는 이들에게는 마치 높은 벽처럼 느껴지곤 했습니다. 이 책은 바로 그 간극을 메워주는 혁신적인 존재입니다. 마치 노련한 현장 전문가가 옆에서 친절하게 설명해 주는 것처럼, 이론과 실무를 유기적으로 연결하여 실제 업무에 즉시 적용할 수 있는 지식과 노하우를 제공합니다. 딱딱한 이론 설명 대신, 생생한 사례와 실습 중심의 구성은 독자에게 지루할 틈 없이 SAP의 세계를 경험하게 합니다. 저 역시 문과 출신으로 SAP를 처음 접했을 때, 수많은 이론서 앞에서 막막함을 느꼈던 기억이 있습니다. 만약 그때 이 책을 만났더라면, 시행착오를 줄이고 훨씬 효율적으로 학습할 수 있었을 것이라는 아쉬움이 남습니다. 이 책은 저와 같은 문과생은 물론, SAP를 처음 접하는 모든 이들에게 든든한 길잡이가 되어줄 것입니다. SAP는 더 이상 IT 전문가들만의 영역이 아닙니다. 이 책과 함께라면 누구나 SAP 전문가로 성장할 수 있습니다. 지금 바로 이 책을 펼치고, SAP의 무한한 가능성을 직접 경험해 보세요.

### SAP ABAP을 알차고 알기 쉽게 설명한 책

**류명래** (곧 환갑, PP Master)

ABAP을 기초부터 실전 감각까지 아우르며 구성할 수 있었던 것은, 아마도 저자의 오랜 관록에서 비롯된 결과가 아닐까 생각합니다. 단순히 기술적인 내용을 나열하는 것은 비교적 쉬운 일이지만, 이처럼 이야기 형식으로 쉽고 친근하게 풀어내는 방식은 저자가 오랫동안 수많은 책을 집필하며 쌓아온 깊이 있는 경험과 노련함 덕분이 아닐까요.

**프롤로그**

## 정비공이 될 것인가,
## 운전을 할 것인가

몇 달 전에 배신자의 길을 걷기로 했습니다. 제 밥벌이를 다 까발리기로 한 거죠. 그렇게 출판한 책이 '삼성에서 ERP로 먹고 사는 컨설턴트가 알려주는 SAP'였습니다. 그 책의 후반부에 SAP를 집에서 혼자 설치하는 방법을 소개했습니다. 솔직히 조금 따라하시다가 다 포기하실 줄 알았습니다. 그런데 그 불친절한 가이드를 따라 밤을 새워가며 설치에 성공했다는 소문을 건너건너 듣게 되었습니다. 뜨끔했습니다. 이럴 줄 알았다면 좀더 친절하고 이쁘게 가이드해 드릴 걸. 그리고 이런 뒷 이야기가 나오더군요. 어렵게 깔았는데 그냥 책이 끝나더라. 그래서 이 책을 쓰기 시작했습니다. 철저하게 집에서 저희 가이드를 따라 SAP를 설치하신 분들이 따라하실 수 있는 형태의 책을 만들기로 했습니다. 물론 회사에서 SAP를 사용하시는 분들은 문제없이 하실 수 있고요.

이 책은 두 가지 가정을 깔고 시작하겠습니다. 첫째, 이론적이고 기술적인 부분은 최대한 배제한다. 둘째, 문과생도 바로 이해할 수 있는 수준의 용어를 사용한다. 비유적으로 설명하자면 '정비하는 법이 아닌 운전하는 법'을 알려주는 책을 쓰겠다는 이야기입니다.

이 책을 다 읽고 따라하신다고 해도 카레이서가 되시는 건 아닙니

다. 소형차를 타고 동네에서 마트 다녀오실 수 있는 생활 운전자를 만들어 드리는 것이 이 책의 목표입니다. 따라서 Steering wheel(운전대), Brake(브레이크), Transmission oil(미션오일) 같은 용어를 설명하는 짓은 하지 않겠습니다. 바로 차에 올라서 10km 이하 속도로 가까운 공터에서 연습을 시작해, 점점 넓은 곳에서 속도를 조금씩 높이고 마지막에는 동네 도로로 나가 시속 50km로 자연스럽게 운전할 수 있는 수준을 만들어 드리는 것이 저희의 소망입니다.

**차례**

추천사      4

프롤로그 – 정비공이 될 것인가, 운전을 할 것인가      6

## Part 1   기본 프로그램

**01 Hello world는 사양합니다**
- ABAP 프로그램을 생성합니다      13
- 프로그램 생성      16
- 운항 일정 조회 프로그램을 소개합니다      21
- 프로그램 내 손으로 짜보기      23
  - 조금 더 파보자   조회 조건 이름 바꾸기      31
  - 조금 더 파보자   디버깅 모드에서 데이터 확인하기      41
- 운행 지도 보기      74
- 다른 테이블 데이터 출력해 보기      75

**02 ABAP의 T코스**
- 항공사 및 공항 정보 조회 프로그램      84
- 프로그램도 예외 없다, 복사해 붙여 넣기      85
- 어디를 뜯어고쳐야 할까?      89
- T코스의 정수      94
  - 조금 더 파보자   객체 지향 프로그래밍      105
- SAP의 클래스는 어떻게 정의되어 있을까?      114
- 닥치고 T코스 소스코딩      119
- 업그레이드 T코스      130
- 마지막 닻을 내리자      141
  - 조금 더 파보자   시스템 필드      156

## Part 2  실전 프로그램

**03 기본은 조회 프로그램**
- 예약현황 조회 프로그램 — 163
- ABAP T코스 4단계 — 166
- 변수 선언 — 169
- 조회 화면 — 170
- 데이터 준비 — 175
  - 조금 더 파보자 ABAP의 새로운 문법 — 182
  - 조금 더 파보자 HANA가 가지고 온 변화 — 183
- 결과 화면 — 186
  - 조금 더 파보자 패턴 활용하기 — 210

**04 클래스를 이용한 이벤트 처리**
- 예약 현황 조회 팝업 — 215
- 코너킥 사인과 이벤트 처리 — 216
- ALV Grid 클래스에서 이벤트 찾아보기 — 219
- 로컬 클래스 만들기 — 222
- 정리하기 — 239
  - 조금 더 파보자 ALV Grid를 만드는 여러 가지 방법 — 255

## 부록

**01 항공사 관리 테이블**
- 테이블 구경하기 — 267
- 항공사 테이블 구조 — 273
- 테이블 연관관계 — 274
- 한 눈에 쏙 — 282

**02 실습 환경 가이드**
- 비주얼 디자인 설정 — 285
- 소스코드 폰트 설정하기 — 289

**03 실습 프로그램 가이드**
- 프로그램 명명규칙 — 291
- 변수 명명규칙 — 292

에필로그 - To be continued…. — 296

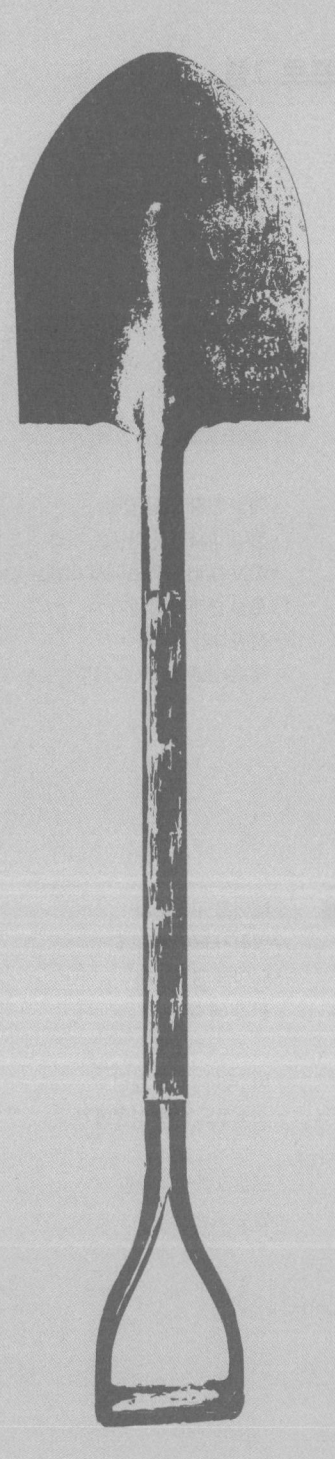

# PART 1

## 기 본
## 프로그램

기본 프로그램

## 01

# Hello world는 사양합니다

이 바닥에서 어떤 언어로든 프로그램으로 밥 좀 말아 먹은 사람은 다 아는 게 있습니다. 누가 시작했는지 모르지만 첫 프로그램을 짜면 무조건 만들어 보는 'Hello world'. 저희는 이 오래된 클리셰를 깨고 싶었습니다. 왜 소중한 첫 경험을 쓰지도 못할 결과로 끝낸단 말입니까. 우리는 처음부터 그럴듯한 프로그램을 만들 것입니다.

## ABAP 프로그램을 생성합니다

프로그램을 만들려면 SAP 시스템에 접속부터 해야겠지요. 삽질에 대한 첫 책('삼성에서 ERP로 먹고사는 컨설턴트가 알려주는 SAP'를 말합니다. 당분간 연속성 있게 SAP 책을 써볼 생각이고, 이를 "삽질" 시리즈라 칭하겠습니다.)에서 설치한 SAP 시스템에 접속합니다. 이제는 익숙한 화면이 열립니다. 먼저 제가 익숙한 스킨으로 변경부터 하겠습니다.

설정 버튼(⚙)을 클릭하고 ❷번의 옵션을 선택합니다. 삽질 첫 책에서 테마 세팅했던 것 기억하시죠. 다음 화면이 나오면 '테마 설정Theme Settings'을 클릭하고 그림과 같이 'SAP Signature Theme'를 선택합니다. 사실 테마는 사용자 취향에 따라 선택하시면 되지만, 테마마다 약간씩 화면 디자인이 차이가 나서 초보자의 경우 당황할 수 있습니다. 실습의 편의를 위해 일단 저희와 같은 테마를 맞추시는 걸로 이해하시면 됩니다.

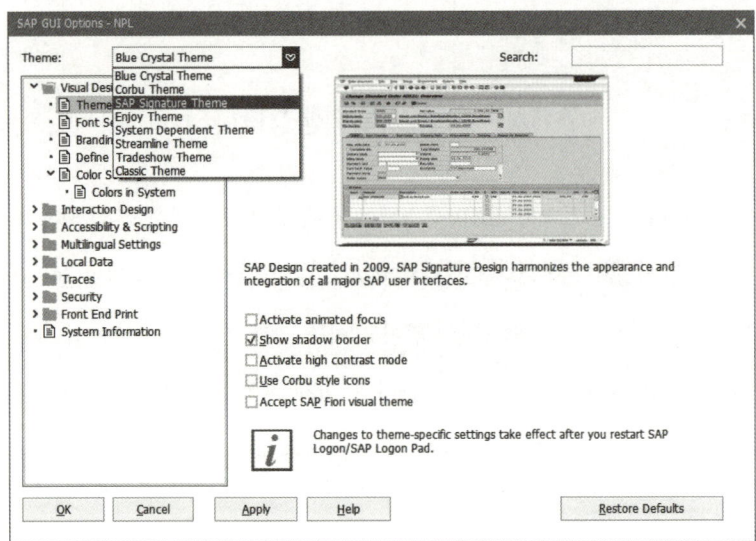

다 설정을 하셨으면 SAP 창을 모두 닫습니다. 초기 화면까지 다 닫으세요. 그리고 다시 SAP Logon 버튼(▱)을 클릭하여 SAP를 재실행합니다. 화면이 이전과 달라졌을 겁니다. 이 외에도 폰트와 컬러 같은 추가로 설정할 사항이 조금 더 있습니다. 자세한 사항은 부록에서 설명하겠습니다.

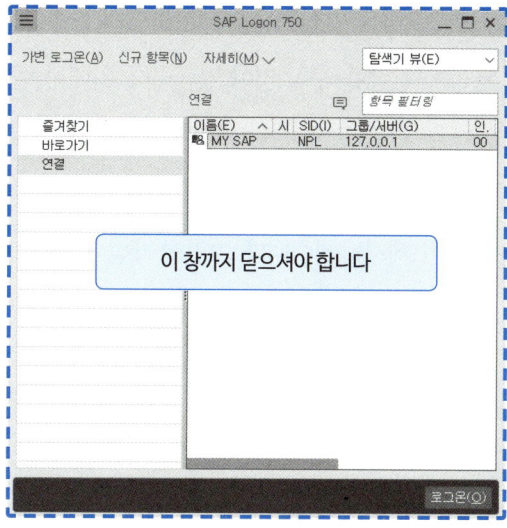

이제 진짜 삽질을 시작해보겠습니다.

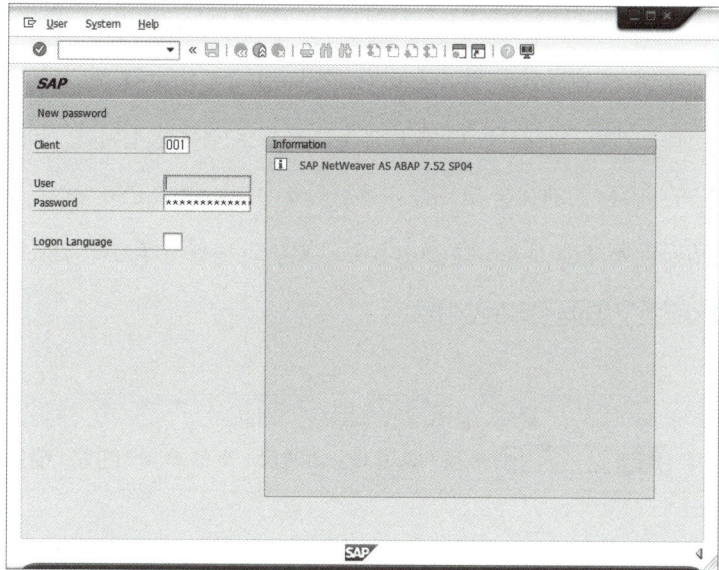

본격적으로 프로그램을 만들어 보기 전에 집에 환경을 구성하고 학습하고 계신 분들께 양해를 구할 것이 있습니다. 최대한 쉽게 설명하기 위해 로그온 언어를 '한글'로 할 생각입니다. 아마도 SAP를 무료로 제공하는 실습 환경은 영어만 가능할 겁니다. 그래서 최대한 헷갈리지 않게 버튼 아이콘을 같이 제시하겠습니다. 그림의 제일 하단에 있는 'Logon Language'에 "KO"를 입력하세요. 그리고 본인이 설정하신 ID와 PW를 입력하고 로그인하세요.

## 프로그램 생성

운전을 하려면 제일 먼저 해야 할 일이 뭔가요? 일단 차에 타야겠지요. 탑승에 해당하는 것이 프로그램을 하나 생성하는 것입니다. 삽질 첫 책에서 몇 번 해보셨을 겁니다. 다시 한번 해보죠. 삽질 첫 책에서와는 조금 다르게 이 책에서는 다른 트랜잭션 코드로 접속할 겁니다. 그때는 'SE38'이라는 트랜잭션 코드를 사용했었죠. 이번에는 'SE80'이라는 좀 더 발전된 형태를 사용하겠습니다. 초기 화면의 명령어 필드에 "/nse80"을 입력하고 [Enter]를 누릅니다.

조금은 낯설고 약간은 복잡한 화면이 나올 겁니다. 두려워하지 마세요. 우리는 필요한 것만 이해하면 됩니다.

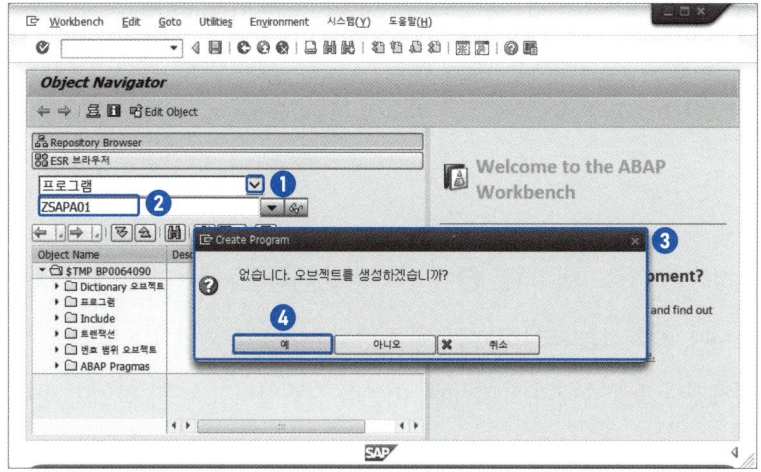

먼저 ❶을 클릭합니다. 드롭다운 리스트Dropdown list가 나옵니다. 여러 항목 중에서 우리는 프로그램을 짜야 하니까 '프로그램'을 선택합니다. 그리고 필드 ❷에 프로그램 ID를 입력합니다. 사용자가 추가하는 프로그램인 CBO Customer Bolt-On를 만들고 있죠. 그래서 프로그램 ID의 시작은 'Y'나 'Z'만 가능합니다. 우리는 'Z'로 시작하겠습니다.

 **프로그램 ID에도 규칙이 필요해요!!**

지금은 방구석에서 섀도우 복싱하듯 코딩을 하고 계시지만, 언젠가 강호에서 일을 해야 합니다. 그러려면 프로그램 ID도 마음대로 만들면 안 됩니다. 규칙이 필요합니다. 그것을 네이밍 룰 Naming Rule이라 합니다. 이 책에서 사용되는 프로그램들의 네이밍 룰은 [부록 03]에 있는 '실습 프로그램 가이드' 목록에 정의해 두었습니다.

정하신 프로그램 ID를 ❷에 입력하고 [Enter]를 누르면 ❸에 팝업이 뜹니다. 만들려는 프로그램 ID에 해당하는 프로그램이 없으니 새로 생성하겠냐고 묻습니다. 바로 [예] 버튼을 클릭합니다. 다시 팝업이 하나 뜰 겁니다. 아무것도 건드리지 말고 계속 버튼(✓)을 클릭합니다.

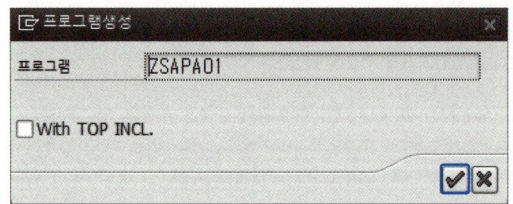

다시 팝업이 나올 거예요. 당황하지 말고, ❶의 프로그램 제목 필드에 "[삽질항공] 운항일정 조회"를 입력합니다. ❷의 [저장] 버튼을 클릭합니다.

01    Hello world는 사양합니다

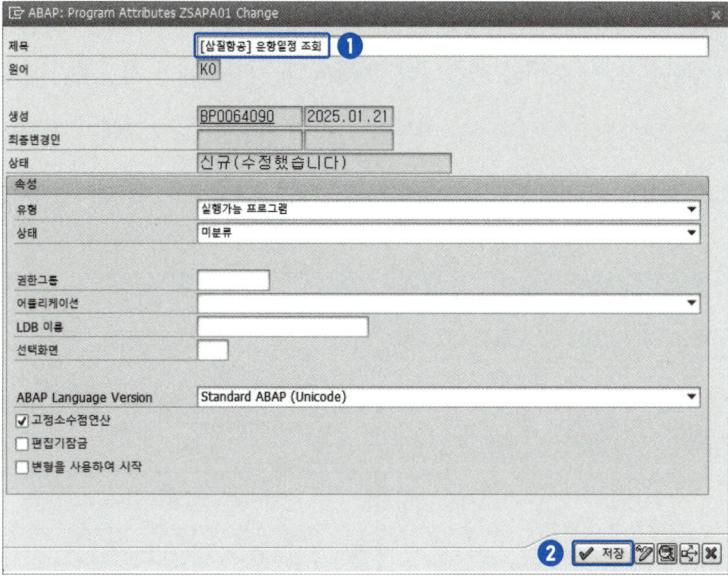

또 팝업이 뜰 겁니다. 거의 다 왔습니다.

이번에는 그냥 저장 버튼을 클릭하지 않습니다. 우리는 지금 방구석에서 새도우 복싱 중이라 했습니다. 그래서 내 저장소에만 저장하기 위해 [로컬 오브젝트Local Objects] 버튼을 클릭합니다. 첫 프로그램이 만들어졌습니다.

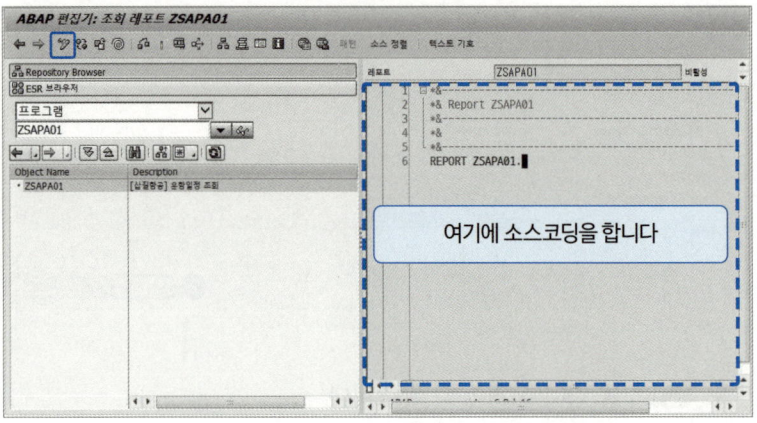

그런데 조회 모드입니다. 편집 모드로 먼저 만들어야겠죠. 모드 전환 버튼()을 클릭합니다. 화면의 배경색이 흰색으로 바뀌면서 편집 모드로 바뀝니다. 아무 텍스트나 한번 쳐보세요.

### 모드를 빠르게 전환하는 방법 없나요?

단축키가 있습니다. `Ctrl` + `F1` 을 한번 누를 때마다 모드가 조회와 수정을 오갑니다.

트랜잭션 코드 'SE80'으로 접속한 화면을 'ABAP 편집기Editor'라고 부릅니다. 앞으로 엄청 친해지셔야 합니다. 일단 프로그램은 생성했습니다. 이제 진짜 어떤 프로그램을 짤지 알아보겠습니다.

## 운항 일정 조회 프로그램을 소개합니다

갑자기 운항 일정이라니 어리둥절하시죠? 운전대에 처음 앉을 때도 당황스러웠습니다. 하나씩 해 나가다 보면 어느 순간 운전에 익숙해졌듯 ABAP 코딩도 비슷합니다. 처음 운전 연습을 위해 집 근처 공터로 갔던 그때를 떠올려 보시죠. 먼저 공터의 출입문에 해당하는 조회 화면 Selection screen입니다. 처음이니까 조회 조건은 항공기의 종류를 뜻하는 항공 기종을 입력하는 것으로 구성했습니다. 간단하죠. 하나 기억할 것은 화면마다 화면 번호가 있는데 조회 화면은 1000번입니다. 일단 그렇게 기억하세요.

조회 화면을 실행하면 나오는 것이 주화면Main screen입니다. 항공기의 기종 정보를 조회해 보여 줍니다. 그럴싸하죠. 이 화면의 번호는 100번 입니다.

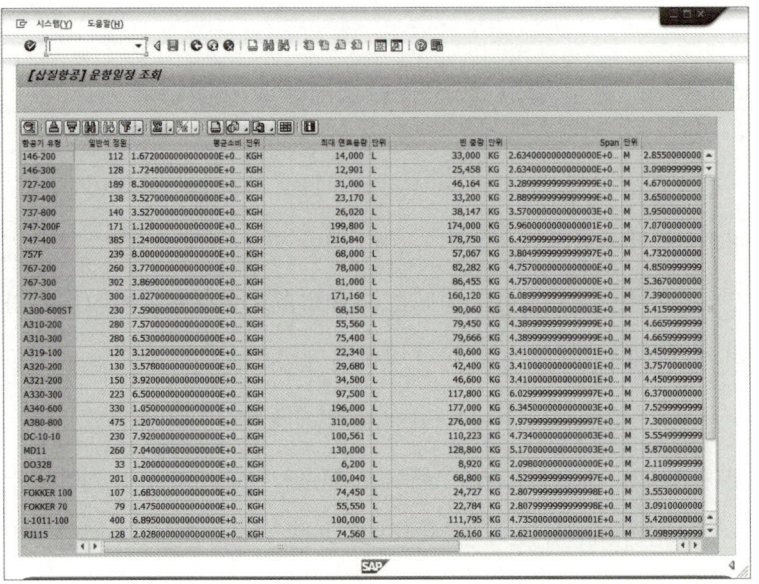

인생에서 처음으로 ABAP 프로그램을 짜보는데 너무 어려운 거 아니냐고요. 각 부분의 명칭, 작동 원리부터 시작하면 거의 불가능하겠지만 저희는 운전하는 법만 배울 거잖아요. 금방 완성할 수 있습니다. 자신감을 가지세요.

## 프로그램 내 손으로 짜보기

운항 일정 조회 프로그램을 짜는 과정은 크게 4개의 단계로 나눠집니다. 첫 번째는 변수를 선언해 주는 단계입니다. 프로그램에서 사용할 도구들을 정하고 이름을 지어 주는 것이라 일단 이해하세요. 두 번째는 어떤 항공 기종을 조회 조건으로 줄 것인지 정하는 조회 화면 구성입니다. 세 번째는 데이터를 쌓아 놓는 창고인 테이블에서 조회 조건에 해당하는 데이터를 가져와 준비하는 과정입니다. 마지막 네 번째는 준비된 데이터를 결과 화면에 출력해 주는 것입니다. 실제 운항 일정 조회 프로그램에 대비해 보면 4단계는 다음과 같습니다.

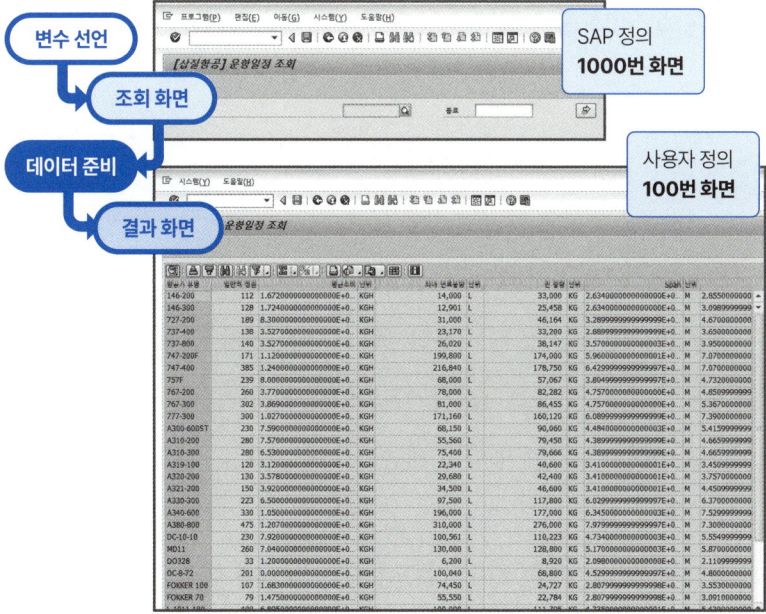

여기서 기억해둬야 할 것이 있습니다. 조회 화면은 SAP가 미리 정의해 둔 화면이고 화면 번호가 1000번으로 정해져 있다는 점입니다. 반면 결과 화면은 사용자가 자유롭게 정의하는 사용자 정의 화면이고 번호도 자유롭게 붙일 수 있습니다. 우리는 100번으로 번호를 주겠습니다. 이제 각 단계별로 하나씩 알아보겠습니다.

### 1 변수 선언

프로그램에서 사용할 도구는 크게 두 가지입니다. 테이블(Table) 하나와 클래스(Class) 2개입니다. 테이블은 간단히 말하면 데이터를 저장하고 있는 저장소입니다. 요리에 비유하자면 식자재 창고에 해당합니다. 항공 기종 조회 프로그램에서 사용할 테이블은 항공 기종 정보를 저장하고 있는 테이블이고, 이름은 'SAPLANE'입니다. 선언하는 방법은 간단합니다. 소스코드를 입력하는 창에 아래와 같이 입력하면 됩니다.

**테이블 선언**

```
TABLES : saplane.
```

컴퓨터에 이런 지시를 하신 겁니다. '항공 기종 조회 프로그램에서 'saplane'이라는 테이블을 사용하겠다.' 이제 2개의 클래스를 선언해야 합니다. 그런데 클래스는 테이블처럼 바로 가져다 쓸 수가 없습니다. 왜냐하면 클래스는 실체가 아닌 개념이기 때문입니다. 요리로 치면 지금 우리가 하고 있는 건 라면을 끓이는 정도입니다. 라면을 끓이려면 라면도 필요하지만 버너와 냄비도 필요합니다. 식자재 창고 옆에 조리 도구

창구가 있습니다. 그 안에는 선반이 여러 개 있는데 그 중에 가스버너를 보관하는 곳이 있고, 냄비를 보관하는 곳이 있다고 상상해 봅시다. 라면 1개를 끓여달라는 주문이 들어옵니다. 그럼 셰프가 가스버너와 냄비를 하나씩 가져오라고 요청할 겁니다. 이때 가스버너와 냄비는 개념일 뿐 실체는 아니죠. 지시를 받은 보조 셰프가 조리 도구 창고에 가서 가스버너 하나와 냄비 1개를 들고 나오면 그건 실체입니다. 이 실체를 개념과 구분하기 위해 가스버너 1번, 냄비 1번이라고 명명합니다. 정리해 보면 가스버너와 냄비는 개념에 해당하는 클래스(Class)입니다. 반면 가스버너 1번과 냄비 1번은 클래스의 속성을 가진 객체라고 합니다.

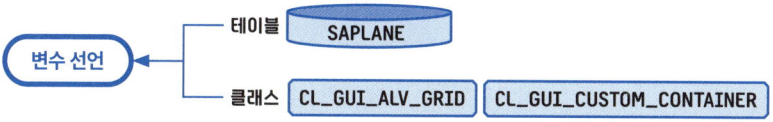

이 프로그램에서는 'CL_GUI_ALV_GRID'와 'CL_GUI_CUSTOM_CONTAINER'라는 두 개의 클래스를 활용하고 이 둘을 참조한 객체 2개를 만듭니다. 냄비1에 해당하는 것이 'g_grid1'입니다. 냄비라는 개념이 'cl_gui_alv_grid'라는 클래스이죠. 그래서 이런 지시를 내린 겁니다. 냄비(cl_gui_alv_grid)라는 개념을 참조해서 냄비1을 만들어라. 이때 참조하라는 명령어가 'TYPE REF TO'입니다. 비슷한 형태로 가스버너에 해당하는 'g_container1'도 선언합니다.

### 객체 선언

```
DATA : g_grid1 TYPE REF TO cl_gui_alv_grid.
DATA : g_container1 TYPE REF TO cl_gui_custom_container.
```

변수 선언을 제대로 했다면 소스코드는 다음과 같을 겁니다.

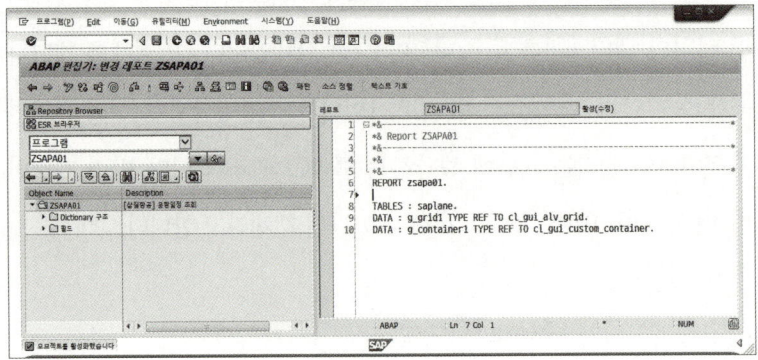

### 2 조회 화면 구성

조회 화면을 구성하는 것은 간단합니다.

'SELECT-OPTIONS'라는 명령어를 입력하면 SAP가 미리 정의해 놓은 1000번 화면이 바로 만들어집니다. 항공 기종을 조회 조건으로 추가하기 위해 'SELECT-OPTIONS'라는 명령어 옆에 항공 기종에 해당

하는 필드를 선언해 줍니다. 's_pltype'이라는 조회 조건을 정의하는데 이것은 앞에서 선언해 놓은 'saplane' 테이블의 'planetype'이라는 필드의 속성을 가져다 쓰겠다는 의미입니다.

### 조회 화면 구성

```
SELECT-OPTIONS : s_pltype FOR saplane-planetype.
```

조회 화면을 다 만드셨습니다. 소스코드 창에 아래와 같이 작성하셨으면 잘 따라오신 겁니다.

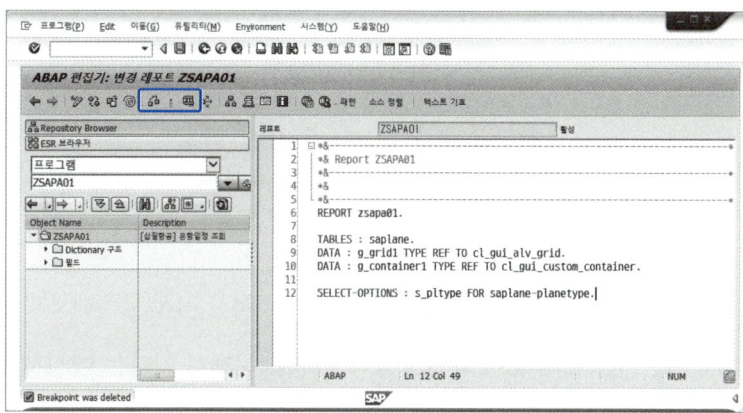

조회 화면이 잘 구성되었는지 실행을 한 번 해보겠습니다. 표시된 3개의 버튼을 차례로 눌러 보겠습니다. 왼쪽의 첫 번째 버튼(🔍)은 소스코드 구문에 문법상 오류가 있는지 체크하는 점검 버튼(🔍, Check)입니다. 만약 소스코드에 오류가 있다면 관련된 정보를 하단에 보여줍니다.

테스트를 위해 ❶번처럼 마지막 줄에서 점을 지우고 ❷번의 점검 버튼을 클릭해보겠습니다. 그러면 ❸번처럼 문법오류 1건(Syntax error 1)이 표시되고 대략 어떤 오류인지 알려줍니다. 내용을 보니 마지막 구문이 제대로 끝나지 않았다고 합니다. 마침표가 빠졌으니까요.

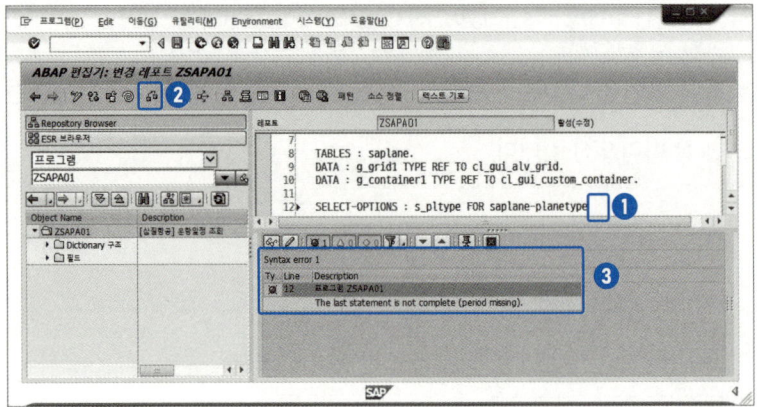

다시 점을 찍어 넣은 다음, 점검 버튼(, Check)을 다시 클릭해보겠습니다. 이번에는 에러 없이 화면의 좌측 하단에 문제가 없다는 메시지가 나타납니다.

01          Hello world는 사양합니다

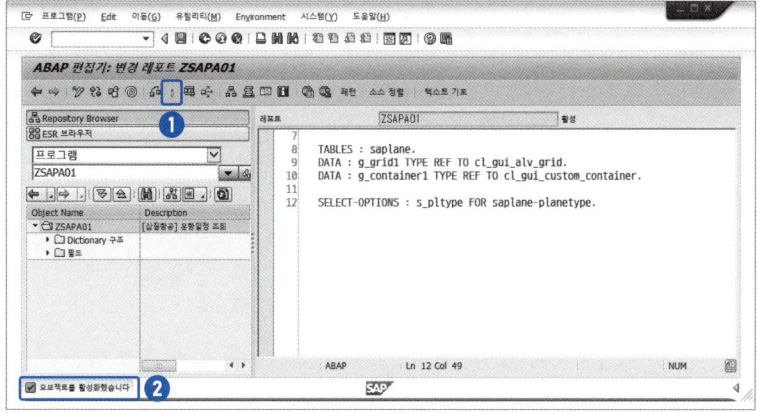

이번에는 두 번째 활성화 버튼( ,Activate)을 클릭합니다. 이 버튼은 앞으로 습관적으로 누르시게 될 겁니다. 지금까지 만든 구성요소들을 깨어나게 하는 버튼이라고 일단 이해하세요. 문제없이 활성화가 이뤄지면 이번에는 화면의 좌측 하단에 '오브젝트를 활성화했습니다(Active object generated)'라는 메시지가 나타납니다. 이제 프로그램을 실행할 준비가 되었습니다. 아래 그림에서 상단에 표시된 마지막 수행 버튼( , Direct processing)을 클릭합니다.

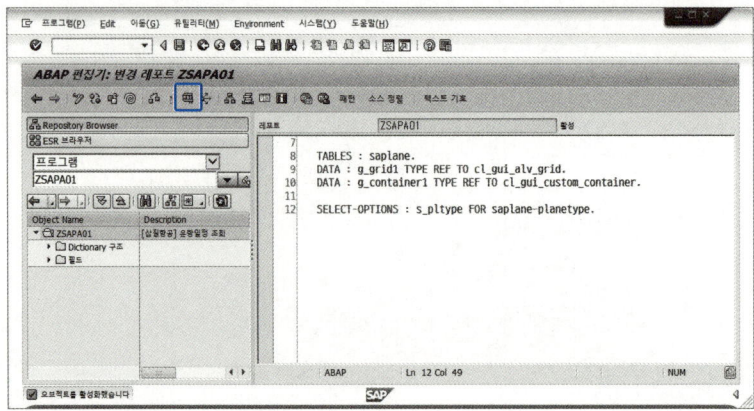

다음의 화면이 나타나면 성공하신 겁니다.

다시 소스코드가 있는 곳으로 돌아가려면 표시된 뒤로 가기 버튼(  Back)을 클릭합니다.

 조금 더 파보자

## 조회 조건 이름 바꾸기

방금 실행한 조회 화면에 이상한 부분 없으신가요? 처음에 보여드린 조회 화면에서는 조회 조건명이 '항공 기종'이었습니다. 지금은 그 자리에 'S_PLTYPE'이 표시되어 있습니다. 'S_PLTYPE'을 '항공 기종'으로 바꿔보겠습니다.

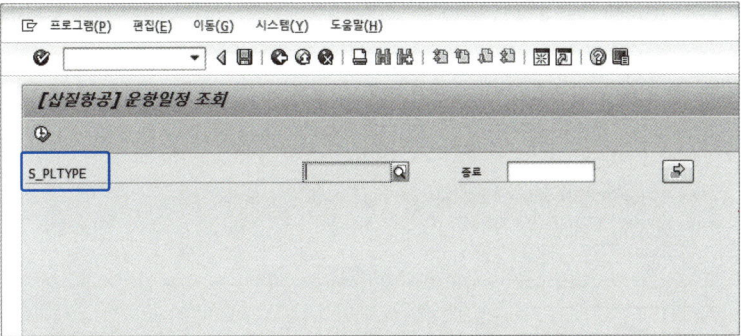

**1** ABAP 편집기(T-code: SE80)에서 [이동(Goto)] 메뉴를 선택합니다. 그 중에서 표시된 바와 같이 텍스트 기호(Text Elements) 항목을 선택합니다.

기본 프로그램　　　　　　　　　　　　　　　　　　　　　　　　　　　　　　　　*Part* 1

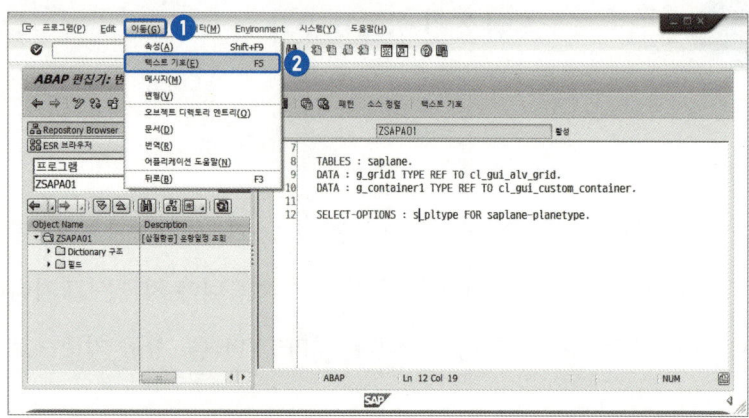

**2** 화면이 바뀌면 3개의 탭 중에 가운데의 [선택 텍스트(Selection Texts)] 탭을 선택합니다.

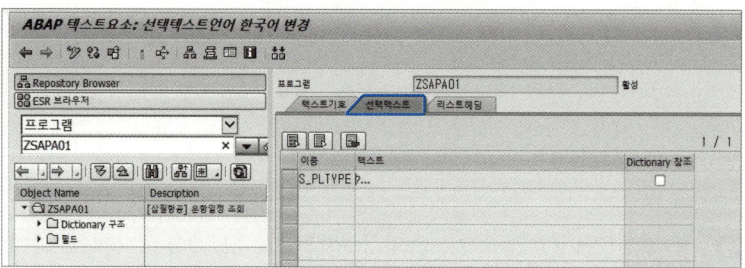

**3** 텍스트 부분에 '?...'가 표시되어 있으면 수정 가능한 상태입니다. 지우고 '항공 기종'으로 수정하세요.

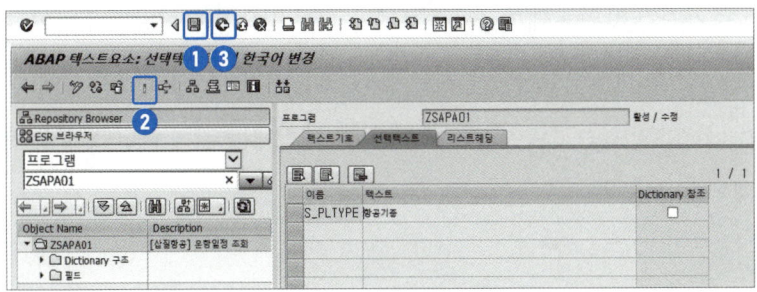

❶번 버튼을 눌러 저장하셨으면 ❷번 활성화 버튼(󰀁)을 클릭하여 오브젝트를 활성화합니다. 마지막으로 ❸번의 뒤로 가기 버튼(󰀁)을 눌러 소스코드를 코딩하던 화면으로 돌아갑니다. 다시 수행 버튼(󰀁)을 클릭해 보세요. 'S_PLTYPE'이 '항공 기종'으로 변경된 것을 확인할 수 있습니다.

중간점검 차원에서 지금까지 우리가 어떤 것을 만들어왔는지 확인하는 시간을 가져 보겠습니다. 지금까지는 ABAP 편집기에서 오른쪽에 있는 소스코딩하는 화면만 사용했습니다. 이번에는 왼쪽 하단을 활용해 보겠습니다.

### 모든 것은 오브젝트입니다

'활성화' 버튼을 클릭하면 메시지에 '오브젝트를 활성화했습니다'라고 나왔습니다. 그 이유가 우리가 만든 변수, 조회 화면 같은 것들이 모두 각각의 오브젝트이기 때문입니다.

오브젝트들의 이름과 설명이 보입니다. 여기서 우리가 지금까지 만든 오브젝트들을 한꺼번에 보고 관리할 수 있습니다.

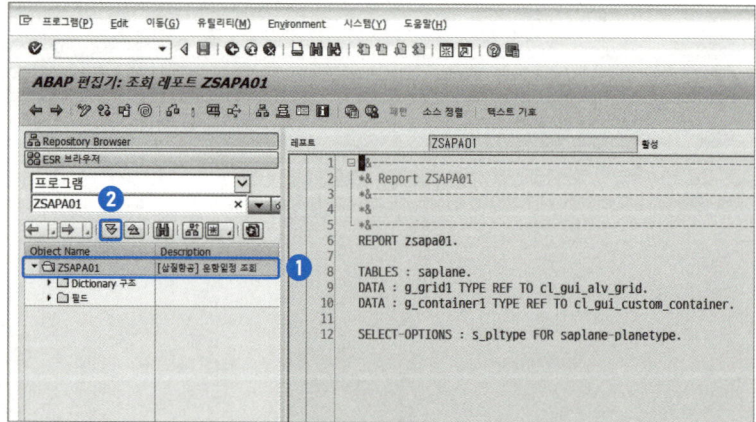

프로그램 ID를 ❶번처럼 선택합니다. 선택한 상태에서 ❷번 버튼을 클릭합니다. 접혀 있던 리스트가 펼쳐지고 지금까지 생성한 모든 오브젝트들이 펼쳐져 보입니다.

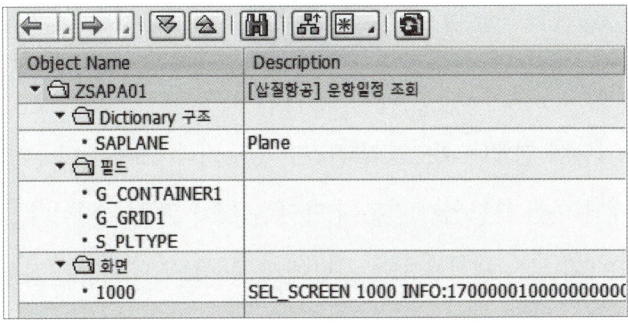

제일 처음 선언했던 테이블이 Dictionary 구조Dictionary Structures 항목 밑에 보이고, 앞에서 선언했던 3개의 변수가 필드(Fields) 항목 아래에 보입니다. 그리고 방금 만들었던 조회 화면 1000번이 화면Screen 항목 아래에 들어가 있습니다.

[ 3 ] 데이터 준비

다음은 조회 화면에서 정한 조회 조건에 맞게 데이터를 테이블에서 가져와 준비하는 단계입니다.

인공지능이 엄청난 속도로 발전하고 있습니다. 그 발전의 본질을 보면 기계가 마치 사람처럼 질문에 답하는 것이 큰 부분입니다. 그래서 ChatGPT와 같은 생성형 AI는 사람에게 물어보듯 두서없이 질문을 막 던져도 꽤 만족스러운 답을 줍니다. 하지만 지금 우리가 가지고 놀고 있는 ABAP은 아직은 구시대의 방식을 따릅니다. 친절하게 내가 지금 뭘 하려고 하는지를 알려줘야 합니다. '이제 데이터를 좀 만들어 볼 거야' 라고 미리 언질을 줘야 합니다. 데이터를 만들기 시작하겠다는 언질은 'START-OF-SELECTION'입니다.

**데이터 조회 시작 이벤트**

```
START-OF-SELECTION.
```

데이터 준비를 시작해보겠다고 SAP에게 알렸으니 지금부터 데이터를 만들면 됩니다. 일단 '타자 연습한다' 생각하시고 다음의 내용을 그대로 소스코드 입력 창에 입력해 보세요.

> **데이터 쿼리문**
>
> ```
> SELECT *
>   FROM saplane
>  WHERE planetype IN @s_pltype
>   INTO TABLE @DATA(gt_saplane).
> ```

방금 작성하신 4줄의 구문은 SQL이라 부르는 데이터 쿼리문입니다. 디지털 시대를 사는 지금은 IT와 관련 없는 일을 하셔도 한번쯤은 들어 보셨을 겁니다. 테이블이라는 데이터 저장소에 있는 수없이 쌓인 데이터 중에 내가 지금 필요한 데이터만 쏙 뽑아 내올 때 쓰는 도구이지요. 4줄을 해부해보겠습니다. 위의 2줄부터 보겠습니다.

> ```
> SELECT *
>   FROM saplane
> ```

영어 해석 그대로입니다. 아까 정의해뒀던 'saplane'이라는 테이블(saplane)에서 조회(SELECT)해 오라는 뜻입니다. 그런데 그 저장소에 있는 모든 데이터를 가져올 필요는 없으니 그 중에 어떤 것들을 가져올지 조건을 줍니다. 세 번째 줄의 역할입니다.

> ```
>  WHERE planetype IN @s_pltype
> ```

어디(WHERE)를 뒤져 가져와야 하느냐면 'saplane' 테이블에서 관리하는 여러 필드 중에 '항공 기종' 정보를 가지고 있는 'planetype' 필드에서 조회 조건을 주고 그 중(IN) 일부를 가져오라는 의미입니다. 조회 조건의 값은 '@s_pltype'입니다. 어디서 본 기억이 있으시죠. 조회 화면을 구성할 때 사용했습니다.

```
SELECT-OPTIONS : s_pltype FOR saplane-planetype.
```

앞에서 정의했던 변수를 데이터 쿼리할 때 값으로 던지는 겁니다. 앞에 @가 붙은 것은 쿼리문 안에서 사용하기 위해서라고 이해하고 넘어가겠습니다.

예를 들어 조회 화면(1000번)에서 'A310-200'을 입력 값으로 넣어 주면 's_pltype'이 해당 값을 가지게 되고 'saplane' 테이블의 데이터 중에 'planetype' 필드의 값이 'A310-200'인 값만 조회하게 됩니다.

```
INTO TABLE @DATA(gt_saplane).
```

마지막 4번째 줄은 테이블로부터 쿼리해 온 데이터를 프로그램 안에서 요리조리 요리하기 위해 임시 테이블인 내부 테이블Internal Table에 넣어 두라(INTO TABLE)는 명령입니다. 내부 테이블의 이름은 'gt_ saplane'가 되겠죠. '@DATA()'로 쌓인 이유는 변수를 선언하는 것과 활용하는 것을 한꺼번에 하겠다는 의미인데 자세한 설명은 따로 하겠습니다.

### 일의 끝에는 점(.)을 꼭 찍어야죠

잘 따라 타이핑을 하셨는데 에러가 나는 경우가 있습니다. 마지막에 점(.)을 안 찍으셨기 때문입니다. ABAP은 모든 문장의 끝에 반드시 점을 찍어야 합니다.

여기까지 수행결과를 좀 볼까요? 프로그램을 수정하면 습관적으로 누르라고 했던 2개의 버튼 기억나시죠. 먼저 소스코딩에 오류가 있는지 점검 버튼(, Check)을 클릭해 확인합니다. 그리고 오브젝트를 활성화하기 위해 활성화 버튼(, Activate)을 클릭합니다. 문제가 없으면 마지막으로 수행 버튼()을 클릭합니다.

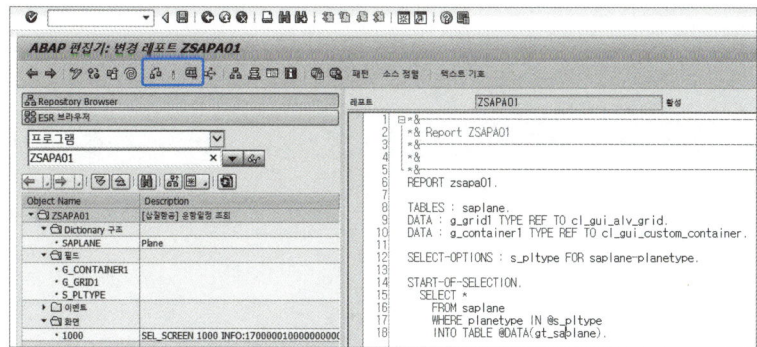

프로그램이 수행되고 조회 화면(1000번)이 나올 겁니다. 아무 입력 없이 바로 실행을 해보겠습니다. 실행 버튼( , Execute)을 클릭합니다.

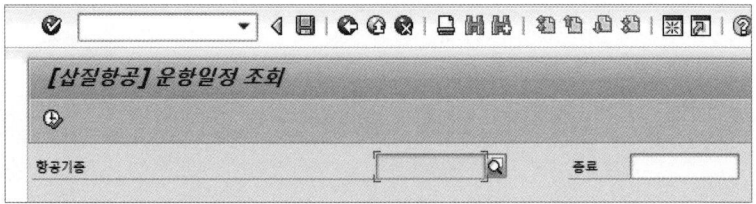

실행을 했는데 화면에 변화가 없을 것입니다. 왜 그럴까요? 지금까지 우리가 한 일을 생각해 보세요. 변수를 선언하고, 조회 화면을 구성하고, 데이터를 준비까지 했습니다. 하지만 그 결과를 어떻게 보여 주는지에 대해서는 SAP에 시킨 일이 없죠. 그래서 아무런 변화가 없는 겁니다. 그렇다고 SAP가 아무 일도 하지 않은 것은 아닙니다. 내부적으로 데이터를 준비해서 내부 테이블에 가지고 있습니다.

조금 더
파보자

## 디버깅 모드에서 데이터 확인하기

조금 이른 감이 있지만, 데이터가 준비된 과정을 프로그램 속으로 직접 들어가서 미리 볼 수 있는 방법이 있습니다. 디버깅 모드Debugging mode를 활용하면 됩니다. 프로그램에 알 수 없는 오류가 발생하면, 원인을 찾아야 합니다. 때로는 소스코드를 한 줄씩 점검해야 할 때도 있습니다. 그 행위가 마치 한 여름 밤에 벌레 잡는 것과 비슷해서 디버깅Debugging이라 부른다고 기억하세요. (실제로는 컴퓨터가 건물만 한 시절에 컴퓨터 안에 실제로 벌레가 들어가서 고장이 자주 났다고 합니다. 그래서 컴퓨터가 작동을 안 하면 실제로 컴퓨터 안에 들어가서 벌레를 잡았다고 합니다.) 새로운 세계에 들어가려면 주문이 있어야겠지요. 여러 주문이 있지만 하나만 일단 알려드리겠습니다. 지금까지 작성한 소스코드의 마지막에 "BREAK-POINT."라고 입력하세요. 여기서도 점 찍는 건 잊지 마시고요.

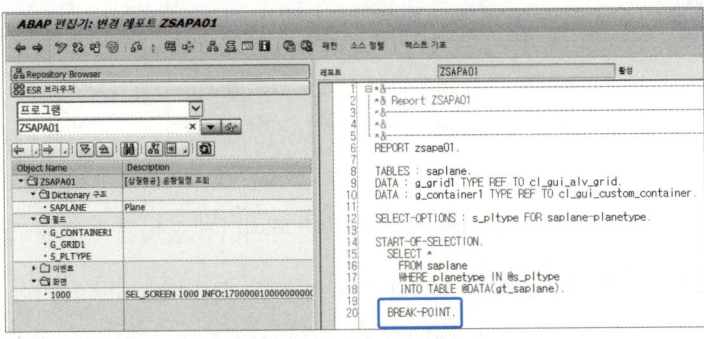

 소스코딩을 잘 하셨다면 두 개의 버튼(점검, 활성화)을 습관처럼 눌러 주세요. 문제가 없으면 수행 버튼(, Direct processing)을 클릭합니다. 조회 화면이 나옵니다. 아무 입력 없이 실행 버튼(, Execute)을 클릭합니다. 갑자기 이상한 화면이 나오지요. 디버깅 모드로 들어온 겁니다.

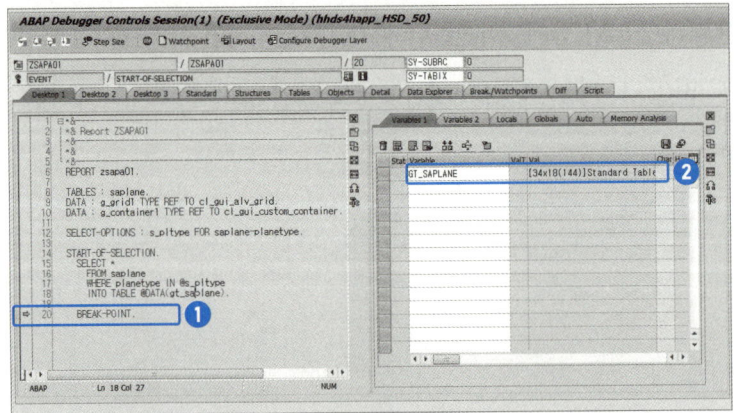

'BREAK-POINT.'는 중단점이라는 뜻입니다. 프로그램을 쭉 수행하다가 이 문장을 만나면 그대로 멈추라는 명령입니다. ❶번을 보면 작은 화살표로 프로그램의 수행이 해당 라인에서 멈췄다는 것을 표시하고 있습니다. 다른 거 다 무시하고 우리는 프로그램이 데이터를 어디까지 준비했는지 볼 겁니다. 오른쪽을 봅니다. ❷번 항목이 보일 겁니다. 제일 위에 내부 테이블Internal Table 이름인 'gt_saplane'을 쓰고, ⒠nter를 누릅니다. 소문자로 입력했지만 대문자로 바뀌면서 옆 필드에 암호 같은 문자가 나타날 겁니다. 데이터가 있다는 뜻이죠. 좀 더 자세하게 보고 싶습니다. 방법이 있죠.

대문자로 바뀐 'GT_SAPLANE'를 더블클릭하면 화면이 바뀝니다. 다른 복잡한 것들에 현혹되지 마시고, 필요한 것만 볼게요. ❶번에 내부 테이블의 이름이 보입니다. 그 아래 ❷번에 'GT_SAPLANE'이라는 내부 테이블에 준비한 데이터들이 보입니다. 보여줄 곳이 없어 보여주지 않았을 뿐, 안에서는 이렇게 데이터를 준비하고 있었던 거죠.

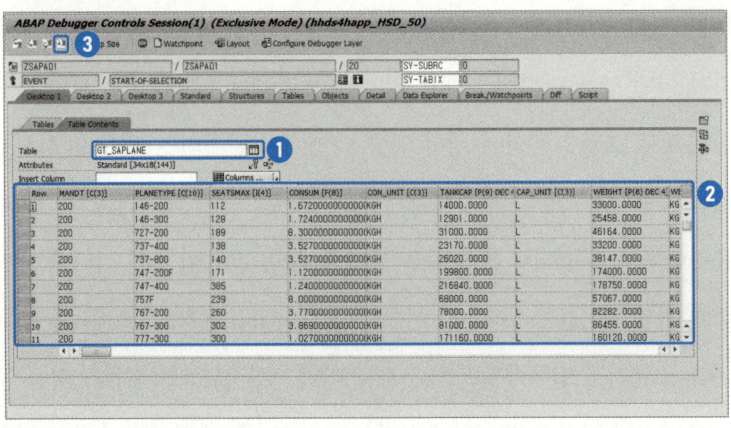

 구경 다하셨으면, 나가보겠습니다. ❸번 버튼을 누르면 프로그램을 끝까지 수행합니다. 다시 조회 화면(1000번)이 나옵니다. 조회 화면(1000번)에서 뒤로 가기 버튼을 클릭하면 ABAP 편집기로 돌아갑니다. 목적을 다했으니 디버깅 세계로 들어가는 비밀의 문은 제거해야겠지요. 소스 코드에서 'BREAK-POINT.'를 지웁니다. 프로그램을 저장하고, 점검하고, 활성화하세요.

데이터 준비가 끝났습니다. 컴퓨터는 정확하게 알려주지 않으면 아무 것도 못하는 바보입니다. 그래서 데이터 준비가 끝났다고 알려줘야 합니다. 데이터를 만들기 시작하겠다는 선언은 'START-OF-SELECTION.' 으로 했었죠. 끝이 났으니 'START' 대신에 'END'만 넣어주면 됩니다. 마침표 잊지 마시고요.

> **데이터 조회 종료 선언**
>
> END-OF-SELECTION.

데이터 준비 단계가 끝이 났습니다. 남은 건 결과를 보여 주는 것입니다. 지금부터 난이도가 확 올라갑니다. 정신줄 꽉 잡으셔야 합니다.

 **주석 처리**

코딩을 하다 보면, 특정 부분을 넣었다가 뺏다가 할 경우가 있습니다. 이때 유용한 기능이 주석(Comment) 처리입니다. 주석 처리를 하면 프로그램에게 이 부분은 해석하지 말고 그냥 넘어가라는 시그널을 주는 겁니다.

```
14     START-OF-SELECTION.
15       SELECT *
16         FROM saplane
17        WHERE planetype IN @s_pltype
18         INTO TABLE @DATA(gt_saplane).
19
20 *     BREAK-POINT.
```

ABAP에서 주석 처리를 하는 방법은 두 가지입니다. 라인 전체를 주석 처리하고 싶다면 그림처럼 그 줄의 제일 앞에 '*'를 입력하거나 `Ctrl`을 누른 채 콤마(,)를 누르면 됩니다. 또한 여러 줄을 한꺼번에 처리하고 싶다면 여러 줄을 선택하고 `Ctrl`을 누른 채 콤마(,)를 누르면 됩니다. 만약 주석을 해제하고 싶으시면 `Ctrl`을 누른 상태에서 점(.)을 치면 됩니다.
두 번째 방법은 라인의 일부만 주석으로 처리하고 싶을 때 사용하는 방법입니다.

| 22 | BREAK-POINT. "주석은 이렇게도 달 수 있어 |

그림과 같이 쌍따옴표(")를 치고 그 뒤에 주석으로 쓰고 싶은 내용을 입력하면 됩니다.

### 4 결과 화면 구성

앞서 조회 화면은 금방 만들었습니다. 딱 한 줄만 집어넣었더니 화면이 만들어졌죠. 결과 화면은 조금 다릅니다. 조회 화면에 비해서 손이 좀 많이 갑니다.

손이 많이 간다는 말은 다르게 해석하면 프로그래머가 제어할 수 있는 부분이 많다는 의미도 됩니다. 표로 간단히 비교해보겠습니다.

| | 조회 화면 | 결과 화면 |
|---|---|---|
| 정의 | SAP 지정 화면 | 사용자 정의 화면 |
| 특징 | SAP가 정해준 형식으로만 사용할 수 있어 화면 구성의 유연성이 떨어짐 | 조회 화면에 비해 화면을 구성할 수 있는 자유도가 높고 한 화면에서 여러 형식의 툴들을 조합해서 사용할 수 있음 |
| 화면번호 | 1000 (변경할 수 없음) | 사용자가 정의<br>(보통 100번으로 지정하고 여러 개가 필요할 경우 100, 200, 300 등으로 늘려감) |
| 호출 명령어 | SELECT-OPTIONS | CALL SCREEN |

조회 화면은 SAP가 미리 만들어 놓은 형식대로 사용할 수 있습니다. 대신에 프로그래머가 별로 할 일이 없습니다. 반면 결과 화면은 프로그래머가 정의해서 만드는 화면입니다. 그렇다 보니 제어할 것이 조회 화면에 비해 많습니다.

### 4-1 100번 화면(Screen) 만들기

결과 화면을 호출하는 명령어를 입력합니다.

**결과 화면 호출**

```
CALL SCREEN 100.
```

조회 화면은 'SELECT-OPTIONS' 구문만 입력하면 화면이 만들어졌지만, 결과 화면은 그렇지 않습니다. 명령어만 입력하는 걸로 스크린

기본 프로그램                                              Part 1

이 만들어지지 않습니다. 실제로 화면을 만들고, 추가적인 구성요소들을 직접 설정하거나 만들어줘야 합니다.

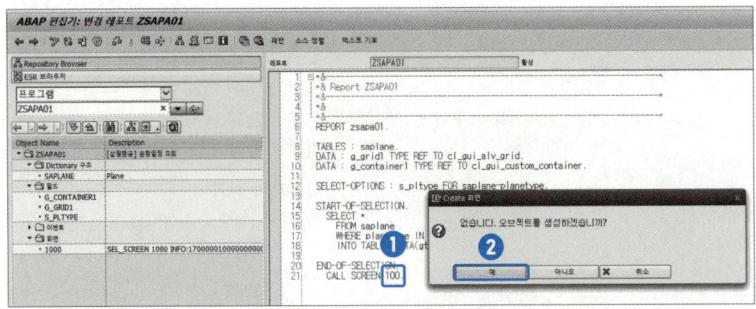

❶번처럼 스크린 번호인 '100'을 더블클릭합니다. 100번 스크린에 해당하는 오브젝트가 없다는 팝업이 뜹니다. ❷번의 [예] 버튼을 클릭해 100번 스크린을 만듭니다.

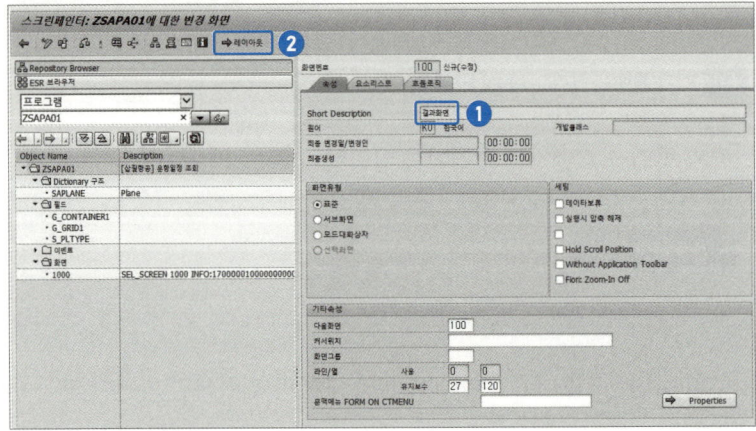

48

❶번에서 방금 만든 스크린의 이름을 입력합니다. "결과 화면"이라고 입력했습니다. 그리고 ❷번의 레이아웃Layout 버튼을 클릭합니다. 팝업으로 조금은 생소한 화면이 하나 더 뜰 겁니다. 새로 만든 100번 화면의 크기와 위치를 직접 지정하는 '스크린 페인터Screen Painter'입니다. 스크린 페인터에서 왼쪽 끝의 여러 버튼 중에 아래 부분에 있는 사용자 제어 버튼Custom Control(🔳)을 선택합니다. 그러면 아주 작은 사각형이 화면 위에 둥둥 떠다닐 겁니다.

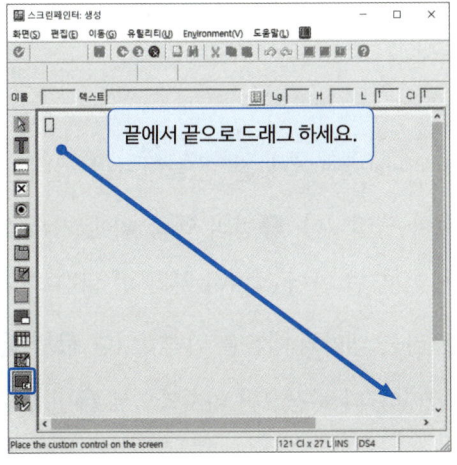

그 사각형의 끝을 커서로 잡아서 그림처럼 끝에서 끝으로 쭈욱 당겨 주세요. 그 범위만큼을 결과 화면으로 사용하게 됩니다.

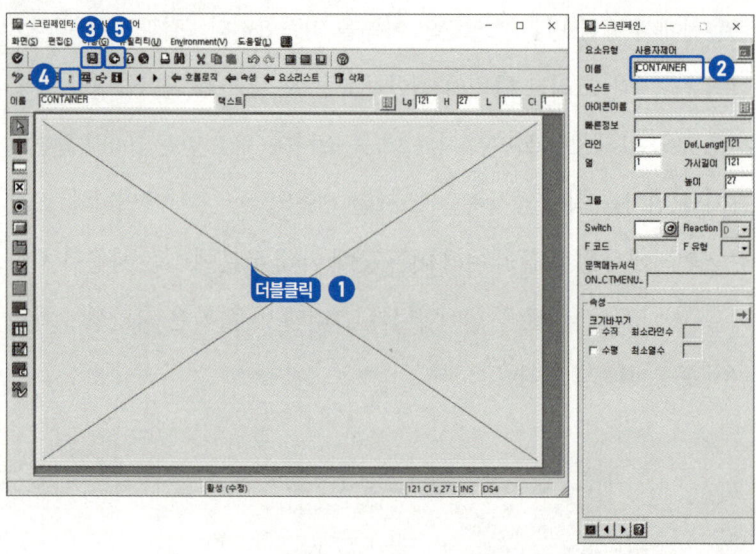

　사용자 제어Custom control가 잘 만들어지면 선택한 영역에 커다란 엑박엑스박스이 생깁니다. ❶번의 엑박 위에 커서를 두고 더블클릭을 하세요. 세로로 긴 팝업 화면이 하나 더 나옵니다. ❷번 항목에 'CONTAINER'라는 엑박의 이름을 입력합니다. ❸번, ❹번을 눌러 저장하고 활성화합니다. 다 하셨으면 마지막으로 ❺번 뒤로 가기 버튼을 눌러 나갑니다.

　100번 화면을 설정하는 화면으로 돌아왔습니다. 아직 속성Attributes 화면에 있으시죠. 이번에는 [흐름 로직Flow logic] 탭을 선택합니다. 설정해 줄 것들이 좀 남았거든요.

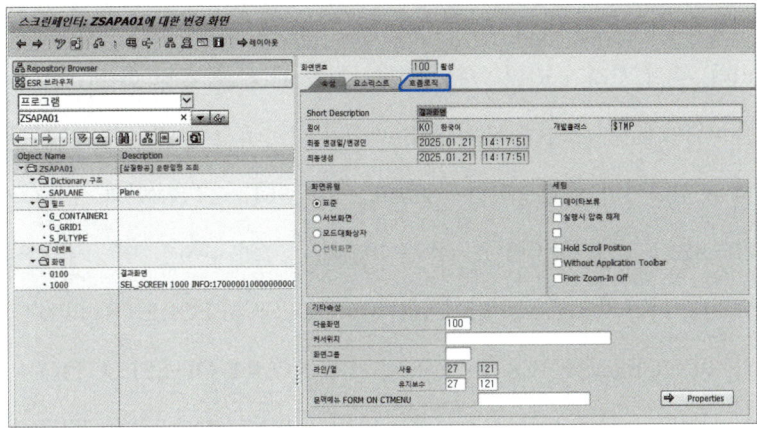

### 4-2 흐름 로직 설정하기

[흐름 로직Flow logic] 탭을 선택하면 화면이 바뀝니다.

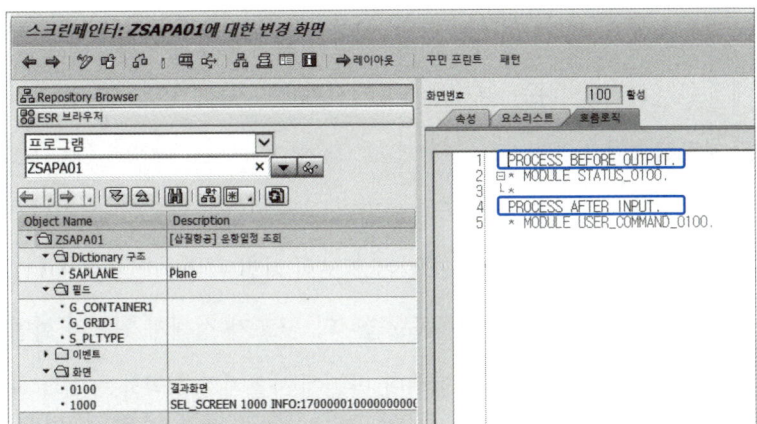

조금 이상하죠. 아직 아무것도 안 했는데 소스코딩이 되어 있습니다. 주석 처리가 되어 있는 부분도 있고요. 잠깐 조회 화면(1000번)을 떠올려보겠습니다. 데이터를 만들기 시작하고 끝내는 것을 선언하는 명령어가 있었습니다. 'START-OF-SELECTION'과 'END-OF-SELECTION'이었죠. 결과 화면에도 그와 유사한 명령어가 있습니다. 파란색으로 코딩되어 있는 'PROCESS BEFORE OUTPUT.'과 'PROCESS AFTER INPUT.'입니다. 'START-OF-SELECTION'이 데이터 준비를 시작하는 시점을 알렸고, 'END-OF-SELECTION'이 데이터 준비가 끝나는 시점을 알린 것과 유사하게 'PROCESS BEFORE OUTPUT'과 'PROCESS AFTER INPUT.'도 결과 화면을 중심으로 어떤 행위를 하는 시점을 알려줍니다. 'PROCESS BEFORE OUTPUT.'은 화면에 결과를 나타내기 전에 할 일을 정의하는 곳입니다. 'PROCESS AFTER INPUT.'은 결과 화면에서 어떤 입력을 받은 후에 하는 일을 정의하는 영역입니다. 앞으로는 줄여서 'PBO'와 'PAI'라고 부르겠습니다.

그런데 잠깐 생각해 보면 조회 화면의 경우 화면이 나오기 전에 뭔가를 해주지 않았습니다. 왜 그랬을까요? 조회 화면은 1000번으로 ABAP이 미리 정의한 화면이라 말씀드렸습니다. 구조가 정해져 있으니 화면이 나오기 전에 할 일이 없는 겁니다. 반면에 사용자가 정의하는 결과 화면은 보여줄 화면의 크기부터 정해야 합니다. 바로 전에 스크린 페인터에서 뭔가 만들고 이름도 정하고 했었죠. 그 외에도 해줄 일이 많습니다.

화면 상단의 여러 버튼들도 다 정의해줘야 합니다. 귀찮을 수 있지만 장점도 있습니다. 내가 제어할 수 있는 부분이 많아진다는 점이죠.

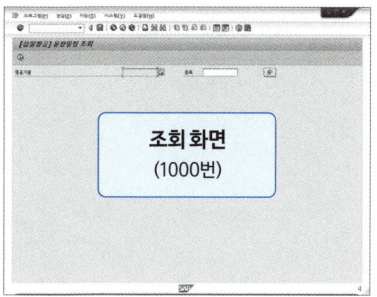
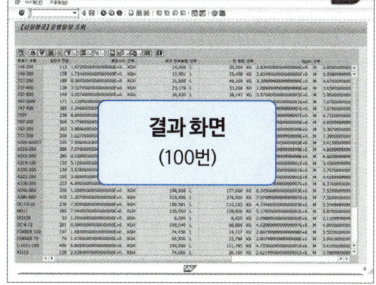

두 화면을 비교해 보면 바로 차이가 느껴지시죠. 조회 화면은 전체 화면을 차지하고 있지만 결과 화면은 일부에만 그리드(Grid) 형태의 결과물이 나타납니다. 앞서 우리가 그 크기로 스크린의 레이아웃을 정했기 때문입니다. 상단에는 메뉴와 여러 버튼들이 있습니다. 저 영역들도 각각 정의를 해야 합니다.

### 4-3 PBO 처리하기

이런 일늘이 화면을 나타내기 전인 PBO Process Before Output 에서 해야 하는 일입니다. 지금 첫 운전연습 중이니까 이번에는 가장 기본적인 것만 PBO에서 정의하겠습니다. 다시 [흐름 로직] 탭으로 돌아가서 소스코딩을 계속해보겠습니다. 주석 처리된 두 줄을 선택합니다. 주석 부분을 해제하기 위해 [Ctrl]을 누른 상태에서 마침표([Ctrl]+[.])를 누릅니다.

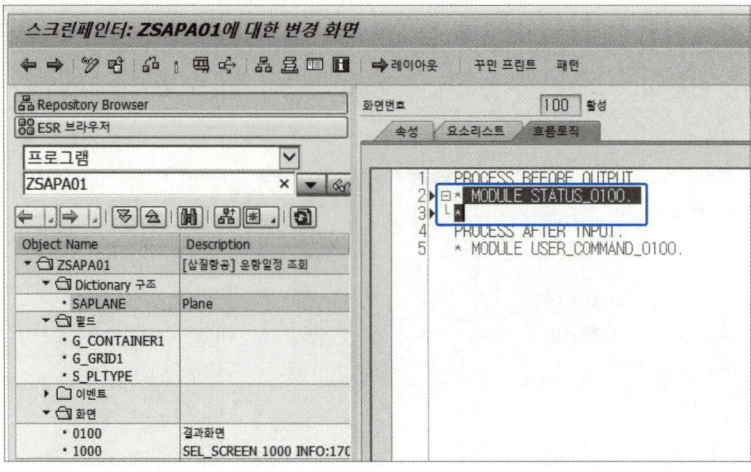

주석이 해제됩니다.

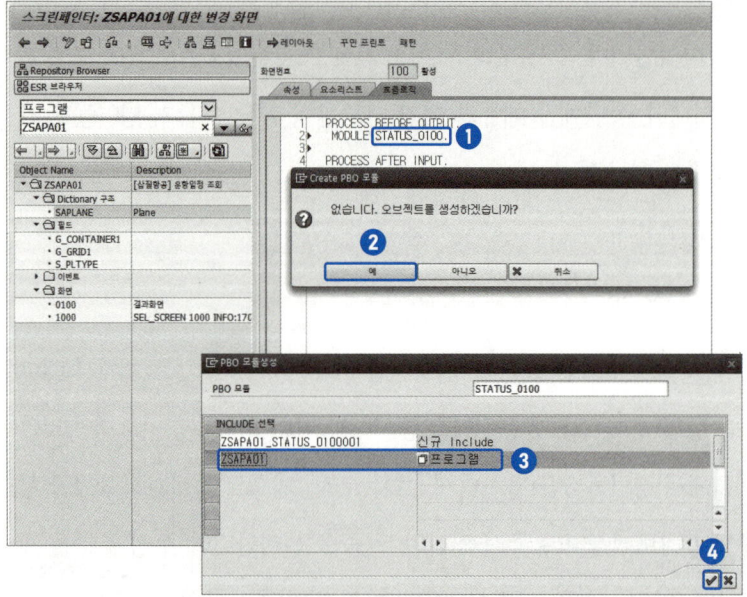

❶번의 'STATUS_0100'을 더블클릭합니다. 팝업이 그림처럼 나올 겁니다. ❷번의 [예] 버튼을 선택합니다. 그러면 다시 팝업이 뜹니다. 이번에는 ❸번 항목을 선택합니다. 프로그램을 별도 Include문으로 만들지, 지금 소스코딩 하는 곳에 같이 만들지 선택하는 겁니다. 마치 엑셀에서 피벗 테이블을 만들 때 지금 탭에서 만들지, 다른 탭에 만들지 선택하는 것과 유사합니다. 우리는 초보니까 같은 곳에 소스코딩을 하는 쪽으로 선택합니다. ❹번의 선택 버튼을 클릭합니다. 다시 팝업이 뜹니다. [예] 버튼을 선택합니다.

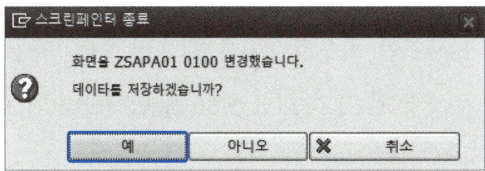

새로운 소스코드가 자동으로 만들어집니다.

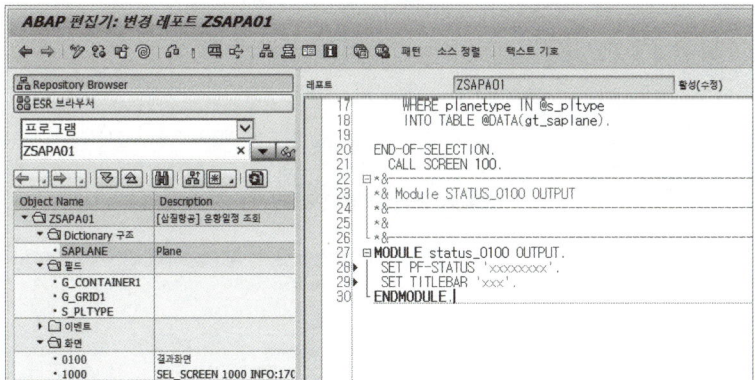

주석 처리된 두 줄을 다시 선택하고 주석을 해제([Ctrl]+[.])합니다.

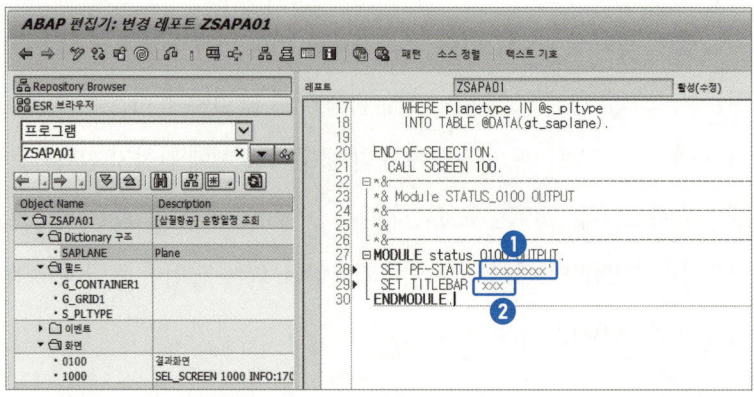

①번의 콤마 사이를 지우고 "GUI_STATUS_0100"을 입력합니다.
②번은 콤마 사이에 "GUI_TITLE_0100"을 입력합니다. 그리고 'GUI_STATUS_0100'를 먼저 더블클릭합니다. 이제 대충 어떤 일이 벌어질지 예측이 되시죠.

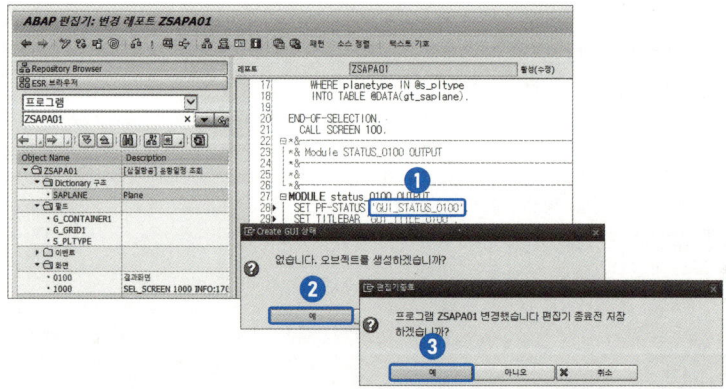

❷번에서 [예]를 선택하고, 다시 팝업이 뜨면 ❸번에서 [예]를 다시 선택합니다. 또 팝업이 나올 겁니다. 이번에는 정보를 입력합니다.

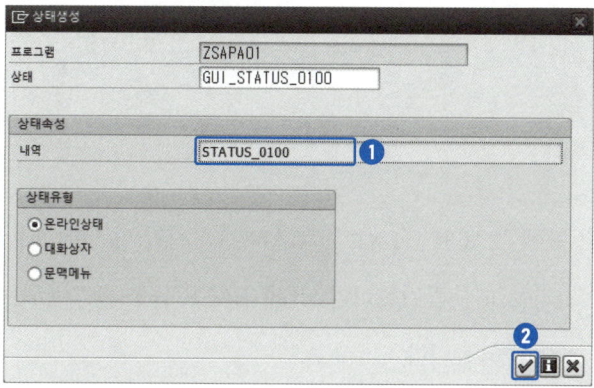

❶번의 내역 필드에 "STATUS_0100"을 입력하고 ❷번 계속 버튼(✓)을 클릭합니다.

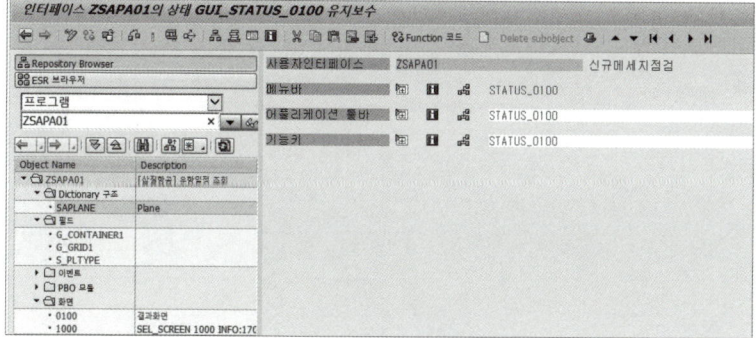

기능키Function key를 정의하기 위해 표시된 버튼을 클릭합니다. 상세화면이 다음처럼 열립니다.

기본 프로그램                                                                 Part 1

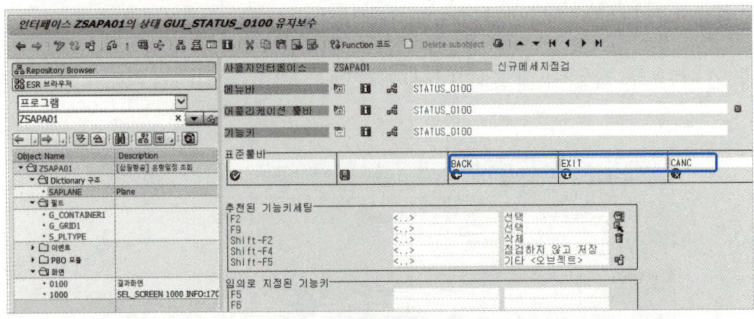

표시된 곳에 "BACK", "EXIT", "CANC"를 각각 입력합니다. 이제 뭘 할까요? 각각을 더블클릭합니다. 먼저 'BACK'을 더블클릭해보겠습니다. 다음 팝업이 나옵니다.

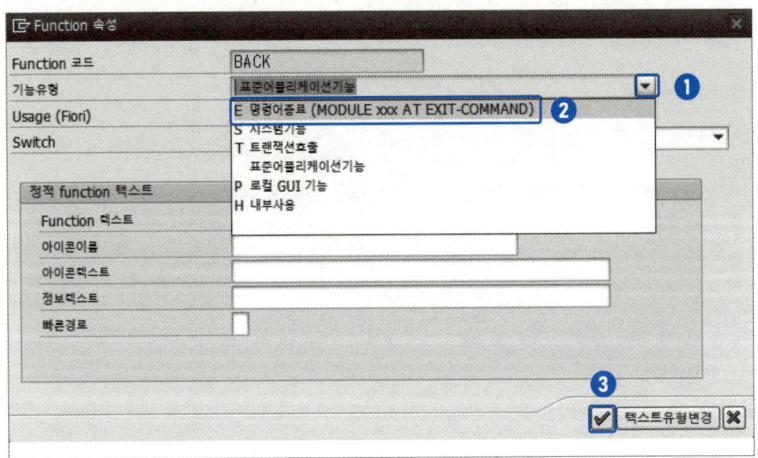

❶번을 클릭하면 드롭다운 리스트 Drop down list가 그림처럼 뜹니다. 그 중에 ❷번을 선택합니다. ❸번 선택 버튼을 클릭하여 마무리합니다. 어떤 행위를 했는지 간단히 말씀드리겠습니다. 'BACK'이라는 코드로 정

해진 '뒤로 가기' 버튼을 누르면 어떤 일이 벌어질지 정해주는 것입니다. 이 버튼을 클릭하면 'EXIT-COMMAND'를 실행합니다.

'EXIT-COMMAND'는 해당 화면을 빠져 나가라는 의미입니다. 처음이니까 나머지 'EXIT', 'CANC' 버튼도 방금 진행한 과정을 동일하게 반복합니다. 저장, 체크Check(🔍), 활성화Activate(📋) 버튼을 차례로 클릭합니다. 활성화 버튼을 클릭하면 다음 화면이 나옵니다. 처음에는 한 줄만 선택되어 있을 겁니다. 나머지 두 줄도 선택해 다음과 같은 상태로 만들고 계속Continue(✅) 버튼을 클릭합니다.

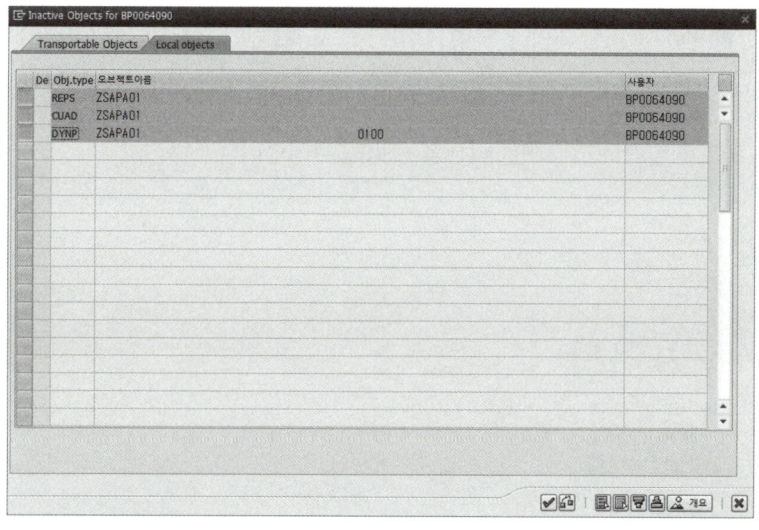

활성화해야 할 모든 것이 활성화Activate되었습니다. 이번에는 'GUI_TITLE_0100'에 대해 동일한 작업을 수행합니다.

기본 프로그램　　　　　　　　　　　　　　　　　　　　　　　　　　　Part 1

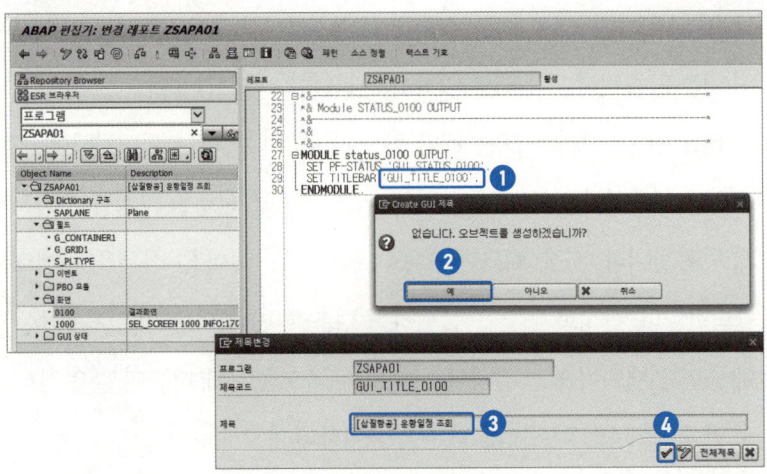

❶번에서 더블클릭을 하면 팝업이 뜨고, ❷번의 [예]를 선택하면 제목을 생성하라는 팝업이 다시 뜹니다. ❸번처럼 '[삽질항공] 운항일정 조회'를 입력하고 [확인] 버튼을 클릭해 완성합니다.

**화면 각 영역의 명칭을 정리해 보자**

① 화면의 각 영역을 지칭하는 용어를 서로 알고 있으면 소통이 아주 쉬워집니다. SAP GUI는 메인 화면의 상하단에 메뉴 표시줄, 표준 도구 모음, 제목 표시줄, 어플리케이션 도구 모음, 상태 표시줄이 있습니다. 메뉴 표시줄, 표준 도구 모음, 상태 표시줄은 SAP GUI 창의 기본 기능이고, 제목 표시줄과 어플리케이션 도구 모음은 프로그램마다 변경되는 상세 정보입니다.

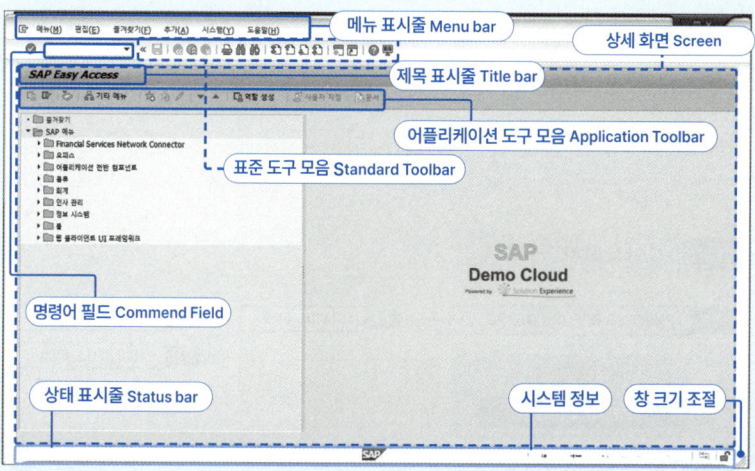

② 메뉴 표시줄은 이름 그대로 메뉴를 표시하는 곳입니다. 각 메뉴를 선택하면 우리가 잘 아는 형태의 메뉴가 펼쳐집니다. 다음은 표준 도구 모음(Standard toolbar)입니다. 자주 사용하는 것들이니 확대해서 보겠습니다.

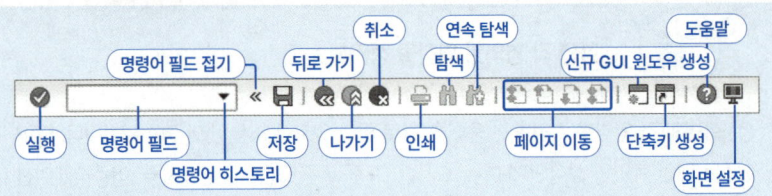

③ 한 번씩 눌러 보세요. 좀 더 자세한 설명은 삽질1권(삼성에서 ERP로 먹고사는 컨설턴트가 알려주는 SAP)을 참고하시기 바랍니다.

지금까지 잘 따라오셨나요? 약간 어지러우시죠. 결과 화면을 만들기 위해 지금까지 한 일을 돌아보겠습니다.

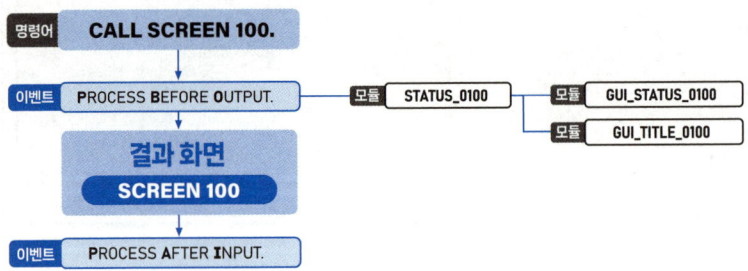

명령어 'CALL SCREEN'을 코딩하고 '100'을 더블클릭했습니다. 그랬더니 PBO와 PAI 영역이 자동으로 생겼죠. 그 중에 PBO에서 결과 화면(100번)이 보여지기 전에 정해야 할 상태(status)를 'STATUS_0100'이라는 모듈(module)에서 정의했습니다. 'STATUS_0100'을 다시 더블클릭해서 2개를 더 만들었죠. 'GUI_STATUS_0100'에서는 기능키 3개를 만들어서 EXIT-COMMAND와 연결했고, 'GUI_TITLE_0100'에서는 말 그대로 타이틀을 정의해줬습니다.

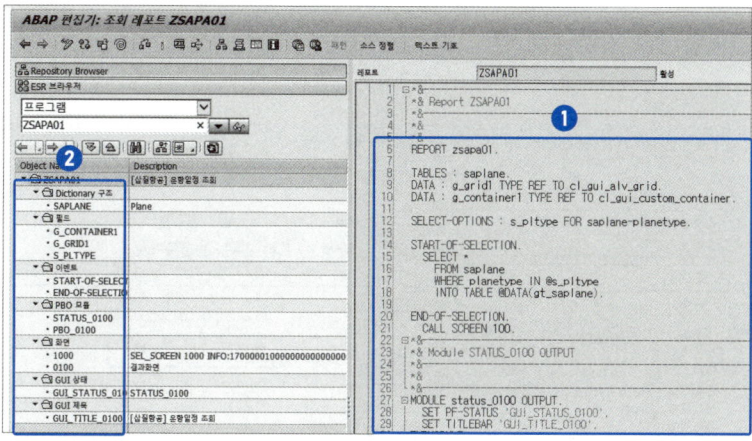

ABAP 편집기에서 작업의 결과를 보겠습니다. 지금까지 작성한 소스 코드는 ❶번 영역에 있습니다. 그리고 왼쪽 ❷번에 지금까지 만든 오브젝트의 리스트가 보입니다. 오브젝트 리스트의 중간 즈음에 'PBO 모듈PBO Modules'이라는 항목이 새롭게 보이시죠. 그 하위에 우리가 만들었던 'STATUS_0100' 모듈이 달려 있습니다. 화면 항목 아래에도 1000번만 있었는데 우리가 만든 100번 화면이 '0100'으로 붙어 있습니다. 그 아래로 GUI 상태GUI Status와 GUI 제목GUI Title도 보입니다.

PBO에서 해야 할 일을 다했을까요? 제일 중요한 일이 남았습니다. 준비한 데이터를 결과 화면(100번)에 실제로 보여 주는 일입니다. 그 일을 해줄 모듈을 PBO 영역에 먼저 만듭니다. 그런데 PBO 영역이 어디 있죠? ABAP을 처음 가지고 놀면서 가장 찾기 어려운 것이 이 부분이었습니다. 잘 기억해보시면 앞에 '흐름 로직'을 정의한 적이 있었죠. 그쪽으로 가야 합니다. 어떻게? 'CALL SCREEN 100.' 구문에서 100을 더블클릭합니다. 기억나시죠?

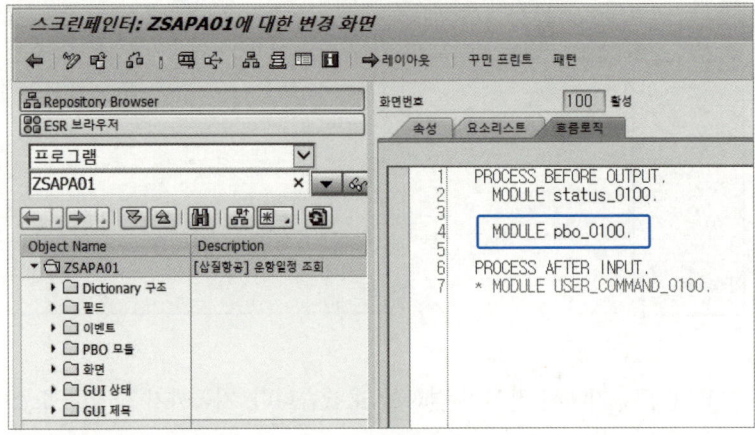

그림에 표시된 'MODULE pbo_0100.'을 코딩합니다. 그 다음은 아시죠? 'pbo_0100'을 더블클릭합니다. 그 다음은 벌써 여러 번 경험했던 과정이 반복됩니다. 주문 외우듯이 반복해보겠습니다. ❶번에서 더블클릭하고, ❷번에서 [예]를 선택하고, ❸번에서 따로 프로그램(Include문)을 만드는 것이 아니라 계속 코딩하던 곳(Main 프로그램)에 코딩을 더하겠다고 선택하고 ❹번을 클릭하면 됩니다.

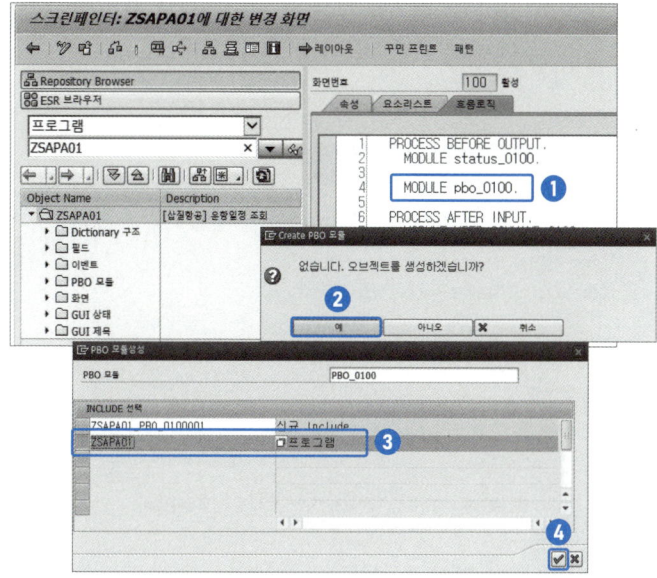

팝업이 한번 더 나오면 `Enter`를 누르세요. 그러면 'pbo_0100' 모듈(Module)이 다음과 같이 만들어집니다.

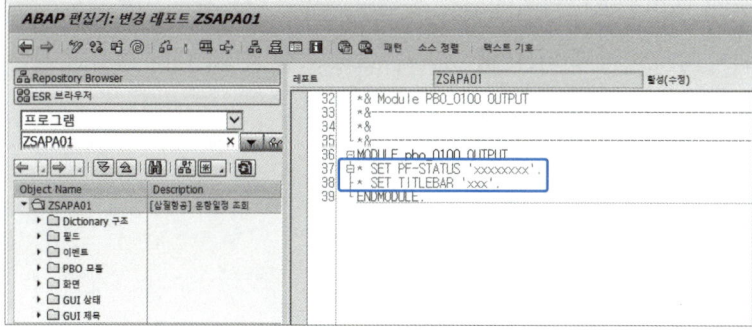

표시된 영역은 이미 앞에서 만들었습니다. 그래서 지우고 다음의 소스를 그대로 입력합니다.

**결과 화면에 결과를 보이게 하는 소스코드**

```
CREATE OBJECT g_container1
    EXPORTING
      container_name = 'CONTAINER'.

CREATE OBJECT g_grid1
    EXPORTING
      i_parent = g_container1.

CALL METHOD g_grid1->set_table_for_first_display
    EXPORTING
      i_structure_name = 'SAPLANE'
    CHANGING
      it_outtab        = gt_saplane[].
```

실수 없이 잘 입력하셨다면 저장하고, 점검하고, 활성화하세요. 그리고 실행 버튼을 클릭해 보십시오. 입력 화면이 나오지요. 아무것도 입력하지 마시고, 실행 버튼(📧, Direct processing)을 클릭합니다. 다음과 같은 결과 화면이 나올 겁니다.

01          Hello world는 사양합니다

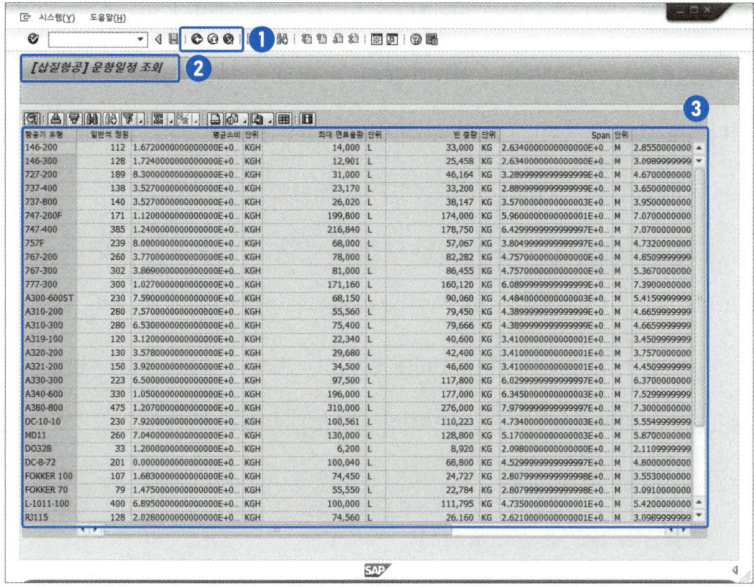

화면에 번호로 표시된 부분이 PBO에서 미리 설정하는 부분입니다. 결과 화면(100번) 출력 절차에 이 번호들을 대응시켜 보면 다음과 같습니다.

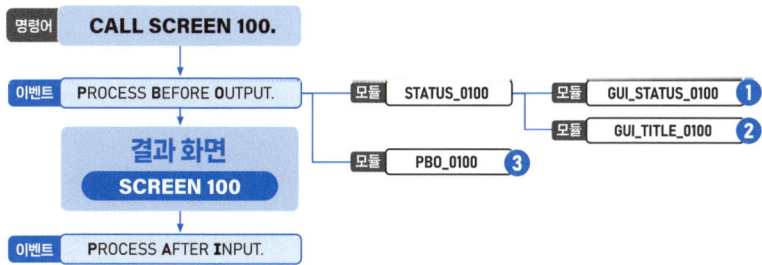

❶번 'GUI_STATUS_0100'에서 기능키 3개를 정의한 것 기억나시죠. 그리고 ❷번 'GUI_TITLE_0100'에서 프로그램 제목title을 정의했었습니다. 마지막 ❸번이 그리드 형태의 리포트(ABAP에서는 ALV Grid라 부릅니다. 앞으로 ALV Grid라 칭하겠습니다)를 정의하는 모듈Module입니다. 결과 화면에서 ❸번으로 표시된 영역을 보면 전체가 아닌 화면의 일부입니다. 우리가 앞서 레이아웃을 정할 때 'CONTAINER'라는 이름으로 저만큼의 영역을 지정했기 때문입니다. 그리고 'PBO_0100'에서 'g_container1'라는 이름으로 그 영역을 쓰겠다고 생성한 것입니다.

```
CREATE OBJECT g_container1
    EXPORTING
      container_name = 'CONTAINER'.
```

그리고 'g_container1'라는 영역 위에 올릴 ALV Grid를 생성하는 구문이 바로 아래의 구문입니다.

```
CREATE OBJECT g_grid1
    EXPORTING
      i_parent = g_container1.
```

'g_grid1'라는 이름으로 'g_container1' 영역 위에 ALV Grid를 하나 생성하겠다는 뜻입니다. 여기까지가 결과 화면에 ALV Grid를 보여주기 직전까지 준비한 것입니다. 진짜 데이터를 뿌리는 역할은 다음 코딩입니다.

```
CALL METHOD g_grid1 -> set_table_for_first_display
  EXPORTING
    i_structure_name = 'SAPLANE'
  CHANGING
    it_outtab        = gt_saplane[].
```

'g_grid1'가 쓸 수 있는 필살기가 여러 개 있습니다. 그 필살기를 메소드(method)라 부릅시다. 여러 메소드 중에 준비해 둔 데이터를 ALV Grid에 뿌려주는 필살기가 'set_table_for_first_display'입니다. 뿌려줄 데이터 구조는 'SAPLANE' 테이블 형식에 맞추고(i_structure_name = 'SAPLANE') 출력할 데이터는 'gt_saplane'라는 이름을 가진 내부 테이블에서 가져오라(it_outtab = gt_saplane[])는 뜻입니다. 나머지는 그냥 똑같이 입력하세요. 지금은 설명할 때가 아닙니다. 이미 길을 잃으셨지요. 당연합니다. 걱정하지 마시고 계속 따라오세요. 이제 거의 다 왔습니다.

### 4-4 PAI 설정하기

결과를 봤으니 다시 소스코딩하러 가야죠. 아까 만들어둔 뒤로 가기 버튼( , Back)을 클릭합니다. 버튼이 작동하지 않습니다. 그 옆의 버튼도, 그 옆의 옆 버튼도 아무 동작을 하지 않습니다. 버튼만 만들었지 어떤 일을 할지 정해주지는 않았기 때문입니다. PBO를 통해 100번 화면에 결과가 뿌려졌습니다. 그 이후에 어떤 일을 하고 싶으면 PAI Process After Input에 정의해야 합니다. 결과 화면을 보고 그 화면에서 나가는 것도 화면이 뿌려진 다음에 하는 일이니 PAI에서 정의해야 합니다. 빠져 나갈 수가 없을 테니 명령어 필드에 "/nse80"을 입력하고 [Enter]를 누릅니다. ❶번 항목에 작성하던 프로그램 ID를 입력하고 [Enter]를 누릅니다. ❷번과 같이 해당 프로그램의 오브젝트 리스트가 나옵니다.

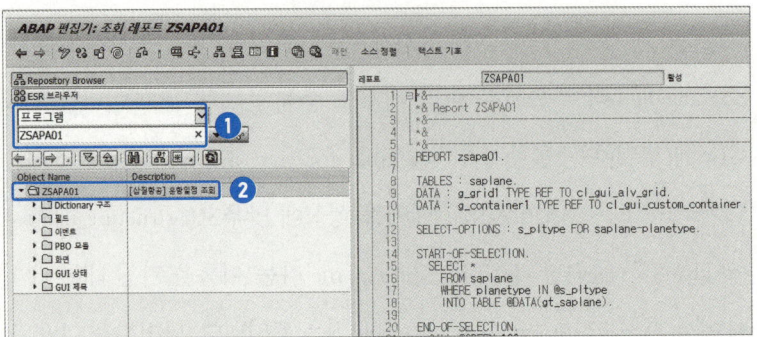

❷번의 프로그램 ID를 선택해 더블클릭합니다. 다시 소스코딩할 수 있는 화면으로 돌아갈 겁니다. 앗! 그런데 PROCESS AFTER INPUT 영역이 보이지 않습니다. 잘 생각해보세요. 어떻게 돌아가야 할까요? PAI는 무엇과 연결되어 있었나요? 100번 스크린과 연관되어 있습니다. PBO가 100번 스크린이 열리기 전에 필요한 액션들을 처리하는 곳이라면 PAI는 스크린에 데이터가 뿌려진 다음에 처리할 것을 정의하는 곳입니다. 그럼 어디를 눌러야 겠습니까? 그렇습니다. 스크린 100번에 해당하는 '100'을 더블클릭합니다. 만약 조회 모드이면 편집 모드로 변경합니다. 단축키인 [Ctrl]+[F1]을 누르면 조회와 편집 모드가 전환된다고 알려드렸습니다. 이번에는 버튼을 이용해 보겠습니다.

그림의 ❶번 조회 변경 버튼(🖉)을 클릭합니다. 편집 상태로 변경되면

❷번의 '100'을 더블클릭합니다.

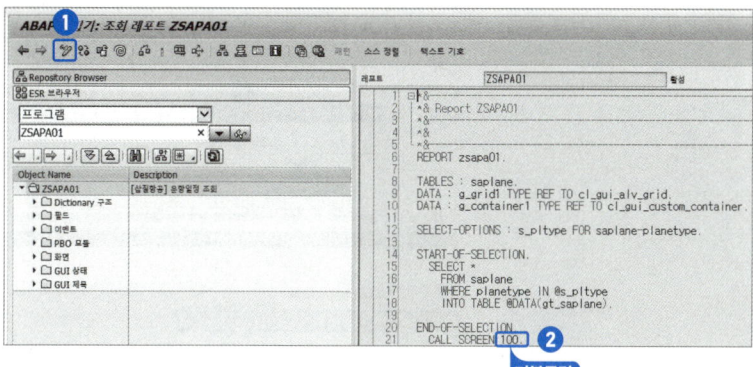

이제야 'PROCESS AFTER INPUT.'이 보이시죠. PAI 영역에 주석 처리된 코드를 지우고 100번 화면에서 빠져나가는(EXIT) 코딩을 해 줍니다.

**EXIT MODULE 만들기**

```
PROCESS AFTER INPUT.
  MODULE exit AT EXIT-COMMAND.
```

'exit'이라는 모듈을 만드는데, 이것은 'EXIT-COMMAND'와 관련이 있다는 뜻입니다. 'EXIT-COMMAND'는 앞에서 설정했었습니다. 'exit' 모듈을 정의하기 위해 'exit'을 더블클릭합니다. 다음 그림의 ❶번에서 ❹번 항목까지 쭈욱 따라 해 주세요.

# 기본 프로그램                                                    Part 1

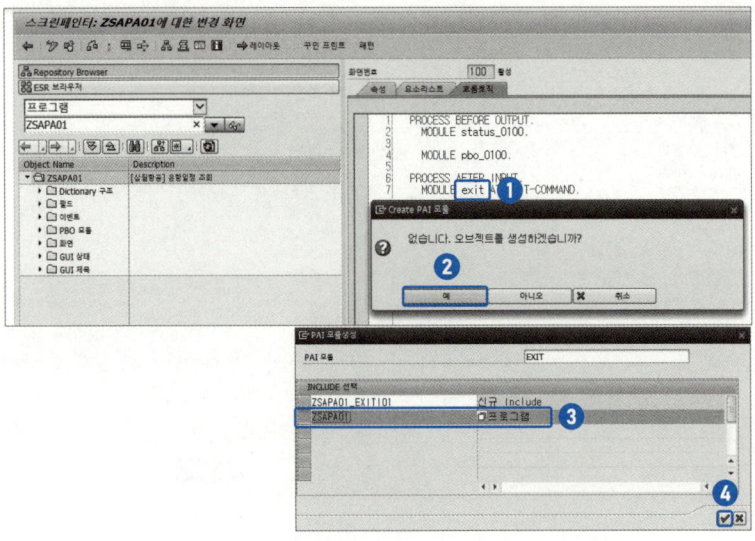

MODULE exit이 만들어지면 다음과 같이 코딩을 해 줍니다.

### 스크린에서 빠져나가기

```
LEAVE TO SCREEN 0.
```

말 그대로 스크린 번호가 0번인 곳으로 가라는 뜻입니다. 0번 스크린이 없기 때문에 이전 화면으로 이동합니다. 해야 할 일을 다했습니다. 첫 운전 경험이 어떠셨나요? 아직 뭐가 뭔지 헷갈리시죠? 지금까지 우리가 한 일을 돌아보겠습니다.

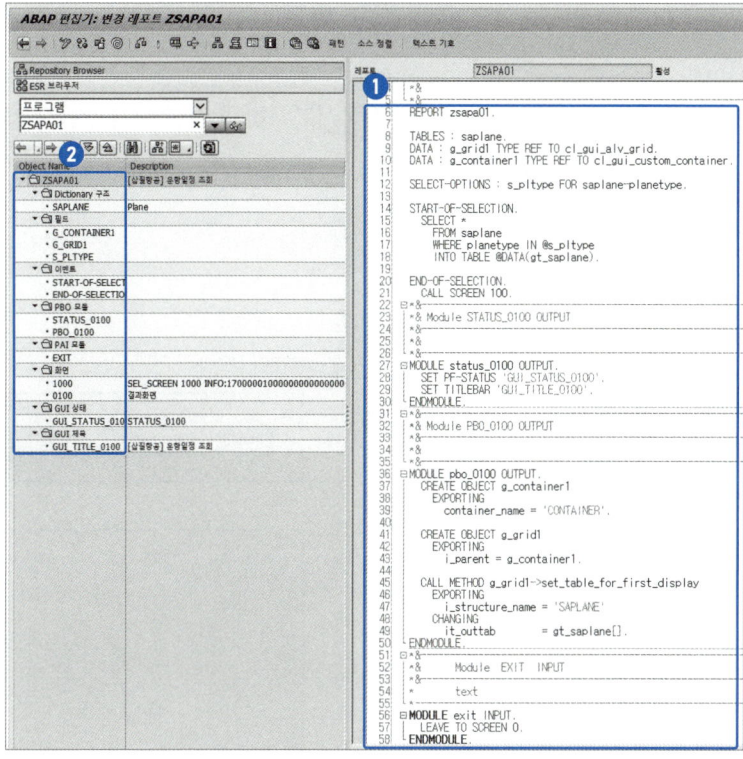

자신이 만든 오브젝트 리스트와 코드가 샘플과 일치하는지 확인해 보세요. 괜찮아 보이시면 수행(🚆, Direct processing)해 보세요. 조회 조건 화면이 나오면 다시 실행(🕒, Execute)해 보세요. 항공기 리스트가 잘 나오나요? 마지막으로 뒤로 가기 버튼(🔙, Back)을 눌러서 100번 화면을 빠져 나와 보세요. 여기까지 문제 없다면 제대로 잘 따라오신 겁니다.

## 운행 지도 보기

첫 운전 어떠셨나요? 아직 얼떨떨하시죠? 첫 운전대를 잡았던 공터 지도를 보겠습니다. 앞으로 이 운행지도를 바탕으로 새로운 길을 하나씩 추가해 나갈 생각입니다.

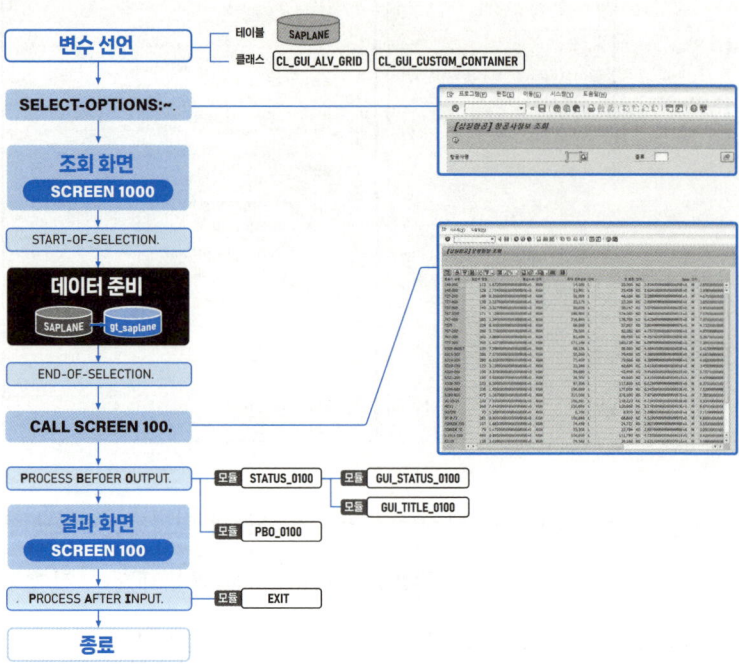

지금까지 왔던 길을 한 장에 정리해봤습니다. 순서대로 설명을 해 보겠습니다. 제일 먼저 변수를 선언했습니다. 사용할 테이블과 클래스 2개를 참조한 오브젝트를 정의했습니다. 그 다음에 한 일은 2개의 스크린에 대한 일이었습니다. 먼저 1000번에 해당하는 조회 화면을 정의했습니다. 'SELECT-OPTIONS' 명령어로 사용했습니다. 그리고 2개의 명령어(START-OF-SELECTION / END-OF-SELECTION)를 정의했습니다. 두 명령어 사이에 데이터 준비를 했습니다. 그 다음으로 사용자 정의 화면인 100번 스크린을 만들었습니다. 'CALL SCREEN' 명령어로 100번 스크린을 생성했습니다. 100번 스크린은 PBO와 PAI라는 2개의 정해진 영역을 가지고 있었죠. PBO는 100번 스크린이 나오기 전에 할 일을 정의하고, PAI는 스크린이 출력된 뒤에 할 일을 정의하는 곳이었습니다. PBO에서는 100번 스크린의 상단 버튼과 프로그램 타이틀을 정하는 것을 'STATUS_0100' 모듈에서 수행했습니다. 그 안에 다시 2개의 모듈(GUI_STATUS_0100 / GUI_TITLE_0100)을 만들었죠. 그리고 'PBO_0100'에서 화면에 뿌려줄 내용을 만드는 코딩을 해줬습니다. PBO에서 처리할 일을 다했습니다. 이제 PAI 차례입니다. PAI에서는 간단하게 100번 화면에서 빠져 나오는 처리를 'exit' 모듈을 통해 했습니다. 이렇게 프로그램이 종료됩니다. 전체 지도를 보니 이해에 도움이 좀 되시나요? 그렇다면 이제 이 지도를 가지고 공터를 몇 바퀴 더 돌아보겠습니다.

### 다른 테이블 데이터 출력해 보기

앞으로 우리가 계속 실습할 데이터는 SAP가 교육용으로 제공하는 항공사 데이터입니다. 그 중에서 항공 기종 테이블을 가져와 조회 조건을 주고 보여 주는 프로그램을 지금까지 실습했습니다. 여기에 조금만 변형을 줘서 지금까지 배운 과정을 연습해 보겠습니다. SAP가 제공하는 항공사 운영관련 테이블 중에서 주요한 7개를 소개하겠습니다. 각 테이블에 대한 자세한 설명과 연관관계는 [부록 01] '항공사 관리 테이블 알아보기'를 참고하세요.

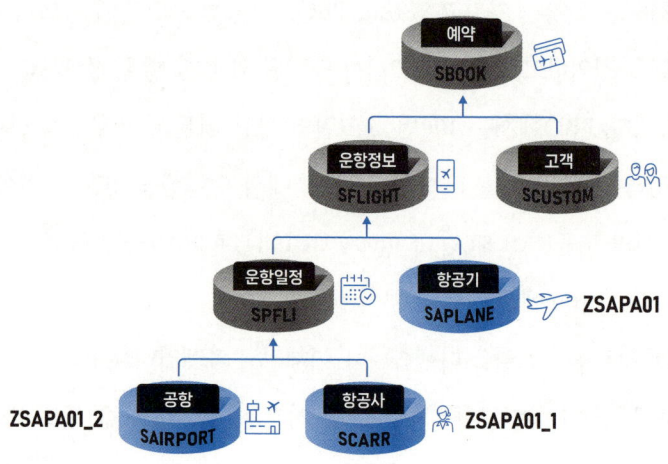

'SAPLANE' 테이블은 ZSAPA01 프로그램으로 이미 실습을 했습니다. 같이 해 볼 것은 공항(SAIRPORT)과 항공사(SCARR) 테이블입니다. 각각의 테이블로 만들 프로그램은 그림에서 표시된 바와 같이 ZSAPA01_1과 ZSAPA01_2입니다. (원하시는 분은 소개한 7개 테이블 전체로 실습해 보실 것을 추천합니다.) 어떤 부분에 변화가 생기는지 원래 프로그램과 비교하면서 만들어 보세요. 추가 연수로 만들어볼 첫 번째 프로그램은 'SCARR' 테이블을 활용한 항공사 정보 조회 화면입니다.

■ 항공사 정보 조회 화면

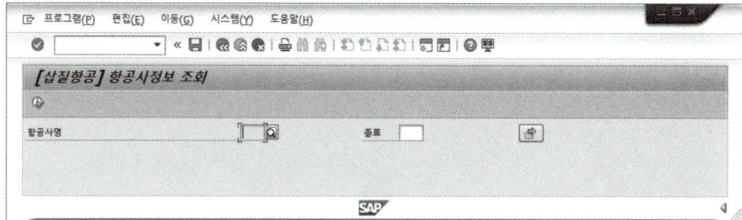

■ 항공사 정보 결과 화면

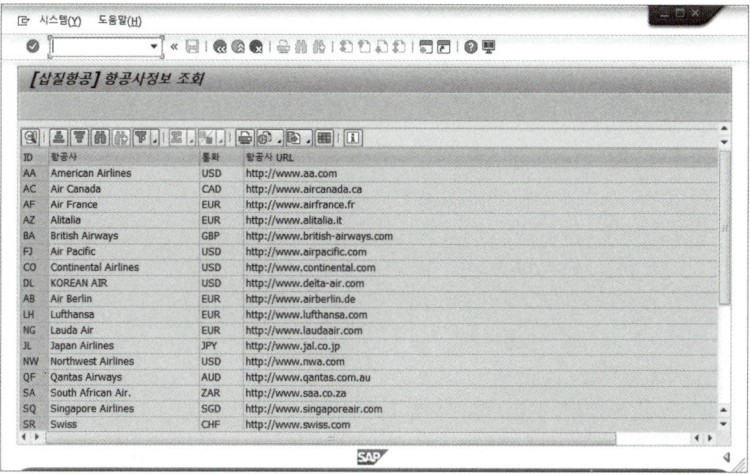

■ 항공사 정보 소스코드

ZSAPA01_1

```
REPORT zsaps01_1.
TABLES : scarr.

DATA : g_grid1      TYPE REF TO cl_gui_alv_grid.
DATA : g_container1 TYPE REF TO cl_gui_custom_container.
DATA : gt_scarr     TYPE TABLE OF scarr.
SELECT-OPTIONS : s_carrid FOR scarr-carrid.
```

```abap
START-OF-SELECTION.
  SELECT *
    FROM scarr
   WHERE carrid IN @s_carrid
    INTO TABLE @gt_scarr.

END-OF-SELECTION.
  CALL SCREEN 100.

MODULE status_0100 OUTPUT.
  SET PF-STATUS 'GUI_STATUS_0100'.
  SET TITLEBAR 'GUI_TITLE_0100'.
ENDMODULE.

MODULE pbo_0100 OUTPUT.
  CREATE OBJECT g_container1
    EXPORTING
      container_name = 'CONTAINER'.

  CREATE OBJECT g_grid1
    EXPORTING
      i_parent = g_container1.

  CALL METHOD g_grid1->set_table_for_first_display
    EXPORTING
      i_structure_name = 'SCARR'
    CHANGING
      it_outtab        = gt_scarr[].
ENDMODULE.

MODULE exit INPUT.
  LEAVE TO SCREEN 0.
ENDMODULE.
```

두 번째 추가 연수 프로그램은 'SAIRPORT' 테이블을 활용한 공항 정보 조회 화면입니다.

■ 공항 정보 조회 화면

■ 공항 정보 결과 화면

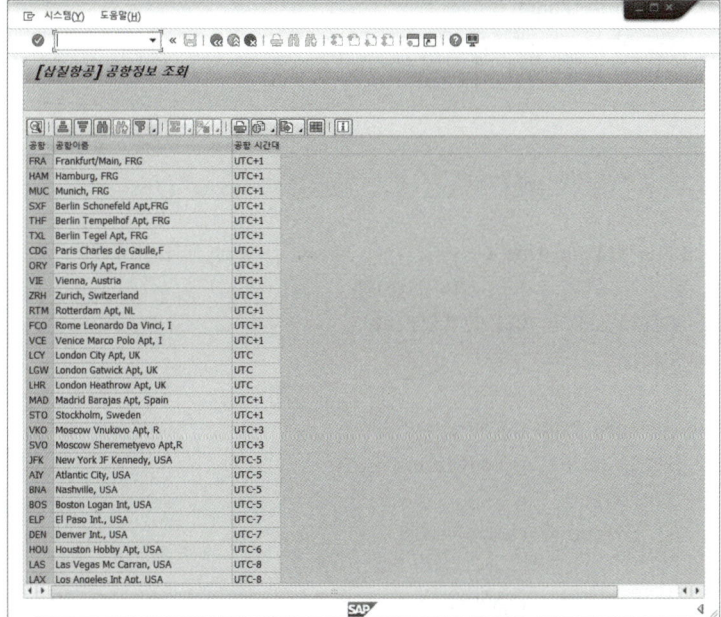

■ 공항 정보 소스코드

### ZSAPA01_2

```abap
REPORT zsaps01_2.
TABLES : sairport.

DATA : g_grid1      TYPE REF TO cl_gui_alv_grid.
DATA : g_container1 TYPE REF TO cl_gui_custom_container.
DATA : gt_sairport  TYPE TABLE OF sairport.
SELECT-OPTIONS : s_id FOR sairport-id.

START-OF-SELECTION.
  SELECT *
    FROM sairport
   WHERE id IN @s_id
    INTO TABLE @gt_sairport.

END-OF-SELECTION.
  CALL SCREEN 100.

MODULE status_0100 OUTPUT.
  SET PF-STATUS 'GUI_STATUS_0100'.
  SET TITLEBAR 'GUI_TITLE_0100'.
ENDMODULE.

MODULE pbo_0100 OUTPUT.
  CREATE OBJECT g_container1
    EXPORTING
      container_name = 'CONTAINER'.

  CREATE OBJECT g_grid1
    EXPORTING
      i_parent = g_container1.
```

```
    CALL METHOD g_grid1->set_table_for_first_display
      EXPORTING
        i_structure_name = 'SAIRPORT'
      CHANGING
        it_outtab        = gt_sairport[].
ENDMODULE.

MODULE exit INPUT.
  LEAVE TO SCREEN 0.
ENDMODULE.
```

# 02

## ABAP의 T코스

몇 바퀴 돌고 오셨나요? 적어도 두 바퀴는 도셨을거라 믿고, 그 경험을 그대로 살릴 수 있는 프로그램을 하나 만들어 보겠습니다. 미리 말씀드리지만 이 프로그램은 세상 쓸데없는 프로그램입니다. 진짜 설명하기 힘든 개념을 최대한 쉽게 알려드리기 위해 억지로 만든 프로그램임을 미리 밝힙니다. 운전면허 시험으로 따지면 '기능시험 T코스'에 해당합니다. 평생 운전하면서 이때 배운 공식에 따라 주차할 일은 없겠지만, 모르면 운전 면허증을 손에 쥐기 힘들죠.

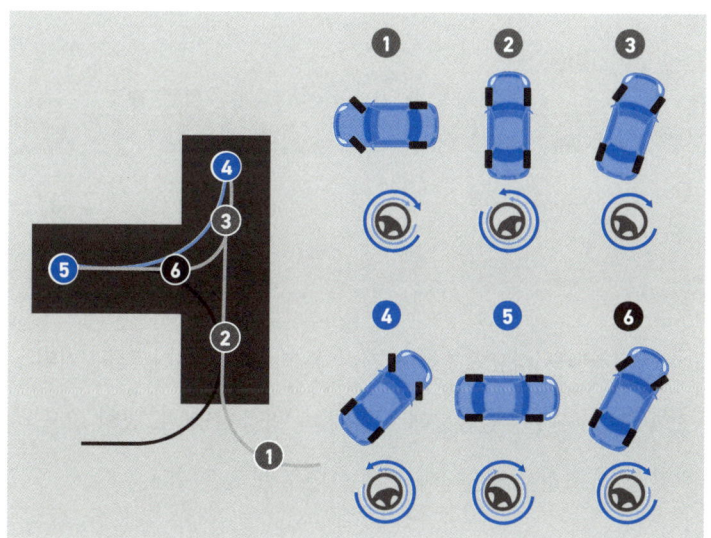

**D** T자 코스 진입 전~ 진입 후 전진 구간

**R** 주차를 위한 후진 구간

**D** 센서 인식 후 빠져나오는 전진 구간

지금부터 ABAP의 T코스를 공부하겠습니다. 기능시험 T코스와 마찬가지로 처음부터 완벽히 이해하겠다는 욕심은 내려 놓으십시오. 지금은 공식이 대략 어떻게 구성되어 있고, 그 공식을 어떻게 적용하면 T코스를 통과할 수 있는지를 알면 됩니다.

## 항공사 및 공항 정보 조회 프로그램

이번 프로그램도 1장에서 작성해봤던 프로그램과 동일하게 조회 화면과 결과 화면의 2단계로 구성됩니다. 조회 화면부터 보겠습니다.

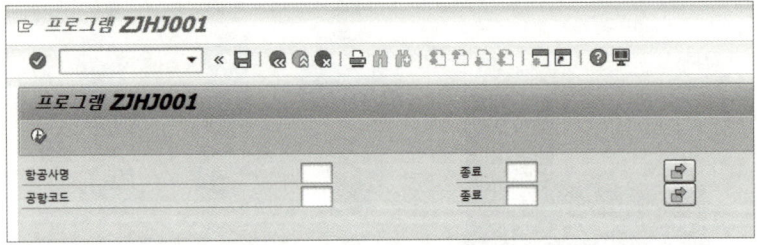

차이점이 보이시나요? 조회 조건이 좀 바뀌었습니다. '항공기명'이라는 조회 조건 하나만 있었는데 이번에는 '항공사명'과 '공항 코드'라는 두 개의 조회 조건이 있습니다. 결과 화면도 보겠습니다.

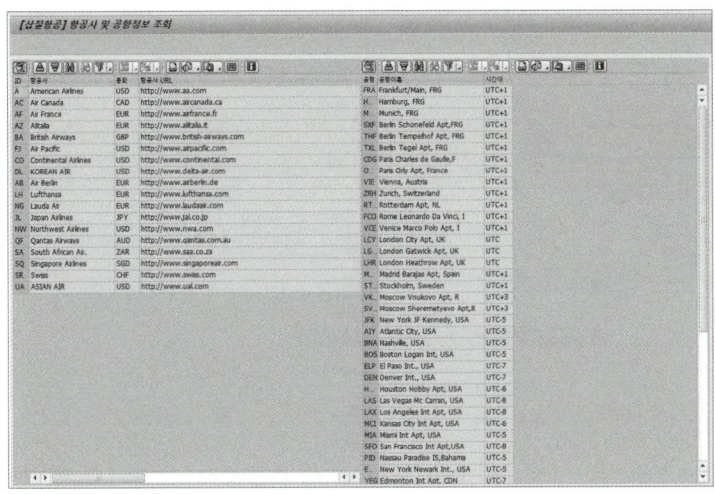

결과 화면은 차이가 좀 큽니다. 첫 번째 프로그램에서는 항공기 리스트만 보였는데, 이번에는 항공사 리스트와 공항 리스트가 한꺼번에 출력되었습니다. 첫 번째 프로그램을 이렇게 바꾸려면 프로그램의 어떤 부분이 바뀌어야 할까요? 그걸 하나씩 살펴보겠습니다.

## 프로그램도 예외 없다, 복사해 붙여 넣기

1장에서 프로그램 껍데기만 하나 만드는데도 많은 과정을 거쳐야 했습니다. 이번에는 그 과정을 한꺼번에 뛰어넘을 수 있는 방법을 알려드리겠습니다. '복붙(복사해 붙여넣기)'입니다. 나중에 실제 현장에서 일하실 때도 프로그램을 처음부터 만들기보다는 복사해서 만드는 일이 더 많습니다.

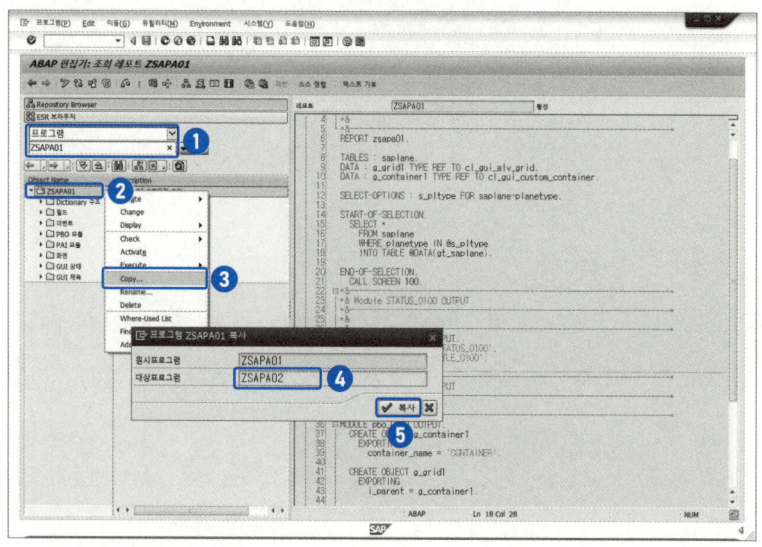

1장에서 실습을 성실히 따라 하지 않으셨다면 여기서부터 스텝이 꼬이시는 겁니다. 첫 번째 프로그램을 복사하겠습니다. ❶번에 프로그램을 선택하고 자신이 만든 첫 번째 프로그램 ID를 입력합니다. 저는 "ZSAPA01"을 입력하겠습니다. 입력하셨으면 Enter 를 한번 누르세요. 그러면 ❷번처럼 해당 프로그램의 오브젝트 리스트가 나옵니다. ❷번에 표시된 부분을 선택하고 마우스 오른쪽 버튼을 누릅니다. ❸번의 컨텍스트 메뉴Context menu가 나타납니다. 거기에서 ❸번의 'Copy…' 항목을 클릭합니다. ❹번의 팝업이 뜰 겁니다. 원시 프로그램Source program에 우리의 첫 번째 프로그램 ID가 보이시죠. 그리고 대상 프로그램Target program 필드에 똑같은 프로그램 ID가 표시될 겁니다. ❹번처럼 새롭게 만들 프로그램의 ID(ZSAPA02)로 바꿔 줍니다. 그리고 ❺번의 복사

(Copy) 버튼을 클릭합니다. 또 다시 팝업이 나옵니다.

처음 나타난 팝업에서 ❶번의 전체 선택 버튼(, Select all)을 클릭합니다. 전체가 선택됩니다. ZSAPA01 프로그램을 구성하는 모든 오브젝트를 하나도 빼지 않고 모두 복사하겠다는 의사를 밝힌 겁니다. 모든 항목에 대한 체크박스가 선택되면 ❷번의 복사(Copy) 버튼을 클릭합니다.

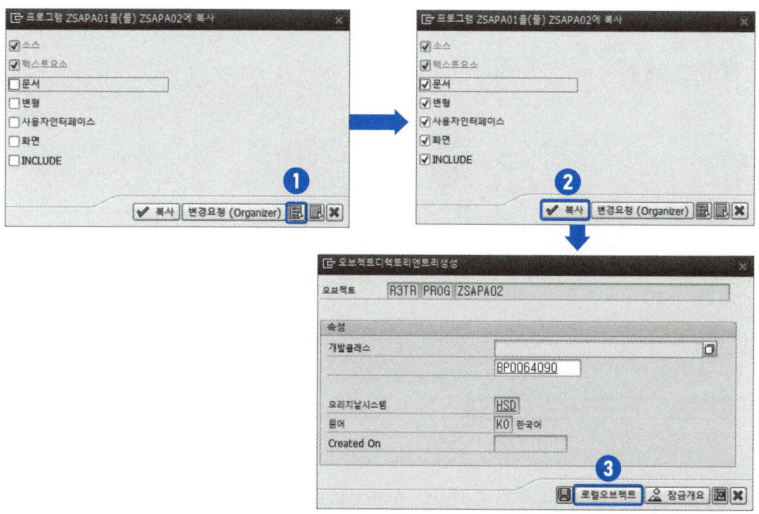

마지막으로 아래쪽의 팝업이 나타날 겁니다. ❸번의 로컬 오브젝트 Local object 버튼을 클릭해서 나만의 연습공간에 해당 프로그램을 만들어 줍니다. 새로운 프로그램이 잘 만들어졌는지 확인해 봅니다. ❶번의 프로그램 ID를 더블클릭하면 좌측 소스코드 영역에 ZSAPA02 프로그램의 소스코드가 나타납니다. 바로 실행을 해보겠습니다. ❷번 수행 버튼(, Direct processing)을 눌러 프로그램을 바로 실행해보겠습니다. 그런데 기대했던 화면이 안 나타나고 화면의 하단에 붉은색으로 메시지가 깜빡 거립니다. ❸번에 보이는 메시지를 대략 살펴보니 먼저 저장하고 활성화Activate하라는 의미인 것 같습니다.

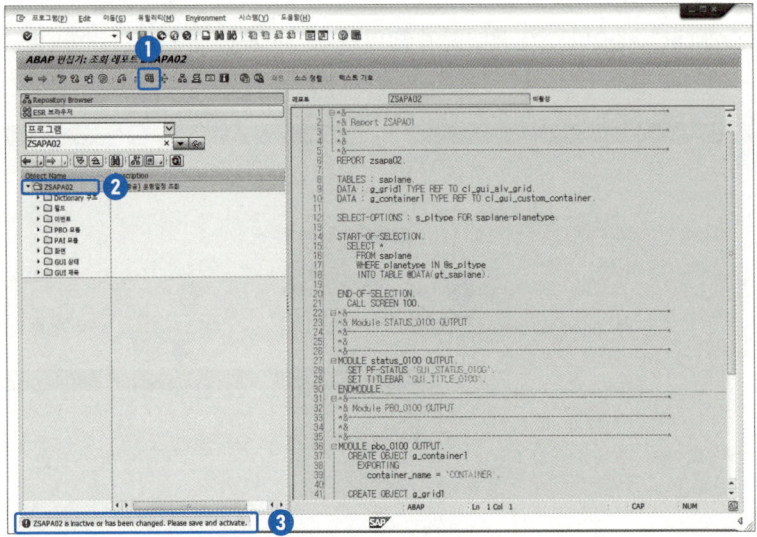

이제 뭘 해야 할까요? 뭔가를 새로 만들었거나 변화가 일어났다면 뭘 했던가요? 저장(🖫, Save)하고 점검(🗐, Check)하고 활성화(🔲, Activate)를 해줘야 합니다. 3개의 버튼 기억나시죠? 순서대로 클릭해 주세요. 마지막 활성화 버튼(🔲, Activate)을 클릭하면 익숙한 팝업이 뜹니다. 뭘 해야 합니까? 전체를 선택하고 활성화하면 됩니다.

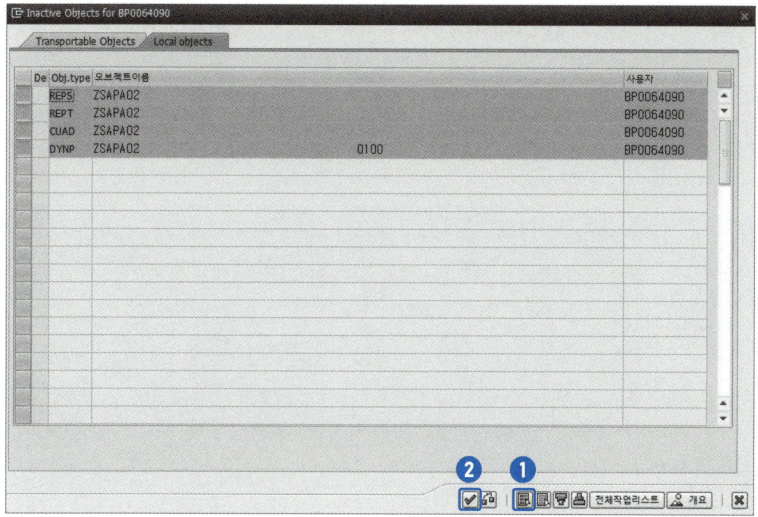

하단의 메시지 바에 '오브젝트를 활성화했습니다Active object generated'
라는 메시지가 뜨면 성공입니다. 다시 한번 수행 버튼(, Direct processing)
을 눌러 프로그램을 실행해 봅니다. 기대한 조회 화면이 나타납니다. 첫
프로그램을 짤 때 겪었던 그 험난한 과정이 간단하게 끝이 났습니다.

## 어디를 뜯어고쳐야 할까?

이제 뭘 해야 할까요? 지금은 ZSAPA01 프로그램을 그대로 복제해 활
성화만 한 상태입니다. 두 프로그램의 차이를 먼저 찾아보겠습니다.

기본 프로그램　　　　　　　　　　　　　　　　　　　　　Part 1

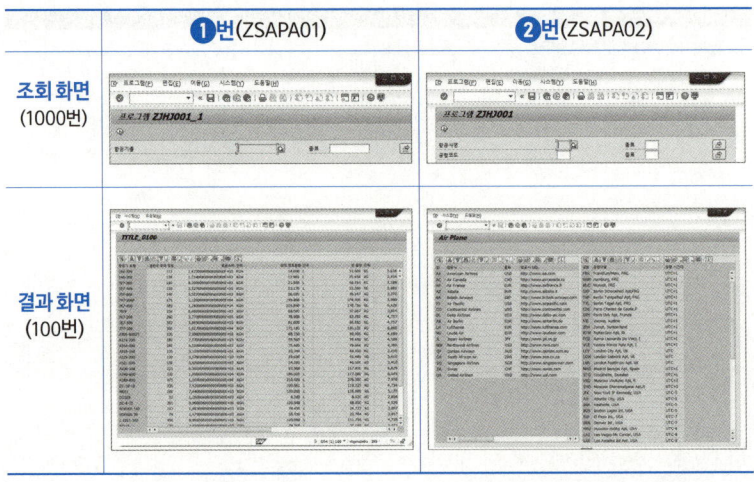

　　한 눈에 비교하기 위해 두 프로그램의 조회 화면과 결과 화면을 동시에 살펴보겠습니다. 조회 화면부터 보겠습니다. 직관적으로 알 수 있는 ❶번과 ❷번의 차이는 조회 조건의 숫자입니다. ❶번은 1개이고 ❷번은 2개입니다. 자세히 보면 조회 조건의 항목도 다릅니다. 어떤 부분을 수정해야 할까요? 일단 조회 조건을 가져오는 테이블이 다릅니다. 변수 선언부에서 테이블을 변경해야 할 것 같습니다. 그리고 조회 조건이 2개로 바뀌었습니다. 'SELECT-OPTIONS' 구문을 수정해야 할 것 같네요. 이번에는 결과 화면을 보겠습니다. 결과 화면은 변화가 꽤 큽니다. 하나였던 리스트가 2개가 되었고, 그 리스트마저 원래와 다른 데이터를 보여 줍니다. 데이터가 바뀌니까 일단 데이터 준비 영역이 바뀌어야 할 겁니다. 그리고 2개로 갈라진 화면 구조를 만들기 위해서 100번 스크린의 레이아웃을 바꿔야 하겠죠. 스크린 페인터 Screen painter에서 이 작업을 해야 합니다. 운행지도에 표시해 보면 조회 화면 변경을 반영하는 부분은 화살표로 표시된 부분입니다.

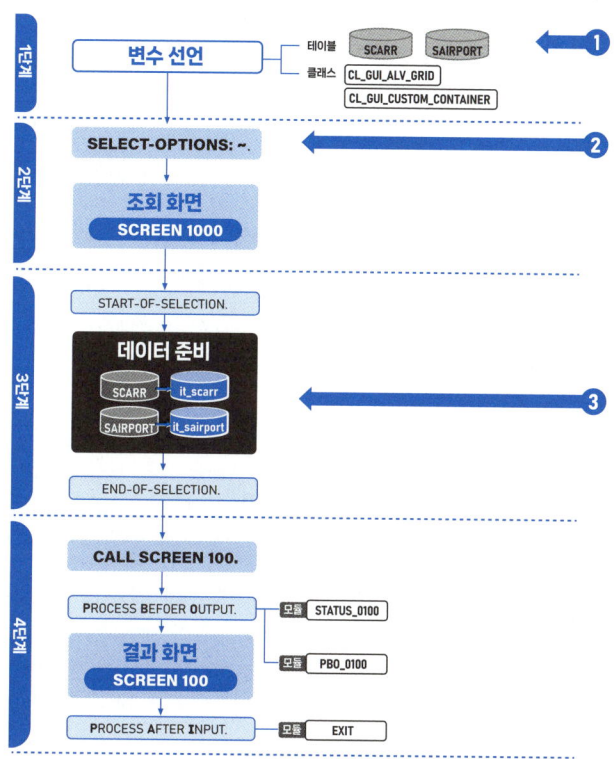

❶번 화살표부터 보겠습니다. 원래는 항공기 정보를 저장하고 있는 테이블인 'saplane'을 선언했었습니다. 이번에는 1개가 아닌 2개의 테이블이 필요합니다. 항공사 정보를 저장하고 있는 'scarr' 테이블과 공항 정보를 가진 'sairport'입니다. 테이블 선언부에 다음과 같이 입력합니다.
(항공사 관련 테이블에 대한 전체 구조와 설명은 부록을 참고하세요)

### 테이블 선언

```
TABLES : scarr, sairport.
```

❷번 화살표로 가겠습니다. 조회 화면의 조회 조건을 정의하는 부분입니다. 항공사명을 조회 조건으로 추가하기 위해 'SELECT-OPTIONS'라는 명령어 옆에 항공사명에 해당하는 필드를 선언해 줍니다. 's_carrid'라는 조회 조건을 정의하는데 이것은 앞에서 선언해 놓은 'scarr' 테이블의 'carrid'라는 필드의 속성을 가져다 쓰겠다는 의미입니다. 마찬가지로 공항명에 해당하는 's_id'도 선언합니다. 소스코드는 아래와 같습니다.

### 조회 화면 구성

```
SELECT-OPTIONS : s_carrid FOR scarr-carrid.
SELECT-OPTIONS : s_id FOR sairport-id.
```

조회 화면에서 필드명을 원하는 대로 표시하기 위해 텍스트 기호를 클릭합니다.

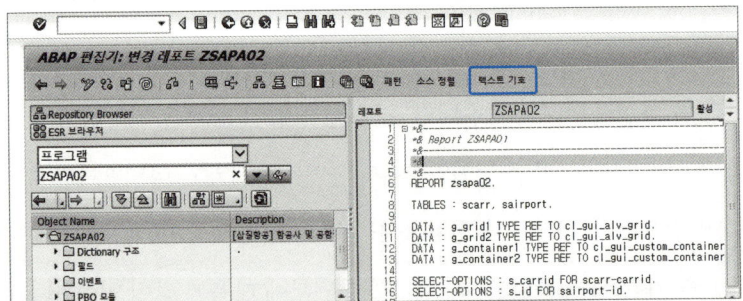

❶번 선택 텍스트Selection Texts를 선택하고 ❷번 S_CARRID에 '항공사명'과 S_ID에 '공항코드'를 입력합니다. 그리고 ❸번 Activate 버튼()을 클릭하면 ❹번 팝업창이 나타납니다. 그 이유는 ❷번 S_ID 아래의 S_PLTYPE(항공기종)이 이전 프로그램에서 사용하였으나 현재 프로그램(ZSALV02)에는 사용되지 않아 삭제를 하려는 것입니다. [예]를 선택합니다.

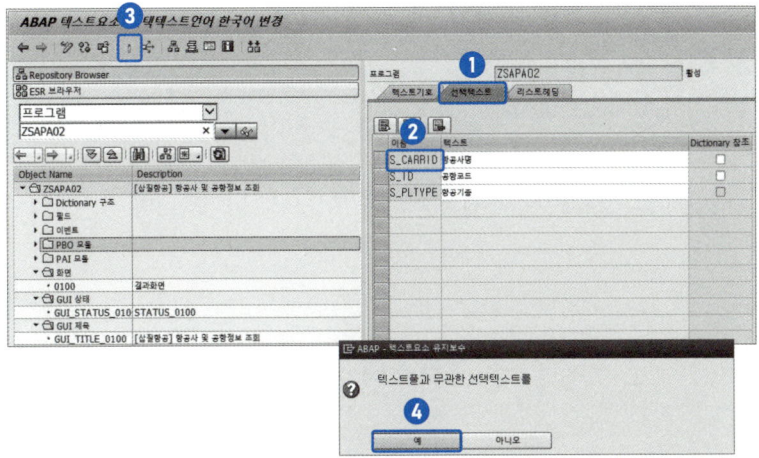

그러면 다음과 같이 선택 텍스트Selection Texts가 2개만 남게 됩니다.

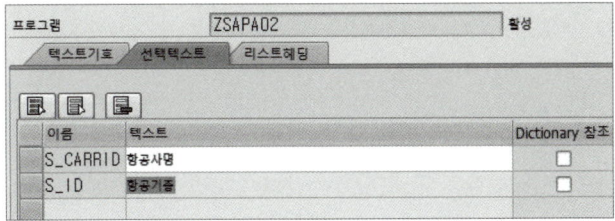

마지막 ❸번 화살표로 넘어갑니다. 데이터 준비를 하는 단계이지요. 2개의 테이블에서 데이터를 가져와야 합니다. 조회문을 2개 만듭니다.

> **데이터 쿼리문**
>
> ```
> SELECT *
>   FROM scarr
>  WHERE carrid IN @s_carrid
>   INTO TABLE @DATA(gt_scarr).
>
> SELECT *
>   FROM sairport
>  WHERE id IN @s_id
>   INTO TABLE @DATA(gt_sairport).
> ```

어렵지 않으시죠? 이제 진짜 어려운 부분으로 넘어갑니다.

## T코스의 정수

삽질 시리즈가 엄청나게 많이 팔려서 집 안에 영화관을 하나 만들고 싶습니다. 인공지능(미드저니)으로 상상한 이미지를 만들어 보니 대략 이런 모습일 것 같습니다.

한쪽 벽에 영사기를 비출 스크린을 내리고 그 스크린의 영역에 최대한 맞춰서 비출 영역을 정한 다음, 초점을 맞춰서 영화를 감상합니다. ABAP의 T코스 구조가 이와 유사합니다. 스크린은 'Area', 영화가 비춰지는 영사면은 'Custom container', 그리고 상영할 영화의 장면은 'ALV Grid'에 대비할 수 있습니다. 셋의 관계를 그림으로 간단히 표현해 보겠습니다.

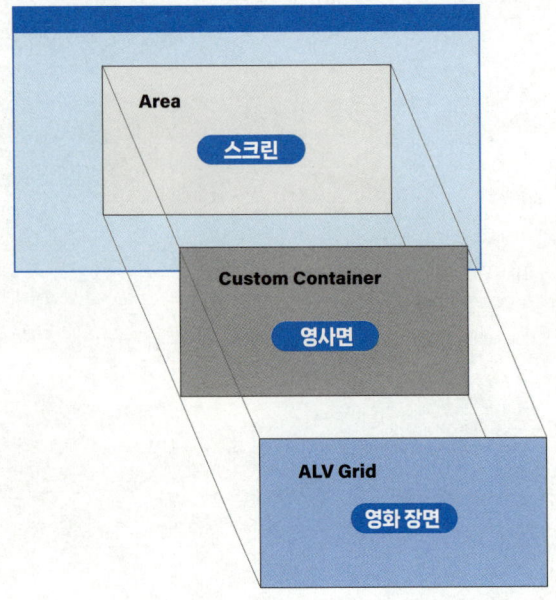

여기서 한 가지 의문을 가질 수 있습니다. 굳이 이렇게 구조를 어렵게 가져가야 할까? 스크린 위에 바로 영화 장면을 보여주도록 2단계 구조로 만들면 되지 않을까? 일반적인 경우는 그게 맞습니다. 굳이 3단계 구조가 필요 없지요. 그런데 어느 날은 영화를 보지 않고 회의를 하게 되었습니다. 두 가지 자료를 한꺼번에 띄워 놓고 토론을 해야 할 때가 있죠. 그럴 때 3단계 구조가 필요합니다. 우리가 테스트하는 프로그램을 대응해 보면 이렇게 될 겁니다.

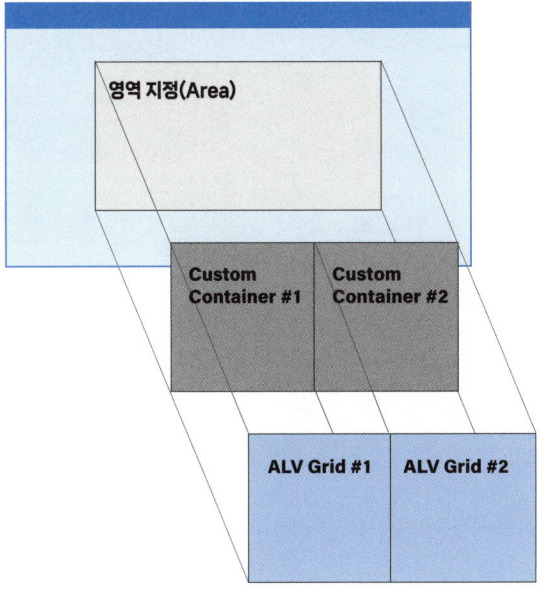

하나씩 살펴보겠습니다. 제일 먼저 해야 할 일은 Area를 지정하는 것입니다. Area는 가장 밑바탕이 되는 스크린의 크기를 정하는 것입니다. (프로젝트를 할 때는 사용자들이 주로 사용하는 컴퓨터의 해상도에 따라 스크린 크기의 표준을 정하게 됩니다) 스크린에 해당하는 Area의 크기를 지정하려면 스크린 페인터에 들어가야 합니다. 기억을 되살려볼까요?

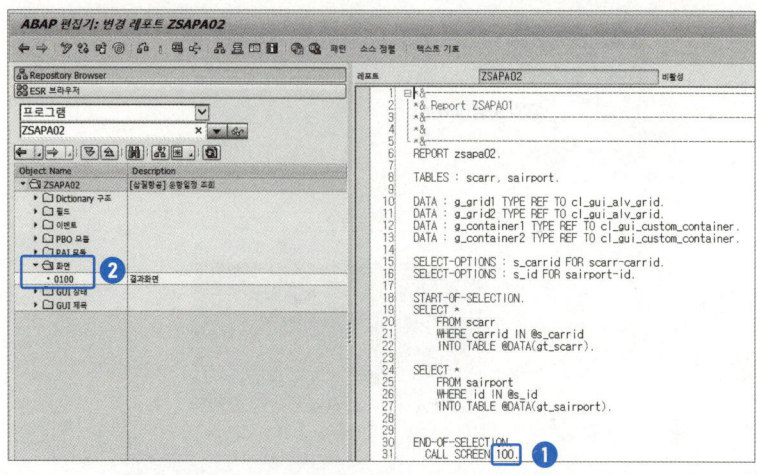

스크린 페인터를 호출하려면 레이아웃 버튼을 클릭해야 했습니다. 그런데 아무리 찾아도 레이아웃 버튼이 없습니다. 어디에 있을까요? 지금 우리가 수정하려는 게 뭔가요? 결과 화면입니다. 즉, 100번 화면을 수정하고 있습니다. 그렇다면 100번 화면으로 들어가야겠죠.

100번 화면에 들어가는 방법은 두 가지가 있습니다. 이미 한 가지는 알고 계십니다. ❶번처럼 소스코드에서 100을 더블클릭하시면 됩니다. 다른 방법은 오브젝트 리스트를 활용하는 겁니다. ❷번과 같이 오브젝트 리스트의 화면을 선택하고 작은 화살표를 클릭하면 '0100'이라는 오브젝트가 나옵니다. 그것을 더블클릭하셔도 동일한 결과를 얻을 수 있습니다. 레이아웃 버튼이 보입니다.

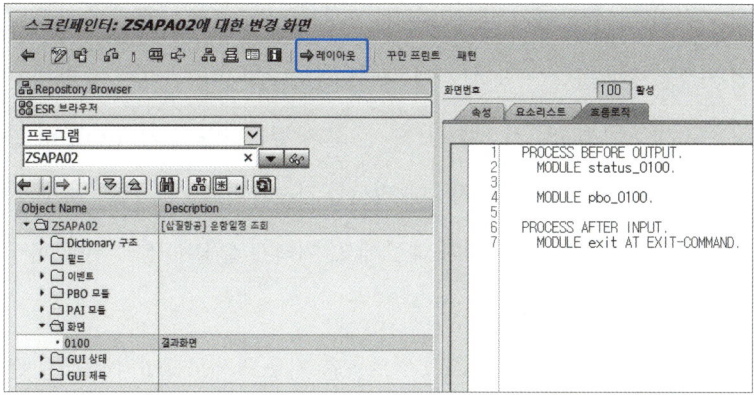

레이아웃Layout 버튼을 클릭합니다. 스크린 페인터Screen painter가 나타납니다.

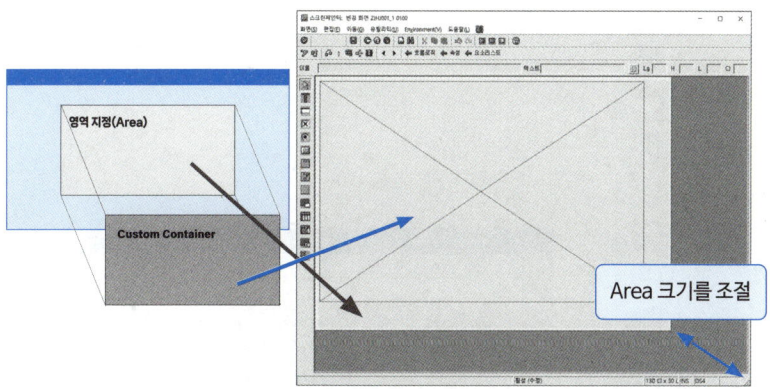

스크린 페인터에서 아래에 깔려 있는 영역이 Area입니다. 그리고 그 위에 엑박(엑스박스)이 올려져 있습니다. 아무것도 만든 기억이 없는데 왜 뭔가가 만들어져 있을까요? 우리가 처음부터 프로그램을 짜고 있는

게 아니라 복사를 했기 때문입니다. 그래서 원래 프로그램에서 사용되던 커스텀 컨트롤Custom control이 그대로 있는 겁니다. 우리는 이 엑박은 지우고 새로운 2개의 커스텀 컨트롤을 그려 넣습니다. 일단 Area부터 설정해보겠습니다. Area의 꼭지점에 커서를 가져가면 크기를 조절할 수 있습니다. 크기를 늘렸다 줄였다 해보세요. 이렇게 설정된 영역 위에 커스텀 컨트롤을 올릴 수 있습니다.

이번에는 기존에 있던 커스텀 컨트롤을 지우고 새로 2개의 커스텀 컨트롤을 만들어 보겠습니다. 엑박을 클릭해 선택합니다. 그리고 삭제Del 버튼을 클릭합니다. 스크린 위에 아무것도 없습니다.

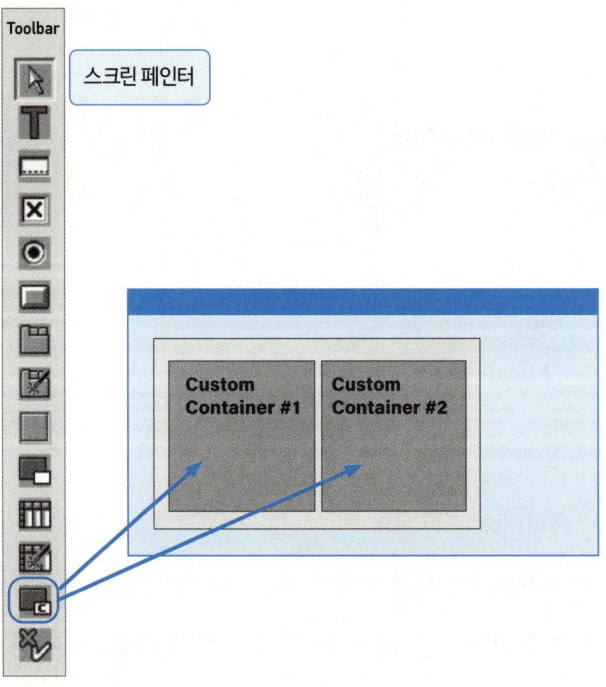

그림에서처럼 툴바에서 2개의 커스텀 컨트롤을 선택해 적절한 크기로 스크린 위에 배치합니다. 그리고 각각의 엑박을 더블클릭합니다. 이름을 지정할 수 있는 세로로 긴 모양의 팝업이 나타납니다.

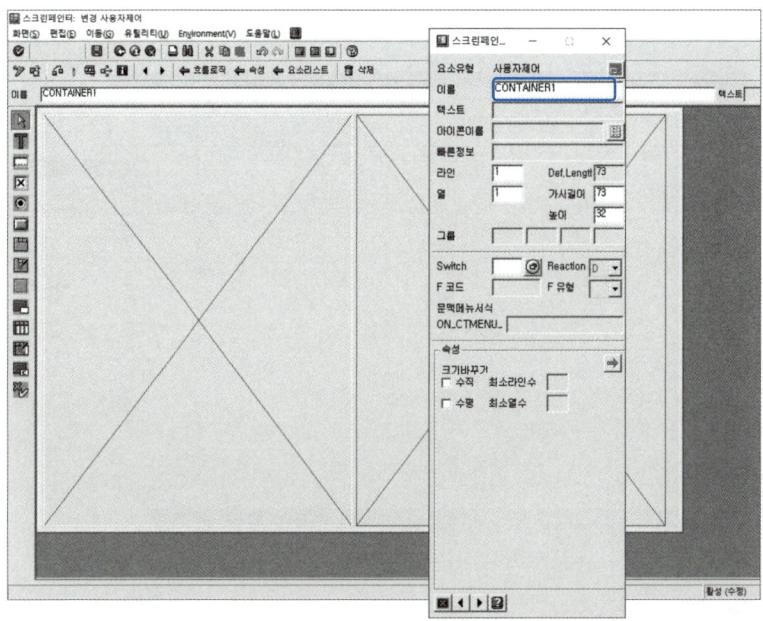

표시된 부분에 각각의 이름을 그림과 같이 입력해 줍니다. 저는 'CONTAINER1'과 'CONTAINER2'로 각각 지정했습니다. 이름을 지정했으면, 스크린 페인터를 빠져 나갑니다.

 전 성격이 예민해서 크기를 정확하게 제어하고 싶어요

일을 하다 보면 사이즈를 정확하게 지정해야 할 경우가 있습니다. 그럴 때는 2가지 방법으로 설정이 가능합니다. ❶번이나 ❷번에서 폭과 높이를 정확하게 입력하면 됩니다. 두 값은 동일한 값입니다.

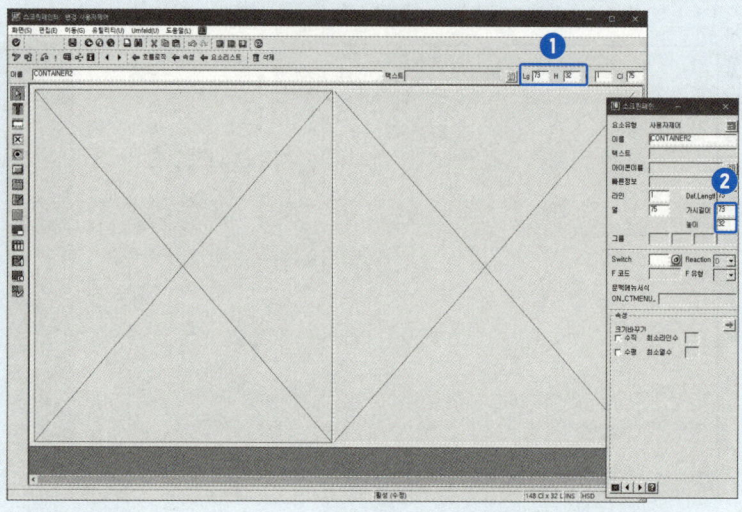

제일 어려운 부분이 남았습니다. 스크린 페인터Screen painter에 만든 커스텀 컨트롤Custom control 위에 ALV Grid라는 리스트를 올려야 합니다.

중간 점검을 해보겠습니다. 지금까지 100번 스크린에 커스텀 컨트롤 2개를 만들었습니다. 운행지도에 표시해 보면 ❹번 화살표로 표시된 2군데입니다.

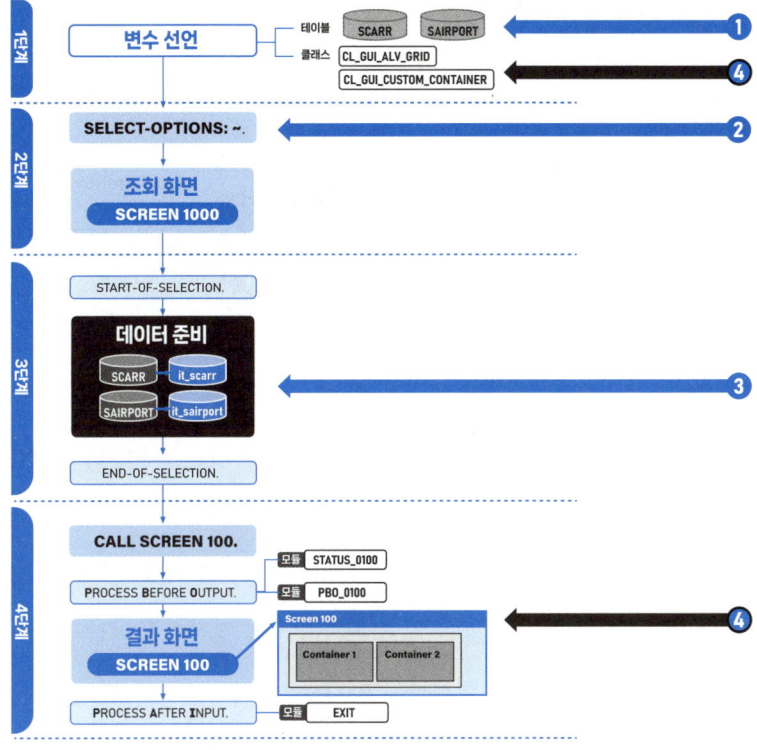

4단계에 있는 커스텀 컨트롤을 만들고, 그 위에 컨테이너Container 2개를 올리는 일은 직관적으로 이해가 가실 겁니다. 그런데 1단계 변수 선언에 있는 'CL_GUI_ALV_GRID'와 'CL_GUI_CUSTOM_ CONTAINER'는 생소하시죠. 지금 하는 일을 집 짓는 일에 비유한다면 'CL_GUI_ALV_GRID'와 'CL_GUI_CUSTOM_CONTAINER'는 미리 만들어 둔 표준 설계도입니다. 이 세계에서는 설계도를 클래스(Class)라 부릅니다. 그림으로 확인해 보겠습니다.

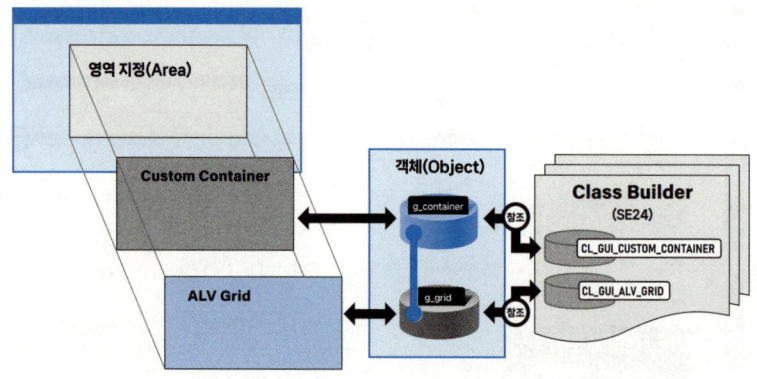

물리적인 영역인 커스텀 컨트롤Custom control에 기초공사를 하는 것이 커스텀 컨테이너Custom container라는 객체를 만드는 일입니다. 커스텀 컨테이너의 설계도가 'CL_GUI_CUSTOM_CONTAINER' 클래스입니다. 기초공사가 끝나면 벽돌을 쌓고 본격적인 집 짓기에 들어갑니다. 지상에 지어지는 집에 대한 설계도가 여기서는 ALV Grid입니다. 그 설계도는 'CL_GUI_ALV_GRID'입니다. 설계도는 그 자체로 기초가 되거나, 집이 될 수 없습니다. 그래서 설계도를 참조해 실제로 만들어진 기초공사와 지상의 집 자체를 '객체'라 부릅니다. 그래서 1단계 변수 선언 부분에서 Class Builder(T-code: SE24)에서 관리되고 있는 2개의 클래스를 참조(TYPE REF TO)하여 객체를 선언합니다.

 조금 더 파보자

# 객체 지향 프로그래밍

클래스, 객체 같은 생소한 용어들이 나와서 당황스러우시죠. 아무리 운전하는 법 위주로 설명하겠다고 했지만 개념을 전혀 설명하지 않고서는 안 되는 부분이 있네요. 최소로 가장 쉽게 설명하도록 해보겠습니다.

■ **객체 지향 프로그래밍**

컴퓨터가 발명되고 처음으로 프로그램을 짜기 시작할 때는 개발하는 방법론이 없었습니다. 사람마다 자기 스타일대로 소스코딩을 했죠. 그런데 일의 규모가 커지고 그에 따라 소스코드가 복잡해지면서 주먹구구식으로 소스코드를 관리하는 것이 불가능해지기 시작합니다. 그래서 프로그램을 개발하는 것에도 표준화된 방법이 만들어지기 시작했습니다. 이를 '개발 방법론'이라 부릅니다. 처음에는 이 방법론이라는 것도 간단했습니다. 유사한 이전 프로젝트의 소스코드를 복사해 가서 새로운 프로젝트 상황에 맞게 수정해서 사용했습니다. 이걸 소스코드 재사용이라 합니다. 그런데 이렇게 해 보니 생각보다 재사용할 수 있는 부분이 많지 않았습니다. 게다가 각자 취향대로 수정을 하다 보니 버전이 수없이 생기고 그것들을 관리하는데 더 많은 자원이 들어가기도 합니다. 그래서 정말 공통으로 여러 번 사용되는 것을 따로 빼서 함수Function라는 것을 만듭니다. 아무나 쉽게 수정할 수 없도록 조치도 하고요. 이런 조치를 '캡슐화'라고 합니다. 그래서 함수로 만들어진 것에 대한 개선이나 보완이 필요하면 본사나 연구소 같은 정해진 조직에서만 수정할 수 있도록 했습니다. 함수 중심의 개발 방법론을 '구조적 방법론Structured Methodology'이라 합니다. 한 동안 구조적 방법론이 지배했습니다. 그런데 인터넷이 나오고 디지털화가 본격화되면서 프로젝트의 규모가 더 커지고 복잡해집니다. 이에 더해 함수를 사용하면 극적으로 높아질 것이라 생각했던 프로그램의 재사용도 쉽지 않았습니다. 일하는 절차에 따라 처리하는 구조적 방법론도 한계가 오기 시작합니다. 절차 지향의 구조적 방법론이 가진 한계를 극복하기 위해 나온 것이 객체 지향 프로그래밍OOP, Object Oriented Programming입니다. 이 둘 사이에는 어떤 차이가 있길래 절차 중심의 구조적 방법론의 한계를 객체 지향 프로그래밍이 해결할 수 있다고 생각했을까요? 자판기를 예로 들어보겠습니다.

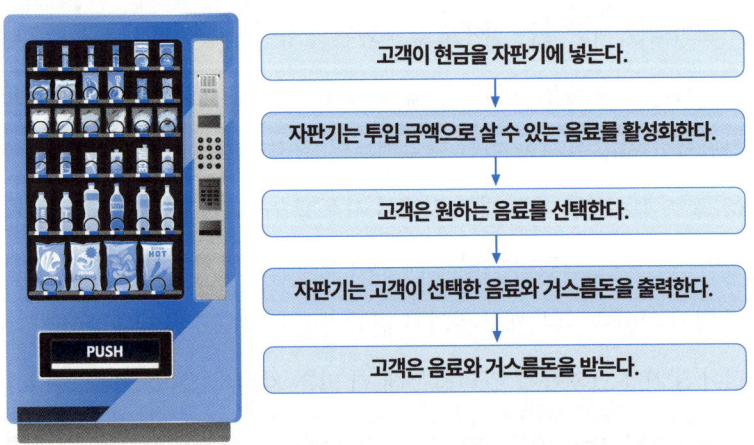

사례를 단순화하기 위해 결제는 현금으로 제한하겠습니다. 현금 자판기가 일하는 방식을 절차에 따라 정리한다면 그림과 같습니다. 현금만 사용하고 원래 계획했던 음료만 판매한다면 전혀 문제가 없습니다. 문제는 결제 방법이 다양하다는 점입니다. 신용카드가 있고 스마트폰 소액 결제도 있고, 쿠폰 결제도 있습니다. 함수 위주의 절차적 프로그래밍에서는 이런 것들을 해결하기 위해 새로운 절차를 다 따로 만들어야 합니다. 그에 맞는 함수도 각각 만들어야 하죠. 이러다 보니 프로그램의 재활용성이 떨어졌고, 늘어나는 절차와 함수의 수에 따라 관리 비용이 감당할 수 없게 된 것이죠. 결제 방식만 늘어나나요? 제품도 다양해집니다. 인스턴트 커피가 더해질 수도 있고, 컵라면이 더해질 수도 있습니다. 얼마나 많은 절차를 설계해야 하겠습니까?

이에 반해, 객체 지향 프로그래밍은 '고객'과 '자판기'를 '객체'로 분리합니다. 그리고 그 객체들 간에 '현금을 넣는다', '현금을 받는다', '음료를 받는다', '음료를 준다' 등의 메시지 교환을 통해 일을 처리하도록 합니다. 절차 지향 프로그래밍에서는 고객과 자판기의 역할과 기능이 혼재해 있었습니다. 그렇다 보니 조금만 차이가 있어도 새로운 절차를 정의해야 합니다. 객체 지향 프로그래밍은 '고객'과 '자판기' 등의 객체를 잘 분리해서 정의만 잘 한다면 절차 지향에 비해 재사용이 용이합니다. 앞에서 절차 지향으로 정리했던 것을 객체 지향으로 바꾸면 그림처럼 됩니다.

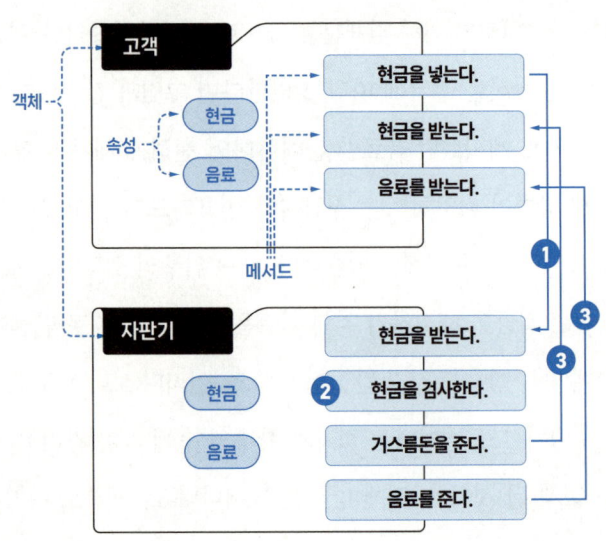

고객과 자판기라는 객체Object가 있고 각각의 객체는 현금과 음료라는 속성Attribute을 가지고 있습니다. 그리고 2개의 객체는 '현금을 넣는다', '현금을 받는다' 등의 메서드Method를 활용해 서로 메시지 교환을 합니다. ❶번처럼 고객 객체가 현금을 넣으면 자판기 객체가 현금을 받습니다. 자판기 객체는 ❷번에서 투입된 돈에 문제가 없는지 검사합니다. 문제가 없으면 ❸번이 진행됩니다. 음료를 내어주고, 만약 투입된 금액이 음료의 가격보다 많다면 거스름돈을 계산해 내어줍니다. 앞에서 본 절차 지향과는 조금 다르지요. 그런데 왜 객체 지향 방법론을 사용하면 절차 지향보다 프로그램 재사용성이 좋을까요? 간단한 예를 들어 보겠습니다. 어느 날 현금뿐만 아니라 카드도 받아야 한답니다. 절차 지향에서는 카드 처리를 위한 새로운 절차를 만들어야 합니다. 하지만 객체 지향에서는 고객과 자판기라는 객체가 가지는 현금이라는 속성 외에 카드라는 속성을 추가하고 현금을 넣고 받는 메시지 전달 기능을 카드도 가능하도록 조금 수정하면 됩니다. 처음부터 완전히 새로운 절차를 정의해야 하는 절차 지향보다 효율적이지요. 감은 좀 잡으셨나요? 못 잡으셨어도 절망하지 마십시오. 한 번에 이해하기 어려운 이론입니다.

■ **클래스와 객체**

　이야기의 시작점으로 돌아가서 클래스와 객체는 어떤 관계인지 알아보겠습니다. 앞에서 여러 번 클래스는 설계도에 비유했습니다. 설계도는 어떤 실체는 아니죠. 실체를 만들 수 있는 개념을 정의한 것이죠. 이번에는 자동차로 클래스와 객체의 관계를 설명해보겠습니다.

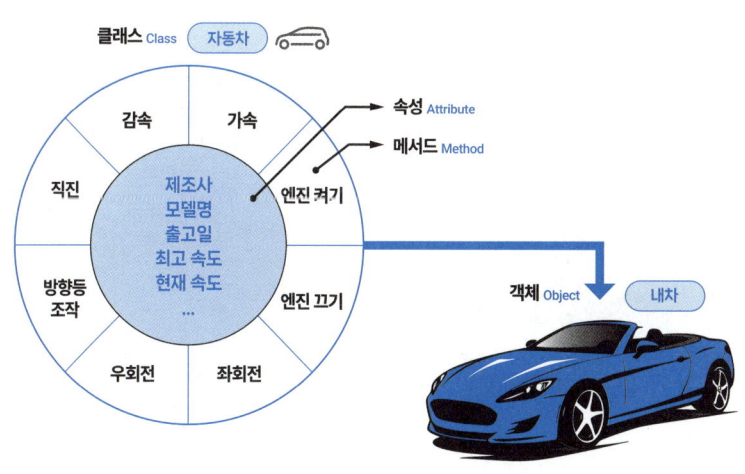

도로를 달리는 수많은 자동차는 각각이 하나하나의 객체Object입니다. 하지만 자동차라는 큰 개념으로 묶을 수 있습니다. 그렇다면 각각의 자동차는 어떻게 구별할 수 있을까요? 제조사, 모델명, 출고일, 배기량 등으로 구별할 수 있을 겁니다. 자동차 각각의 제조사, 모델명, 출고일, 배기량의 값은 다르지만 이런 속성Attribute을 가지고 있다는 것은 공통점이죠. 또 자동차는 엔진을 켜고, 끄고, 속도를 가속하거나 감속하는 등의 일을 합니다. 이런 공통적인 개념들의 모음을 클래스Class라 이해하면 됩니다. 클래스는 다시 속성과 메서드로 구성됩니다. 그림에서 내부 원에 나열된 것들이 자동차 클래스의 속성Attribute이고 속성을 둘러싼 원에 정의된 것들이 메서드Method입니다. 자동차가 공통적으로 가지는 속성과 메서드의 집합으로 '자동차'라는 클래스를 만들고 이를 참조해, '내차'라는 실제 차를 정의할 수 있습니다. 이것을 '객체'라고 합니다. 클래스는 하나지만 객체는 수없이 찍어낼 수 있겠지요.

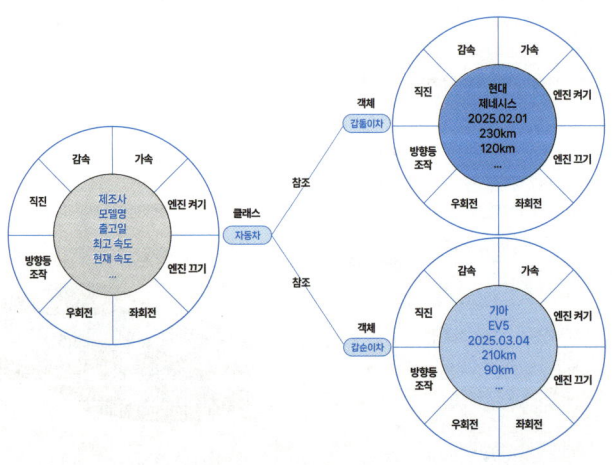

자동차 클래스를 참조해 갑돌이차와 갑순이차라는 객체를 만든다면 그림과 같습니다. 클래스에는 제조사, 모델명 같은 개념만 들어가 있지만 갑돌이차, 갑순이차라는 실체에는 현대, 제네시스와 같은 실제 값이 들어가는 것이지요. 어떻게 보면 클래스는 속성과 메서드의 판을 모아 놓은 것이고, 객체는 속성에 특정 값을 정해준 것이라 볼 수 있습니다. 그리고 그 값들을 넣어주거나 변경하는 역할을 메서드가 한다고 이해하면 됩니다.

■ **속성과 메서드의 콜라보**

속성과 메서드가 실제로 어떻게 동작하는지 예를 들어 설명해 드리겠습니다. 갑돌이차를 운전하고 있다고 상상해보세요. 방금 고속도로에 진입했습니다. 속도를 올려야겠지요. 객체(갑돌이차)의 속도를 높이기 위해서는 액셀을 밟아야겠지요. 액셀을 어떤 강도로 얼마나 오랫동안 밟고 있느냐에 따라 가속되는 속도가 달라질 겁니다. 지금까지 배운 클래스, 객체, 속성, 메서드의 관점에서 정리해 보겠습니다. 일단 '자동차'라는 클래스에 '현재 속도'리는 속성이 있습니다. 그리고 이 현재 속도를 변경하는 '가속'과 '감속'이라는 메서드가 있겠지요. 지금은 속도를 높여야 하니 '가속' 메서드를 사용하면 될 것 같습니다. 클래스는 그냥 설계도라고 했습니다. 실제 속성 값을 가지고 있지 않죠. 그럼 먼저 '자동차' 클래스를 참조한 '갑돌이차'라는 객체를 만들어야 합니다. 이건 이미 배웠죠.

### 객체 선언

DATA : 갑돌이차 TYPE REF TO 자동차.

이번에는 갑돌이차를 가속해야 합니다. '자동차' 클래스에 정의되어 있는 '가속' 메서드를 호출합니다.

### 객체 선언

```
CALL METHOD 갑돌이차 -> 가속
            EXPORTING
                강도 = 10
                시간 = 5
            IMPORTING
                가속 = 30.
```

갑돌이차의 가속 메서드를 불러서 액셀을 강도 10으로 5초간 밟으라는 명령을 내린 겁니다. 그 결과로 30km가 가속되었습니다. 이때 강도와 시간, 가속의 값을 '매개변수(파라미터)'라고 합니다. 만약 가속하기 전의 갑돌이차가 가진 '현재 속도' 속성 값이 40km였다면 가속 후의 '현재 속도' 속성 값이 70km가 되겠지요. 그림으로 나타내면 이렇게 될 겁니다.

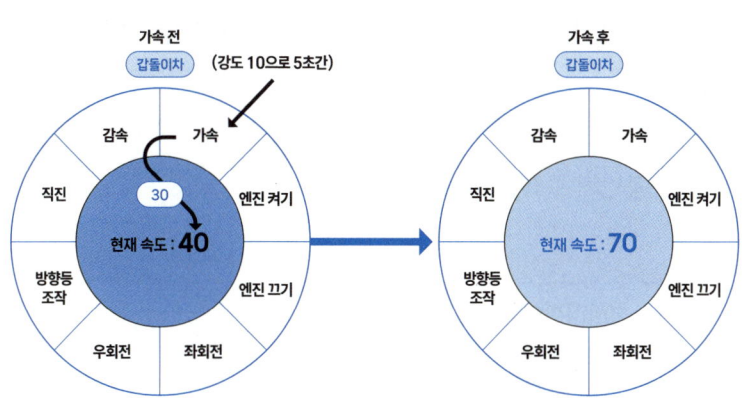

이 정도면 운전자로서 알아야 할 클래스에 대한 개념은 대략 정리된 것 같습니다.

## SAP의 클래스는 어떻게 정의되어 있을까?

지금까지 공부하신 개념 꽉 잡으시고 우리 관심사인 2개의 클래스를 SAP에서 확인해 보겠습니다.

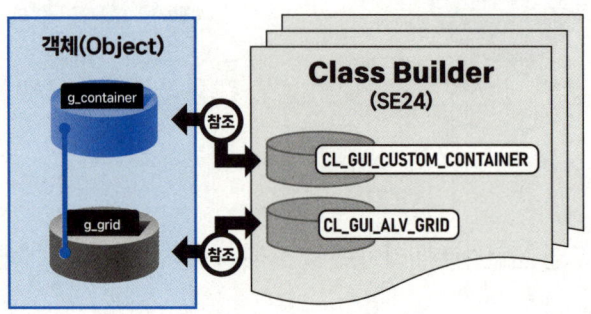

제일 먼저 해야 할 것은 1단계 변수 선언부에서 2개의 클래스(CL_GUI_ALV_GRID, CL_GUI_CUSTOM_CONTAINER)를 참조해 객체를 선언하는 것입니다. 그 전에 2개의 클래스가 실제로 어떻게 생겼는지 살펴보겠습니다. SAP에서 이미 만들어진 클래스를 조회하고 새로운 클래스를 만드는 곳을 '클래스 빌더Class Builder'라 부릅니다. 트랜잭션 코드 'SE24'로 접근하면 됩니다. 명령어 필드에 트랜잭션 코드 "SE24"를 입력하고 Enter 를 누릅니다.

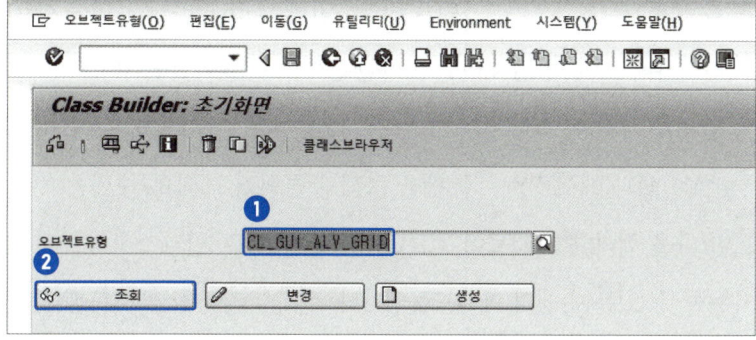

클래스 빌더에 들어왔습니다. 오브젝트 유형Object Type 필드에 조회할 클래스 이름을 ❶번처럼 입력합니다. ❷번 조회Display 버튼을 클릭합니다. 'CL_GUI_ALV_GRID' 클래스 속으로 들어왔습니다. 엄청 복잡합니다. 쫄지 마세요. 우리는 꼭 필요한 것만 알면 됩니다.

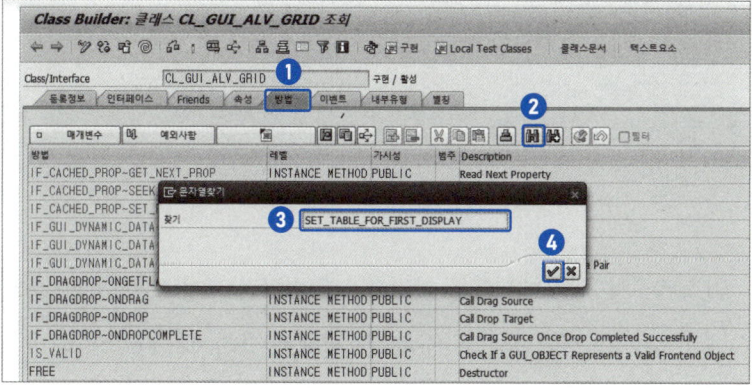

클래스 이름 아래로 수많은 탭이 보입니다. 그 중에서 우리가 관심 있는 탭은 2개입니다. 속성Attributes과 방법메서드, Methods 탭입니다. 방법은 좀 생소하시죠. SAP 시스템을 번역하면서 Method라는 용어를 한글로 번역하다 보니 '방법'이라는 요상한 용어가 만들어졌습니다. 약간 무속 냄새가 나서 이 책에서는 메서드라는 용어를 사용하겠습니다. 속성 Attributes 탭과 메서드Methods 탭을 차례로 클릭해 보세요. 수많은 리스트가 나올 겁니다. 그것들이 'CL_GUI_ALV_GRID' 클래스를 참조하면 사용할 수 있는 속성과 메서드들입니다. 우리가 사용할 메서드를 한번 찾아보겠습니다. ❶번 메서드Methods 탭을 선택합니다. 그리고 ❷번의 찾기 버튼(, Find)을 클릭하세요. 팝업이 나오면 ❸번에 "set_table_for_first_display"라 입력하시고, ❹번 계속하기 버튼(, Continue)을 클릭합니다.

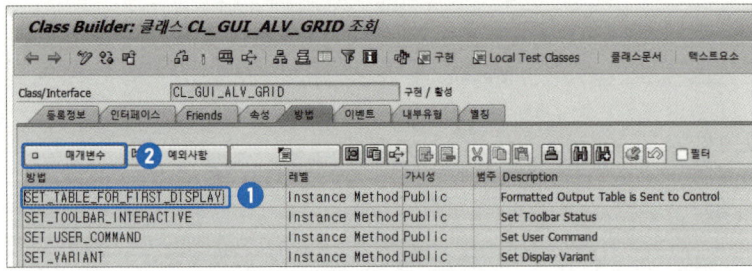

리스트에서 해당 메서드를 찾았으면 ❶번처럼 커서로 'set_table_for_first_display'를 선택합니다. 메서드를 선택한 상태에서 ❷번의 매개변수Parameters 버튼을 클릭합니다.

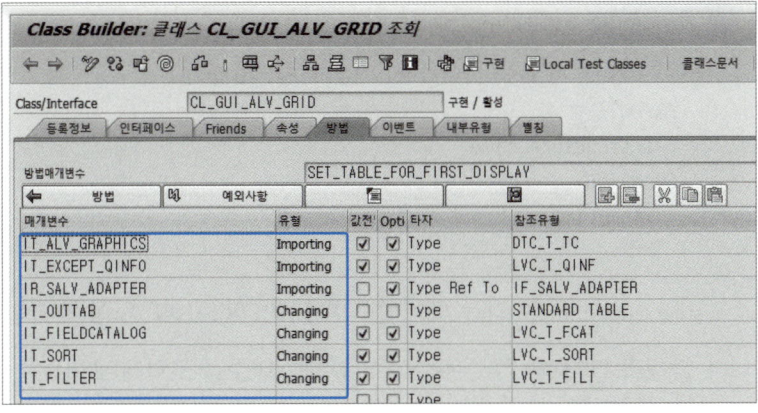

해당 메서드에서 사용할 수 있는 매개변수들이 보입니다. 여기서 한 가지 알아야 할 것이 더 있습니다. 매개변수 필드 바로 옆에 유형(Type) 필드가 보입니다. 'Importing'도 있고 'Changing'도 있습니다. 여기서는 보이지 않지만 'Exporting'도 있습니다. 의미가 뭘까요? 해당 메서드가 입력Importing으로 받는 매개변수인지, 출력Exporting으로 뱉는 매개변수인지, 둘 다 하는 것Changing인지를 정하는 것입니다. 유의해야 할 점은 클래스 빌더Class Builder에 정의된 클래스의 입장에서 입력과 출력을 정의한 것입니다. 그래서 프로그램에서 메서드를 호출할 때에는 입력Importing과 출력Exporting이 반대가 됩니다. 둘 다 되는 'Changing'은 변화가 없겠지요. 왜냐하면 프로그램에서 매개변수를 던지면 클래스 입장에서는 매개변수를 받는 게 되니까요. 기억을 되살려서 첫 번째 프로그램에서 메서드를 호출하는 부분을 떠올려보세요.

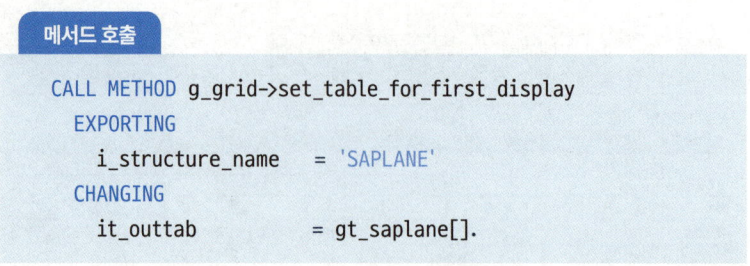

'i_structure_name'이라는 매개변수가 'EXPORTING' 항목에 있습니다. 클래스 빌더Class Builder에서 동일한 매개변수를 조회해 보세요.

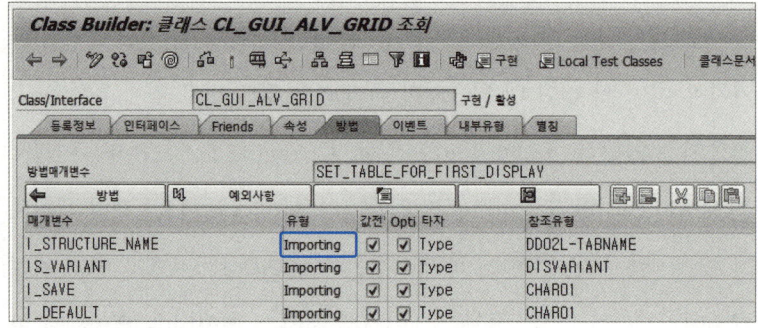

프로그램에서 호출할 때와는 반대로 'Importing' 유형Type임을 알 수 있습니다. 'Changing' 항목에 있는 'it_outtab' 매개변수는 동일하게 'Changing' 유형일 겁니다. 조회해서 직접 확인해 보시기 바랍니다. 클래스 빌더에서 우리가 개념적으로 학습했던 클래스Class, 속성Attributes, 메서드Methods, 매개변수Parameters를 직접 눈으로 확인했습니다. 이제 실전입니다.

## 닥치고 T코스 소스코딩

지금까지 학습한 내용이 기억나지 않으시나요? 다시 운행지도를 펼쳐보겠습니다. ABAP T코스는 ❹번 화살표를 완성해야 합격입니다.

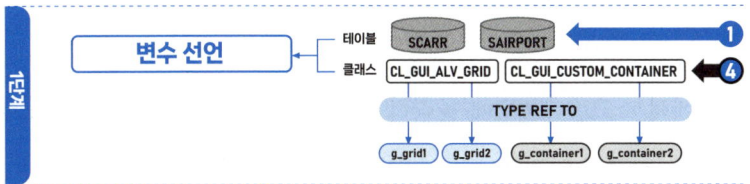

먼저 1단계에 있는 객체를 선언하는 것부터 시작하겠습니다. 2개의 클래스(CL_GUI_ALV_GRID, CL_GUI_CUSTOM_CONTAINER)를 참조해 객체를 선언합니다. 리스트를 2개 만들어야 하니 객체를 각각 2개씩 선언해야겠지요.

**객체 선언**
```
DATA : g_grid1 TYPE REF TO cl_gui_alv_grid.
DATA : g_grid2 TYPE REF TO cl_gui_alv_grid.
DATA : g_container1 TYPE REF TO cl_gui_custom_container.
DATA : g_container2 TYPE REF TO cl_gui_custom_container.
```

ALV Grid 객체 2개와 커스텀 컨테이너Custom container 객체 2개를 각각 만들었습니다. 이번에는 4단계로 가봅시다.

119

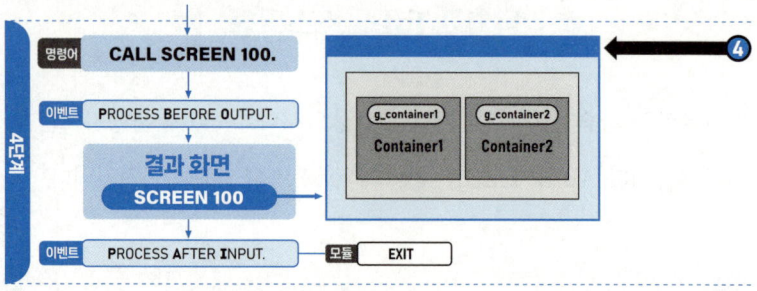

앞에서 스크린 100번에 물리적인 커스텀 컨트롤을 이미 2개 만들어 두셨죠. 각각의 이름은 'CONTAINER1'과 'CONTAINER2'입니다. 여기에 방금 선언한 커스텀 컨트롤Custom container 객체 2개(g_container1, g_container2)를 연결하겠습니다. 이건 어디서 해야 할까요? 결과 화면(100번)을 준비하는 과정이니 'PROCESS BEFORE OUTPUT'에서 해야 합니다. 오브젝트 리스트로 가서 스크린 100번을 더블클릭합니다.

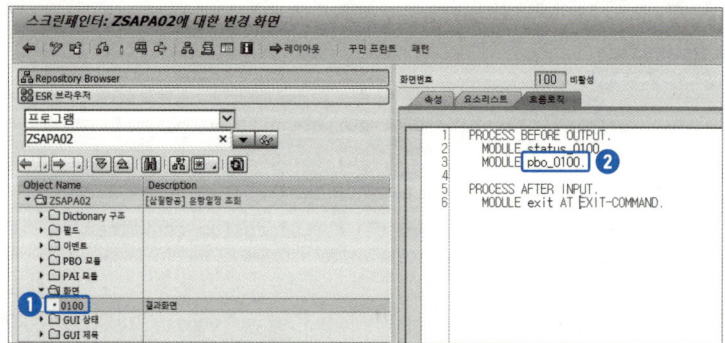

소스코딩 입력부가 그림처럼 바뀌면 ❷번의 'pbo_0100'을 더블클릭합니다. 이미 코드가 있을 겁니다. 첫 번째 프로그램을 복사했으니까요.

새로 로직을 넣어야 하니 'pbo_0100' module 안에 있는 코드를 모두 삭제합니다. 그리고 다음과 같이 입력하세요.

**컨테이너 객체 생성**

```
CREATE OBJECT g_container1
  EXPORTING
    container_name = 'CONTAINER1'.

CREATE OBJECT g_container2
  EXPORTING
    container_name = 'CONTAINER2'.
```

앞에서 선언한 'g_container1'과 'g_container2' 객체를 생성하는 코드입니다. 선언은 뭐고, 생성은 뭐냐고요? 객체를 우리가 원하는 일을 대신 해주는 머슴이라고 생각해 봐요. 선언은 이름만 지어놓은 상태입니다. '갑돌이'라고 이름만 알려준 거죠. 실제로 일을 시키려면 내 앞에 데려와야 합니다. 그게 생성입니다. 객체를 사용하려면 선언하고 생성하는 이 두 단계를 반드시 거쳐야 합니다. 코드는 이런 뜻입니다. 'g_container1'이라는 이름의 객체Object를 만드는데 어디에다 만드느냐면 우리가 앞서 스크린에 그려 놓은 'CONTAINER1'이라는 커스텀 컨트롤Custom control에 만들라는 뜻입니다. 'g_container2'도 동일하게 만들어 줍니다. 다음은 뭘 해야 할까요? 실제 리스트를 구현할 ALV Grid에 대한 선언을 해야 합니다. 컨테이너와 마찬가지로 ALV Grid도 생성을 바로 해야겠지요. 바로 아래에 다음과 같이 입력하세요. 거의 비슷한데 매개변수가 'container_name'에서 'i_parent'로 바뀌었습니다. 그리고

기본 프로그램                                             Part 1

거기에 대응되는 값이 앞에서 생성해 둔 컨테이너 객체(g_container1, g_container2)입니다.

> **ALV Grid 객체 생성**
>
> ```
> CREATE OBJECT g_grid1
>   EXPORTING
>     i_parent = g_container1.
>
> CREATE OBJECT g_grid2
>   EXPORTING
>     i_parent = g_container2.
> ```

여기까지 하면 다음 그림이 완성된 겁니다.

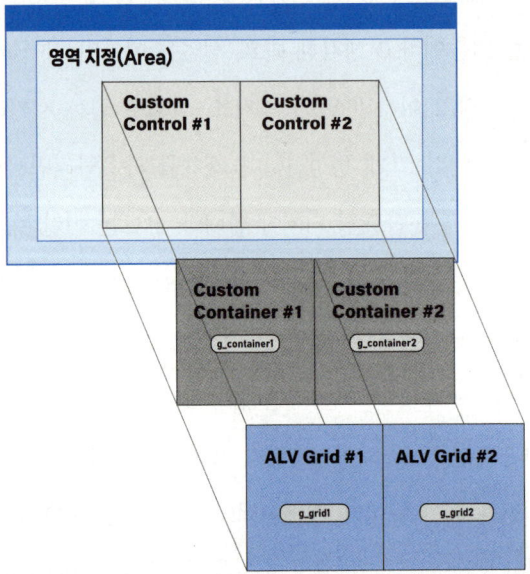

122

마지막 한 단계가 남았습니다. ALV Grid 리스트를 출력하는 단계입니다. 일단 다음과 같이 입력하세요.

**메서드 호출**

```
CALL METHOD g_grid1->set_table_for_first_display
  EXPORTING
    i_structure_name = 'SCARR'
  CHANGING
    it_outtab        = gt_scarr[].

CALL METHOD g_grid2->set_table_for_first_display
  EXPORTING
    i_structure_name = 'SAIRPORT'
  CHANGING
    it_outtab        = gt_sairport[].
```

'g_grid1'과 'g_grid2' 객체의 'set_table_for_first_display'라는 메소드 method를 각각 호출합니다. 뿌려줄 데이터 구조도 2개입니다. 'SCARR' 과 'SAIRPORT' 테이블 형식에 맞추고(i_structure_name = 'SCARR', i_structure_name = 'SAIRPORT') 출력할 데이터는 'gt_scarr'과 'gt_sairport' 라는 이름을 가진 내부 테이블에서 가져오라(it_outtab = gt_scarr[], it_outtab = gt_sairport[])는 뜻입니다. 마지막으로 프로그램 설명과 GUI 제목을 변경하겠습니다. ❶번과 같이 프로그램 'ZSAPA02'에서 마우스 오른쪽 버튼을 클릭하여 ❷번 'Display'를 선택하고 ❸번 'Properties'를 선택합니다.

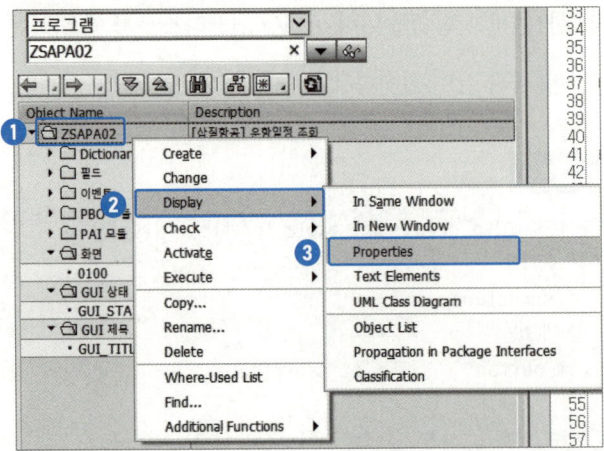

팝업 화면이 나타납니다.

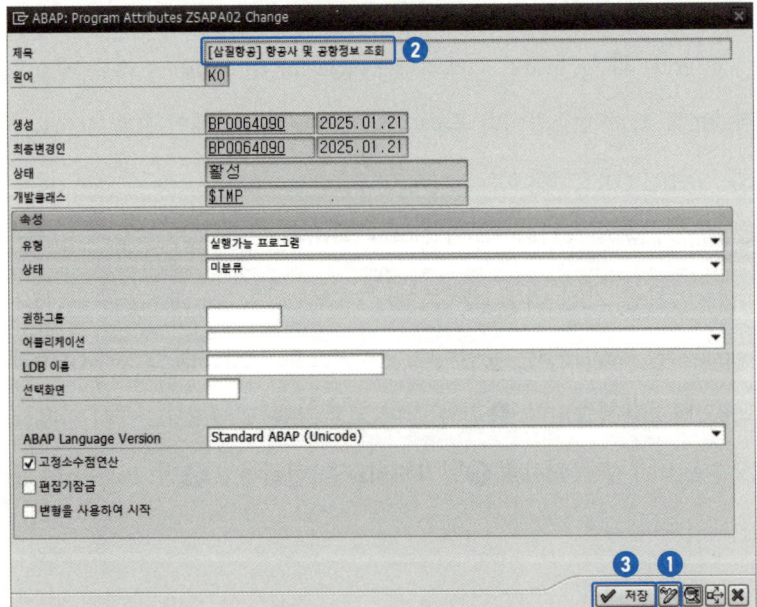

❶번의 수정 버튼(, Change)을 눌러 ❷번 제목 필드에 "[삽질항공] 항공사 및 공항 정보 조회"라고 입력합니다. 마지막으로 저장(Save) 버튼을 누르면 프로그램 제목이 변경됩니다. GUI 제목도 변경하겠습니다. 오브젝트 리스트를 보세요.

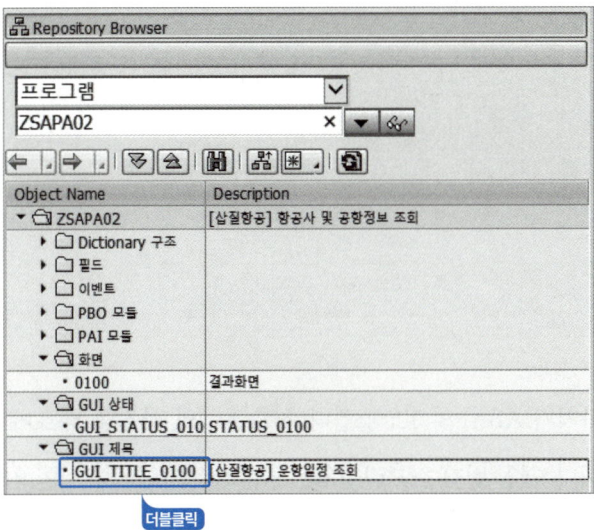

GUI 제목 아래에 'GUI_TITLE_0100'을 더블클릭합니다. 제목 변경 팝업창이 나타납니다. 마찬가지로 '[삽질항공] 항공사 및 공항 정보 조회'를 입력하고 계속 버튼(, Continue)을 클릭합니다.

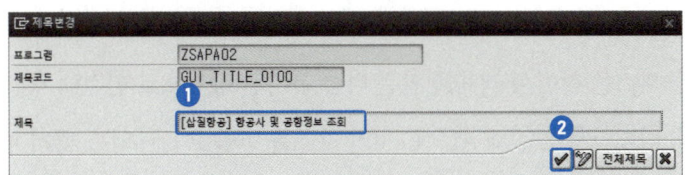

프로그램을 실행하면 제목이 변경된 것을 확인할 수 있습니다.

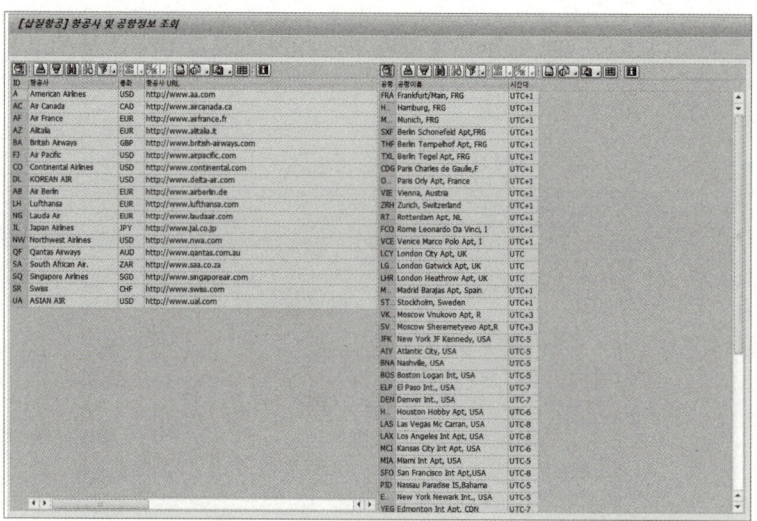

여기까지가 ABAP의 T코스입니다. 그동안의 과정을 빠르게 요약해 보겠습니다. 제일 먼저 스크린 100번에 물리적인 영역 표시인 커스텀 컨트롤Custom control을 그려 줍니다. 그리고 그 기초 위에 커스텀 컨테이너 Custom container 클래스(CL_GUI_CUSTOM_CONTAINER)를 참조한 'g_container' 객체를 생성하고 연결해 줍니다. 다시 그 위에 그리드 형태의 리스트를 만들어줄 ALV Grid 객체 'g_grid'를 모자 관계로 묶어 줍니다. 우리 테스트 프로그램처럼 리스트를 2개 만들어야 한다면 객체를 2개씩 만들면 되고, ALV Grid가 아닌 다른 객체를 사용하고 싶다면 해당 클래스를 찾아서 객체를 만든 다음 유사한 방식으로 연결해 주면 됩니다. 마지막으로 실제 ALV Grid의 구조를 만들고 데이터를 뿌려 주는

'set_table_for_first_display' 메서드를 호출합니다. 조금씩 변형은 있겠지만 지금까지 설명한 T코스를 잘 이해했다면 어떤 유형의 프로그램도 구조를 쉽게 분석하고 이해할 수 있습니다. 프로그램을 저장하고 에러를 점검하고, 활성화합니다. 마지막으로 '수행 버튼(🔳, Direct processing)'을 눌러 실행해 보세요.

운행지도에 클래스와 생성한 객체의 관계를 더해봤습니다. 서로의 연관관계가 조금 더 잘 보이시죠.

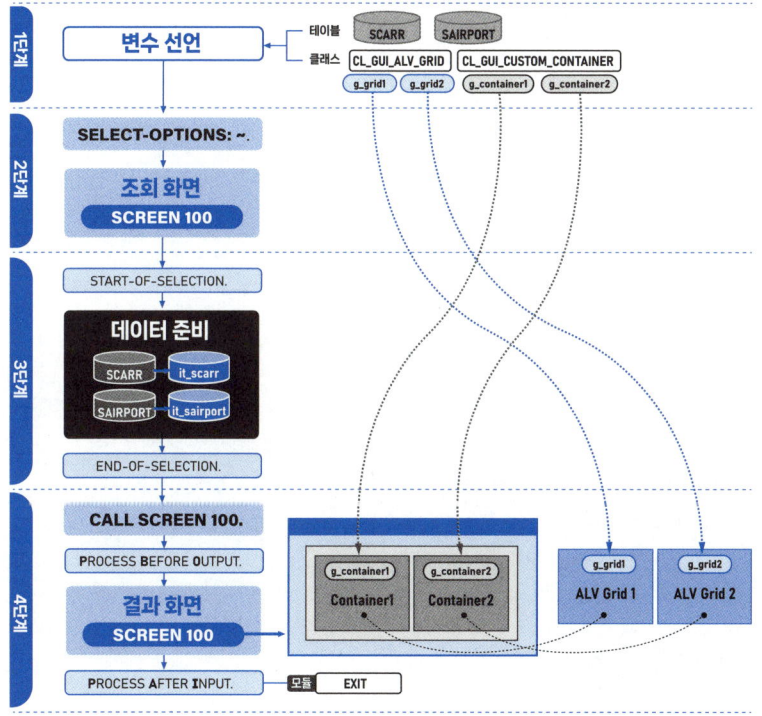

전체 소스코드는 다음과 같습니다.

### ZSAPA02 소스코드

```abap
REPORT zsapa02.
TABLES : scarr, sairport.

DATA : g_grid1 TYPE REF TO cl_gui_alv_grid.
DATA : g_grid2 TYPE REF TO cl_gui_alv_grid.
DATA : g_container1 TYPE REF TO cl_gui_custom_container.
DATA : g_container2 TYPE REF TO cl_gui_custom_container.
SELECT-OPTIONS : s_carrid FOR scarr-carrid.
SELECT-OPTIONS : s_id FOR sairport-id.

START-OF-SELECTION.
  SELECT *
    FROM scarr
   WHERE carrid IN @s_carrid
    INTO TABLE @DATA(gt_scarr).

  SELECT *
    FROM sairport
   WHERE id IN @s_id
    INTO TABLE @DATA(gt_sairport).

END-OF-SELECTION.
  CALL SCREEN 100.

MODULE status_0100 OUTPUT.
  SET PF-STATUS 'GUI_STATUS_0100'.
  SET TITLEBAR 'GUI_TITLE_0100'.
ENDMODULE.

MODULE pbo_0100 OUTPUT.
  CREATE OBJECT g_container1
    EXPORTING
      container_name = 'CONTAINER1'.
  CREATE OBJECT g_container2
```

```abap
    EXPORTING
       container_name = 'CONTAINER2'.
  CREATE OBJECT g_grid1
    EXPORTING
       i_parent = g_container1.
  CREATE OBJECT g_grid2
    EXPORTING
       i_parent = g_container2.

  CALL METHOD g_grid1->set_table_for_first_display
    EXPORTING
       i_structure_name = 'SCARR'
    CHANGING
       it_outtab        = gt_scarr[].

  CALL METHOD g_grid2->set_table_for_first_display
    EXPORTING
       i_structure_name = 'SAIRPORT'
    CHANGING
       it_outtab        = gt_sairport[].
ENDMODULE.

MODULE exit INPUT.
  LEAVE TO SCREEN 0.
ENDMODULE.
```

## 업그레이드 T코스

프로그램을 실행해서 결과 화면을 보겠습니다. 지금은 2개의 화면에 나오는 데이터의 필드 수가 둘 다 적어서 크게 불편함을 못 느끼지만, 만약 두 화면의 필드 수가 10개를 넘어간다면 어떨까요? 한쪽을 좀 늘리거나 줄일 수 있다면 편리하겠죠.

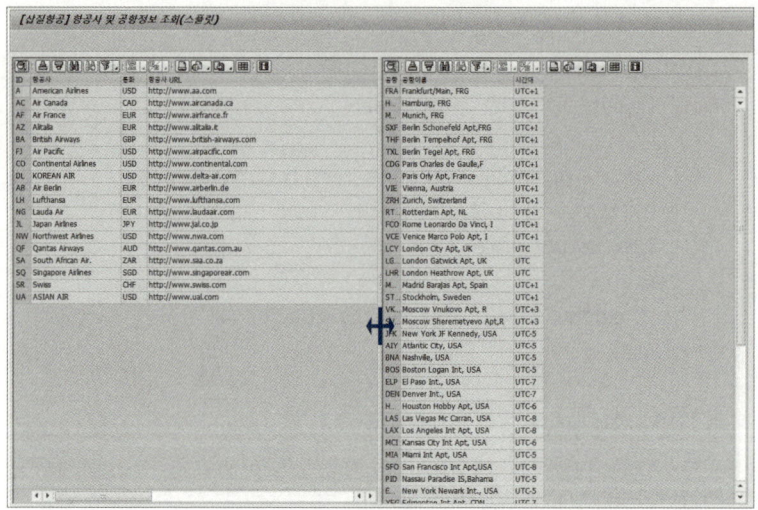

그림처럼 경계선에 마우스를 올리고 드래그하면 좌우 화면의 비율을 조절할 수 있습니다. 이를 가능하게 하는 것이 스플리터 컨테이너Splitter container입니다. 원래 구조를 떠올려보겠습니다. 100번 스크린에 커스텀 컨트롤Custom control이라는 물리적인 영역을 2개 삽입하고 그 영역의 크기만큼 2개의 스크린 영역이 정해졌습니다. 스플리터 컨테이너는 두 영역의 크기를 가변적으로 가져갈 수 있습니다. 그래서 물리적인 영역인 커스텀 컨트롤은 하나만 가져갑니다. 그리고 그 위에 스플리터 컨테이너를 삽입한 후 가상의 행row과 열column을 지정해 줍니다.

세로로 나눠야 하니까 왼쪽 영역은 row = 1, column = 1이 되고 오른쪽 영역은 row = 1, column = 2가 되겠지요. 그 다음부터는 동일합니다. 머리에 그림에 그려지시나요? 지금은 세로로 이등분했는데, 만약 화면을 가로로 이등분하면 어떻게 될까요? 위쪽은 row = 1, column = 1이 되고 아래는 row = 2, column = 1이 될 겁니다. 같은 원리로 화면을 3등분, 4등분도 할 수 있을 겁니다. 뒤에서 실제로 연습해 보겠습니다.

여기까지 반영해 보려면 어디를 수정해야 할까요? 바로 따라 하지 마시고 생각해 보세요. 제일 먼저 커스텀 컨트롤을 2개에서 1개로 바꿔야 합니다. 어디서 삭제할지 이제는 아시겠죠.

시작해보겠습니다. 'ZSAPA02' 프로그램을 복사하여 'ZSAPA02_1'을 만듭니다. (이미 여러 번 프로그램 복사를 해봤으니 생략하겠습니다.) 그림의 ❶번처럼 오브젝트 리스트에서 100번을 더블클릭합니다. 화면이 바뀌면 ❷번의 레이아웃Layout 버튼을 클릭해 스크린 페인터Screen painter를 오픈합니다. 기억이 나시죠?

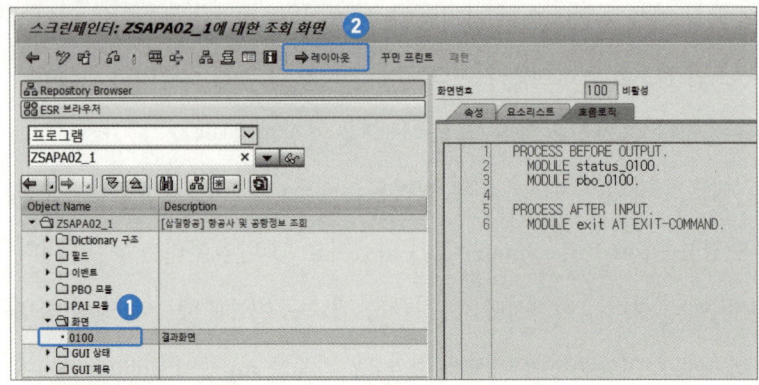

지금은 스크린 페인터Screen painter에 커스텀 컨트롤Custom control 2개가 만들어져 있을 겁니다. 그 중에서 오른쪽에 있는 커스텀 컨트롤을 선택하고 노트북의 삭제(Del) 버튼을 클릭합니다. 남아 있는 커스텀 컨트롤의 크기를 전체 화면에 맞게 확대해 줍니다. 그림처럼 사이즈가 맞춰졌다면 마지막으로 커스텀 컨트롤의 이름을 확인합니다. 저는 'CONTAINER'로 이름을 변경했습니다.

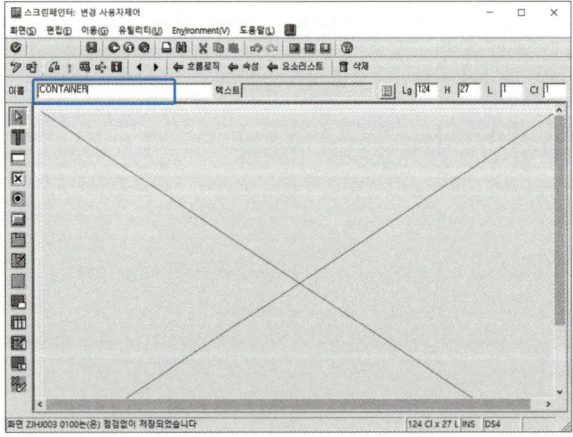

운행지도를 펼쳐보겠습니다. 1단계에서 추가될 객체를 정의해야 합니다. 스플리터 컨테이너Splitter container를 쓰기 위해서는 2개의 새로운 클래스가 등장합니다. 커스텀 컨테이너Custom container가 아닌 그냥 컨테이너(CL_GUI_CONTAINER)와 스플리터 컨테이너(CL_GUI_SPLITTER_CONTAINER)입니다. 먼저 2개였던 커스텀 컨테이너의 객체를 하나 지우고 객체의 이름도 'g_custom'으로 바꿉니다. 다른 뜻은 없습니다. 뒤에 컨테이너 객체를 또 선언하게 되는데 이름이 헷갈릴 수 있어 바꾼 겁니다.

**객체 선언**

```
DATA : g_grid1 TYPE REF TO cl_gui_alv_grid.
DATA : g_grid2 TYPE REF TO cl_gui_alv_grid.
DATA : g_container1 TYPE REF TO cl_gui_container.
DATA : g_container2 TYPE REF TO cl_gui_container.
DATA : g_splitter TYPE REF TO cl_gui_splitter_container.
DATA : g_custom   TYPE REF TO cl_gui_custom_container.
```

다음은 객체를 생성해야 합니다. 생성해야 할 객체가 4개로 늘어났습니다. 그 중에서 2개를 먼저 생성하겠습니다.

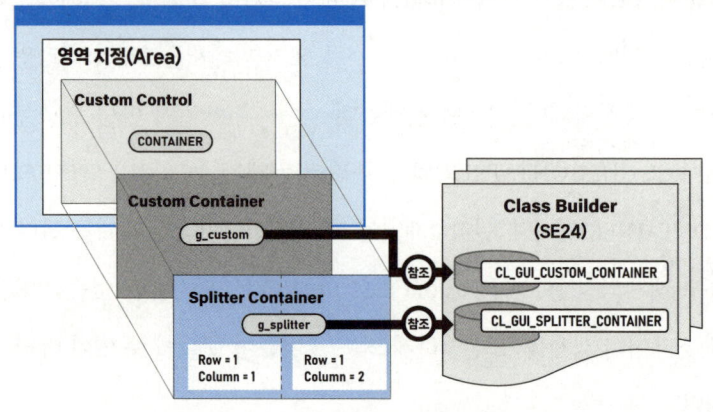

'CONTAINER'라는 이름의 커스텀 컨트롤로 영역을 지정하고 'g_custom'이라는 객체를 생성해 연결합니다. 그 위에 스플리터 컨테이너를 올립니다. 이때 화면을 세로로 분할해야 합니다. 이를 위해서 행row과 열column을 몇 개씩 가져갈지 정합니다. 세로로 이등분하면 되기 때문에 row는 1, column은 2로 설정하면 됩니다. 이건 어디서 해야 했나요? 결과 화면(100번)을 준비하는 과정이니 'PROCESS BEFORE OUTPUT'에서 해야 합니다. 'pbo_0100' 모듈로 가서 다음과 같이 입력합니다.

**Custom container 객체 생성**

```
CREATE OBJECT g_custom
    EXPORTING
        container_name = 'CONTAINER'.
```

'CONTAINER'라는 이름의 커스텀 컨트롤에 연결된 'g_custom' 객체를 생성하라는 의미입니다. 이번에는 스플리터 컨테이너를 생성할 차례입니다.

> **Splitter container 객체 생성**
>
> ```
> CREATE OBJECT g_splitter
>   EXPORTING
>     parent  = g_custom
>     rows    = 1
>     columns = 2.
> ```

객체의 이름은 'g_splitter'로 지정했습니다. EXPORTING 파라미터로 3개를 받습니다. 화면을 이등분하기 위해 행row과 열column의 값을 각각 1과 2를 받습니다. 그리고 'g_splitter'가 어느 부모의 품에 안겨 있는지 알려주기 위해 'parent' 파라미터에 앞에서 생성해둔 'g_custom' 객체를 지정해 줍니다. 분할된 스플리터 컨테이너에 다시 컨테이너 2개를 그림과 같이 연결합니다.

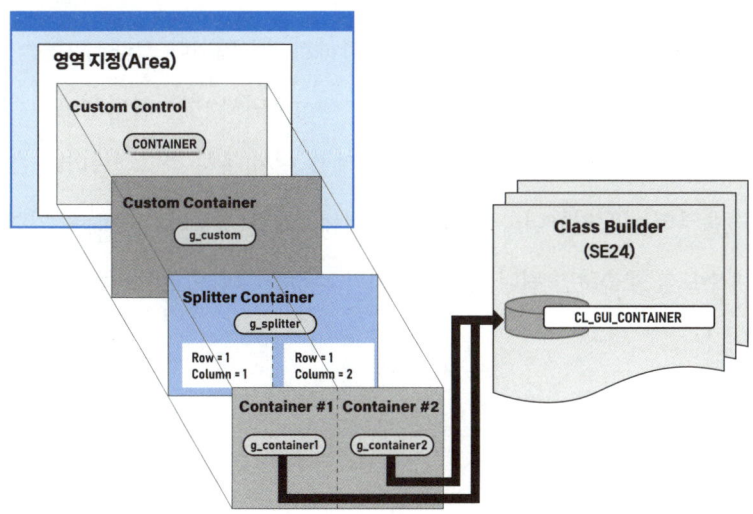

이를 위해 다음과 같이 입력합니다.

> **Container에 Splitter 영역 지정**
>
> ```
> CALL METHOD g_splitter->get_container
>   EXPORTING
>     row      = 1
>     column   = 1
>   RECEIVING
>     container = g_container1.
>
> CALL METHOD g_splitter->get_container
>   EXPORTING
>     row      = 1
>     column   = 2
>   RECEIVING
>     container = g_container2.
> ```

지금까지와는 형태가 약간 다르죠. 생성자constructor를 사용해 객체를 만들지 않고 'get_container'라는 메소드를 바로 호출했습니다. 이게 가능한가요? 가능합니다. 그 이유는 'get_container' 메소드가 자동으로 새로운 컨테이너 객체를 생성하여 반환하기 때문입니다. 그래서 1행row, 1열column에는 'g_container1' 객체를 생성하면서 바로 할당했고, 1행row, 2열column에는 'g_container2' 객체를 생성 즉시 할당했습니다. 그 다음부터는 동일합니다. ALV Grid 객체 2개를 생성하고 출력을 위한 메소드를 호출하면 됩니다. 지금까지의 과정을 그림으로 정리해 보겠습니다.

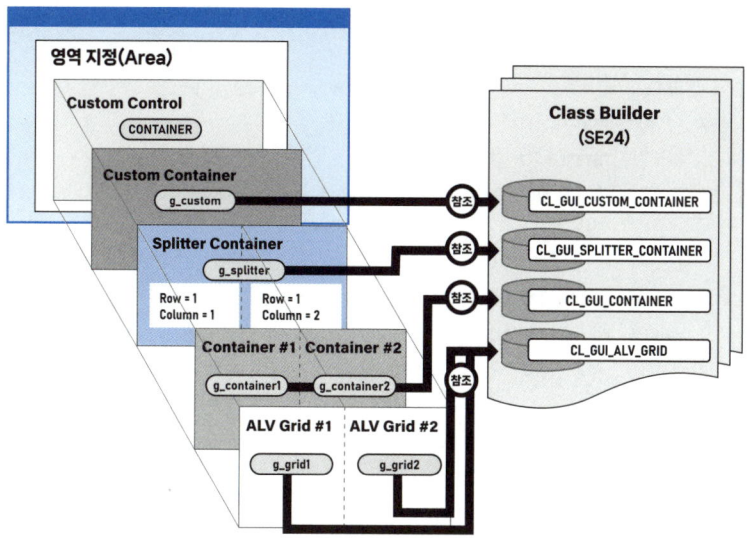

4개의 클래스를 참조해 총 6개의 객체를 만들었습니다. 변경된 소스 코드를 반영한 전체 코드는 다음과 같습니다.

ZSAPA02_1 소스코드

```
REPORT zsapa02_1.

TABLES : scarr, sairport.

DATA : g_grid1 TYPE REF TO cl_gui_alv_grid.
DATA : g_grid2 TYPE REF TO cl_gui_alv_grid.
DATA : g_container1 TYPE REF TO cl_gui_container.
DATA : g_container2 TYPE REF TO cl_gui_container.
DATA : g_splitter TYPE REF TO cl_gui_splitter_container.
DATA : g_custom   TYPE REF TO cl_gui_custom_container.

SELECT-OPTIONS : s_carrid FOR scarr-carrid.
SELECT-OPTIONS : s_id FOR sairport-id.
```

```abap
START-OF-SELECTION.
  SELECT *
    FROM scarr
   WHERE carrid IN @s_carrid
    INTO TABLE @DATA(gt_scarr).

  SELECT *
    FROM sairport
   WHERE id IN @s_id
    INTO TABLE @DATA(gt_sairport).

END-OF-SELECTION.
  CALL SCREEN 100.

MODULE status_0100 OUTPUT.
  SET PF-STATUS 'GUI_STATUS_0100'.
  SET TITLEBAR 'GUI_TITLE_0100'.
ENDMODULE.

MODULE pbo_0100 OUTPUT.
  CREATE OBJECT g_custom
    EXPORTING
      container_name = 'CONTAINER'.

  CREATE OBJECT g_splitter
    EXPORTING
      parent  = g_custom
      rows    = 1
      columns = 2.

  CALL METHOD g_splitter->get_container
    EXPORTING
      row    = 1
      column = 1
    RECEIVING
```

```abap
      container = g_container1.

  CALL METHOD g_splitter->get_container
    EXPORTING
      row      = 1
      column   = 2
    RECEIVING
      container = g_container2.

  CREATE OBJECT g_grid1
    EXPORTING
      i_parent = g_container1.

  CREATE OBJECT g_grid2
    EXPORTING
      i_parent = g_container2.

  CALL METHOD g_grid1->set_table_for_first_display
    EXPORTING
      i_structure_name = 'SCARR'
    CHANGING
      it_outtab        = gt_scarr[].

  CALL METHOD g_grid2->set_table_for_first_display
    EXPORTING
      i_structure_name = 'SAIRPORT'
    CHANGING
      it_outtab        = gt_sairport[].
ENDMODULE.

MODULE exit INPUT.
  LEAVE TO SCREEN 0.
ENDMODULE.
```

마지막으로 프로그램 설명과 GUI 제목을 '[삽질항공] 항공사 및 공항정보 조회(스플릿)'으로 변경합니다. 에러 다 잡았고, 활성화도 했으면 실행을 한번 해보시기 바랍니다. 이제 두 영역의 크기를 가변적으로 바꿀 수 있습니다.

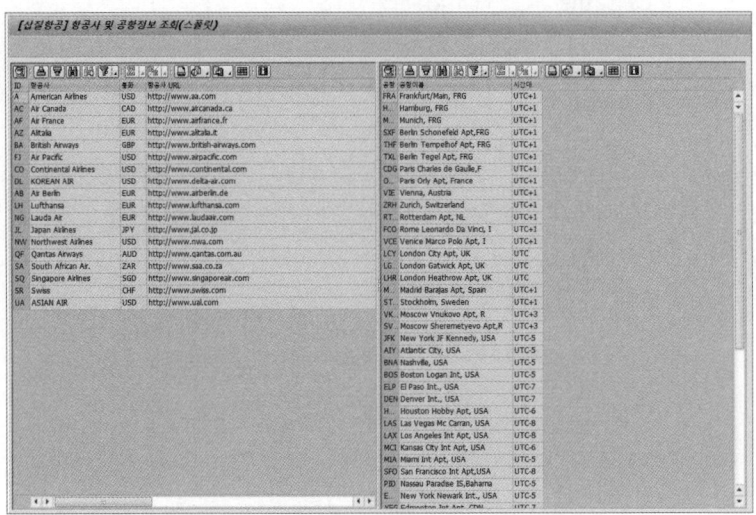

그런데 한계가 하나 있습니다. 전체 화면의 크기는 우리가 제일 처음에 만든 Custom control의 크기에 제한됩니다. 이것마저도 자유롭게 바꾸고 싶습니다. 방법이 없을까요? 도킹 컨트롤을 쓰면 됩니다.

## 마지막 닻을 내리자

도킹 컨트롤Docking control을 사용하는 방법은 실전에서 자주 사용되는 방식입니다. 그렇다면 처음부터 이걸 가르칠 것이지 왜 이렇게 돌아왔냐고요? 제가 어렸을 때 '머털도사'라는 만화 영화가 있었습니다. 도술을 배우려고 도사님 제자로 들어갔는데 도술은 안 가르쳐 주고 매일 빨래하고 밥하는 것만 시키는 거예요. 10년이 지나고 도사에게 대들었죠. 왜 도술은 안 가르치고 허드렛일만 시키느냐고. 그랬더니 도사님이 그럽니다. '너는 몰랐겠지만 니가 머리를 세울 수 있을 때 이미 도술을 할 수 있었다고.' 머털도사는 세운 머리털을 뽑아서 도술을 부리거든요. 10년간 허드렛일이라 생각한 일들이 다 훈련이었던 거죠. 지금 여러분이 하고 계시는 일도 마찬가지입니다. 이렇게 여러 방식으로 반복하면서 SAP의 클래스를 활용하는 방식을 익히고 계시는 거니까요. 제대로 삽질을 하기 위해서는 스스로 적합한 클래스를 찾고 사용 방법을 테스트를 통해 알아내고 적용하는 것이 중요하니까요. 잔소리가 좀 길었네요. 다시 빨래하러 가시죠.

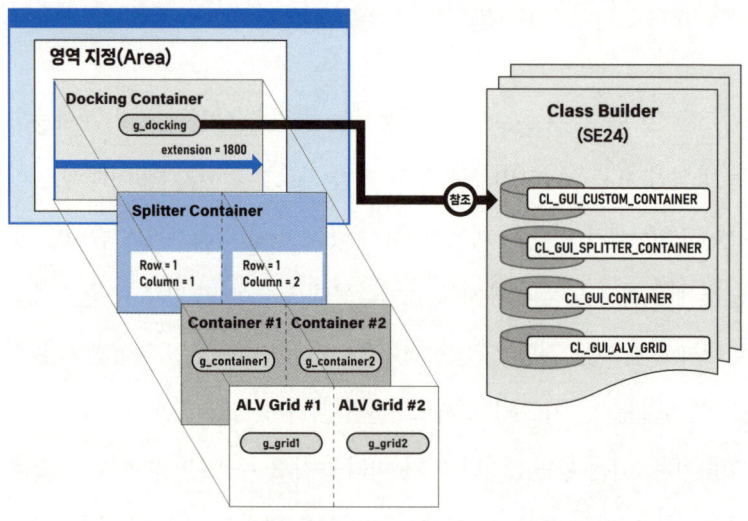

　바로 직전에 실습한 커스텀 컨트롤Custom control 위에 스플리터 컨테이너Splitter container를 올린 것과 차이가 느껴지시나요? 대부분 비슷합니다. 단지 가장 아래에 깔렸던 커스텀 컨트롤 대신 도킹 컨테이너Docking container라는 가상의 영역이 지정되었을 뿐입니다. 직접적으로 얘기하면 커스텀 컨트롤과 커스텀 컨테이너Custom container가 도킹 컨테이너Docking container로 대체되었습니다. 도킹 컨테이너의 장점은 커스텀 컨트롤처럼 물리적인 영역을 직접 지정하지 않는다는 것입니다. 도킹Docking이 '닻을 내리다'는 의미를 가지고 있듯이 도킹 컨테이너는 화면의 어느 한 지점을 정하고 거기서 얼마의 폭extension을 가져가는지를 정하는 형식으로 화면이 출력될 영역을 지정합니다. 어떤 부분을 삭제하고, 추가하거나 수정해야 할까요?

'ZSAPA02_1' 프로그램을 복사하여 'ZSAPA02_2'를 만듭니다. 스크린 100번으로 이동하여 레이아웃Layout 버튼을 클릭해 스크린 페인터 Screen painter를 오픈합니다. 스크린 페인터에 들어가 'CONTAINER'라는 커스텀 컨트롤을 삭제합니다.

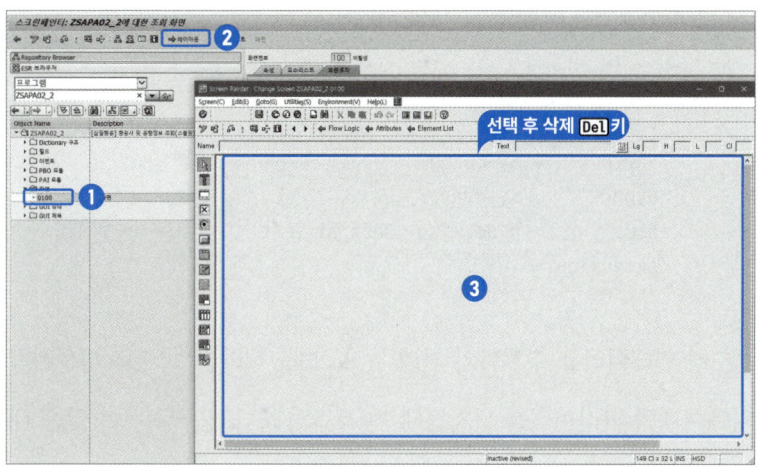

객체 선언부에서 커스텀 컨트롤Custom container 부분을 주석 처리합니다. 마지막으로 커스텀 컨테이너Custom container 객체 생성 부분도 주석 처리합니다. 그렇게 한 후 도킹 컨테이너Docking container 객체를 선언하고 생성합니다.

### 객체 선언

```
DATA : g_grid1 TYPE REF TO cl_gui_alv_grid.
DATA : g_grid2 TYPE REF TO cl_gui_alv_grid.
DATA : g_container1 TYPE REF TO cl_gui_container.
DATA : g_container2 TYPE REF TO cl_gui_container.
DATA : g_splitter TYPE REF TO cl_gui_splitter_container.
```

```abap
DATA : g_docking   TYPE REF TO cl_gui_docking_container.
*DATA : g_custom   TYPE REF TO cl_gui_custom_container.
```

**Docking container 객체 생성**

```abap
*  CREATE OBJECT g_custom
*    EXPORTING
*      container_name = 'CONTAINER'.

  CREATE OBJECT g_docking
    EXPORTING
      repid     = sy-cprog
      dynnr     = sy-dynnr
      side      = g_docking->dock_at_left
      extension = 1800.
```

도킹 컨테이너를 구현하기 위해 'g_docking'이라는 객체를 생성했습니다. 4개의 파라미터를 가지는데 꽤 복잡하죠. 도킹Docking이 닻을 내린다는 의미라고 했습니다. 닻을 내리려면 어디에서 어느 정도 길이로 내릴지를 정해야 하죠. 어디는 3개의 파라미터로 정해집니다. 'repid'는 닻을 내릴 프로그램 ID, 'dynnr'은 스크린 번호를, 'side'는 해당 스크린의 어디에서부터 닻을 내릴지를 정하는 파라미터Parameters입니다. 저는 'g_docking->dock_at_left'를 속성 값으로 지정하여 왼쪽에 닻을 고정했습니다. 마지막 파라미터인 'extension'은 왼쪽에서 얼마의 폭을 최초 영역으로 지정할지를 정합니다. 'repid'와 'dynnr'에 적용된 값이 조금 낯설죠. 우리가 미리 정의한 적도 없는 변수를 바로 사용하고 있습니다. 'sy-'로 시작되는 필드는 ABAP 시스템 필드ABAP System fields라 합니다.

시스템 필드에 대해서는 다시 설명하겠습니다.

수정할 곳은 다 한 것 같습니다. 에러를 체크해 봅니다. 에러가 하나 나옵니다. 스플리터 컨테이너Splitter container를 생성할 때 'parent' 파라미터Parameters 값이 부적절하다고 합니다. 'g_custom'은 더 이상 존재하지 않죠. 뭘로 바꿔야 할까요? 맞습니다. 'g_docking'으로 수정하면 됩니다.

**Splitter container 객체 생성**

```
CREATE OBJECT g_splitter
    EXPORTING
        parent  = g_docking
        rows    = 1
        columns = 2.
```

마지막으로 프로그램 설명과 GUI 제목을 '[삽질항공] 항공사 및 공항 정보 조회(도킹)'으로 변경해 줍니다. (기억이 안 나시는 분은 바로 앞에 있는 설명을 참조하세요.)

저장하고 에러 체크, 활성화 이후에 실행을 해 보세요. 최초에 폭이 1800인 화면이 나오지만 사이즈를 다시 조정할 수 있습니다. 전체 소스 코드를 정리해보겠습니다.

**ZSAPA02_2 소스코드**

```
REPORT zsapa02_2.

TABLES : scarr, sairport.
```

```abap
DATA : g_grid1 TYPE REF TO cl_gui_alv_grid.
DATA : g_grid2 TYPE REF TO cl_gui_alv_grid.
DATA : g_container1 TYPE REF TO cl_gui_container.
DATA : g_container2 TYPE REF TO cl_gui_container.
DATA : g_splitter TYPE REF TO cl_gui_splitter_container.
DATA : g_docking  TYPE REF TO cl_gui_docking_container.
*DATA : g_custom  TYPE REF TO cl_gui_custom_container.

SELECT-OPTIONS : s_carrid FOR scarr-carrid.
SELECT-OPTIONS : s_id FOR sairport-id.

START-OF-SELECTION.
  SELECT *
    FROM scarr
   WHERE carrid IN @s_carrid
    INTO TABLE @DATA(gt_scarr).

  SELECT *
    FROM sairport
   WHERE id IN @s_id
    INTO TABLE @DATA(gt_sairport).

END-OF-SELECTION.
  CALL SCREEN 100.

MODULE status_0100 OUTPUT.
  SET PF-STATUS 'GUI_STATUS_0100'.
  SET TITLEBAR 'GUI_TITLE_0100'.
ENDMODULE.

MODULE pbo_0100 OUTPUT.
*  CREATE OBJECT g_custom
*    EXPORTING
*      container_name = 'CONTAINER'.
```

```abap
CREATE OBJECT g_docking
  EXPORTING
    repid     = sy-cprog
    dynnr     = sy-dynnr
    side      = g_docking->dock_at_left
    extension = 1800.

CREATE OBJECT g_splitter
  EXPORTING
    parent  = g_docking
    rows    = 1
    columns = 2.

CALL METHOD g_splitter->get_container
  EXPORTING
    row    = 1
    column = 1
  RECEIVING
    container = g_container1.

CALL METHOD g_splitter->get_container
  EXPORTING
    row    = 1
    column = 2
  RECEIVING
    container = g_container2.

CREATE OBJECT g_grid1
  EXPORTING
    i_parent = g_container1.

CREATE OBJECT g_grid2
  EXPORTING
    i_parent = g_container2.
```

```
    CALL METHOD g_grid1->set_table_for_first_display
      EXPORTING
        i_structure_name = 'SCARR'
      CHANGING
        it_outtab        = gt_scarr[].

    CALL METHOD g_grid2->set_table_for_first_display
      EXPORTING
        i_structure_name = 'SAIRPORT'
      CHANGING
        it_outtab        = gt_sairport[].
ENDMODULE.

MODULE exit INPUT.
  LEAVE TO SCREEN 0.
ENDMODULE.
```

이번에도 추가 연수를 좀 해야겠지요. 공항과 항공사를 엮어서 프로그램을 만들어 봤으니 나머지 테이블 중 2개씩 조합해서 추가 프로그램을 작성해 보겠습니다. 자신 있으신 분들은 스플리터 컨테이너Splitter container와 도킹 컨테이너Docking container도 도전해 보세요. 작성할 프로그램 ID는 다음 그림을 참고하세요. 'ZSAPA02' 프로그램을 복사하여 'ZSAPA02_3'을 만듭니다.

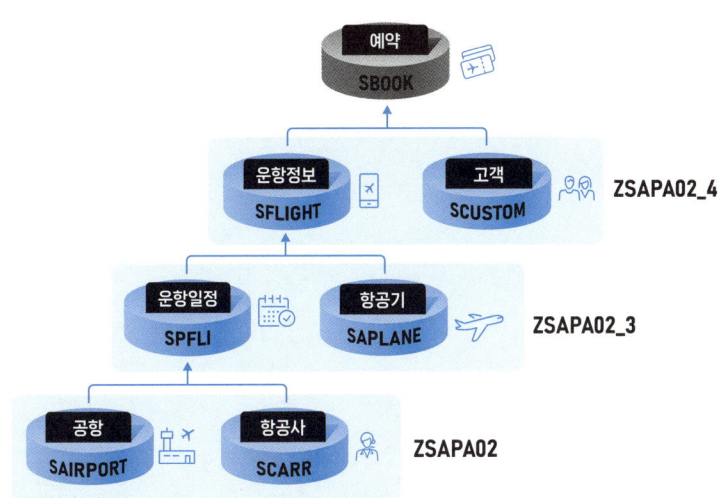

■ 항공 기종 및 운항 일정 정보 조회 화면

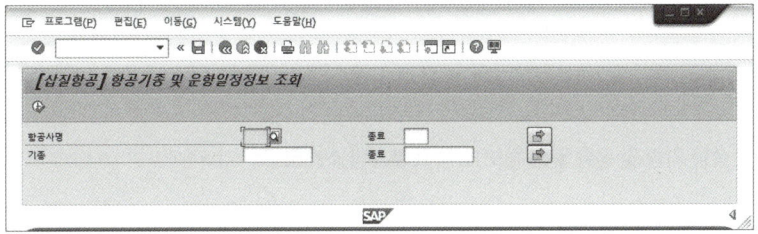

## ■ 항공 기종 및 운항 일정 정보 결과 화면

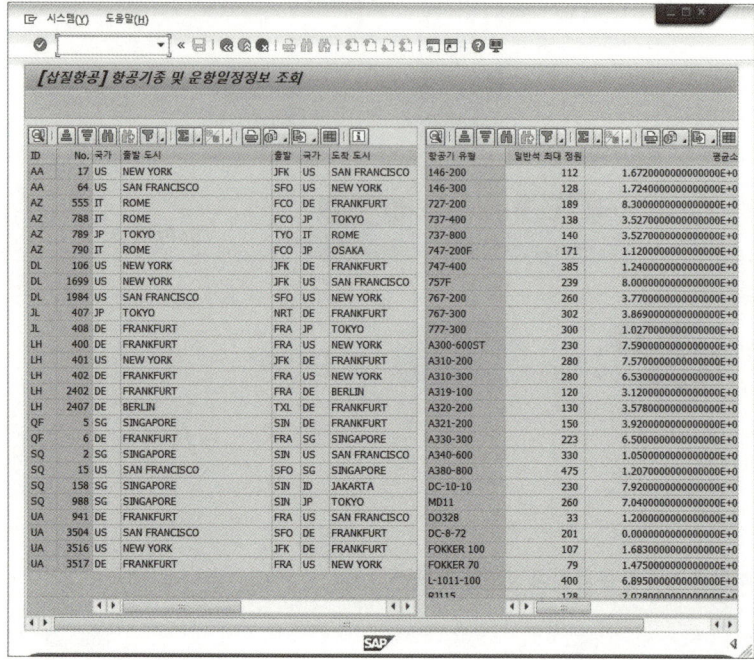

## ■ 항공 기종 및 운항 일정 정보 조회 프로그램 소스코드

### ZSAPA02_3

```
REPORT zsabs02_3.
TABLES : spfli, saplane.

DATA : g_grid1 TYPE REF TO cl_gui_alv_grid.
DATA : g_grid2 TYPE REF TO cl_gui_alv_grid.
DATA : g_container1 TYPE REF TO cl_gui_custom_container.
DATA : g_container2 TYPE REF TO cl_gui_custom_container.
DATA : gt_spfli   TYPE TABLE OF spfli.
```

```abap
DATA : gt_saplane TYPE TABLE OF saplane.

SELECT-OPTIONS : s_carrid FOR spfli-carrid.
SELECT-OPTIONS : s_pltype FOR saplane-planetype.

START-OF-SELECTION.
  SELECT *
    FROM spfli
   WHERE carrid IN @s_carrid
    INTO TABLE @gt_spfli.

  SELECT *
    FROM saplane
   WHERE planetype IN @s_pltype
    INTO TABLE @gt_saplane.

END-OF-SELECTION.
  CALL SCREEN 100.

MODULE status_0100 OUTPUT.
  SET PF-STATUS 'GUI_STATUS_0100'.
  SET TITLEBAR 'GUI_TITLE_0100'.
ENDMODULE.

MODULE pbo_0100 OUTPUT.
  CREATE OBJECT g_container1
    EXPORTING
      container_name = 'CONTAINER1'.

  CREATE OBJECT g_grid1
    EXPORTING
      i_parent = g_container1.

  CALL METHOD g_grid1->set_table_for_first_display
    EXPORTING
```

# 기본 프로그램

```
         i_structure_name = 'SPFLI'
    CHANGING
      it_outtab        = gt_spfli[].

  CREATE OBJECT g_container2
    EXPORTING
      container_name = 'CONTAINER2'.

  CREATE OBJECT g_grid2
    EXPORTING
      i_parent = g_container2.

  CALL METHOD g_grid2->set_table_for_first_display
    EXPORTING
      i_structure_name = 'SAPLANE'
    CHANGING
      it_outtab        = gt_saplane[].
ENDMODULE.

MODULE exit INPUT.
  LEAVE TO SCREEN 0.
ENDMODULE.
```

두 번째 추가 연수 프로그램은 운항 정보와 고객 정보를 활용합니다.

■ 운항 정보 및 고객 정보 조회 화면

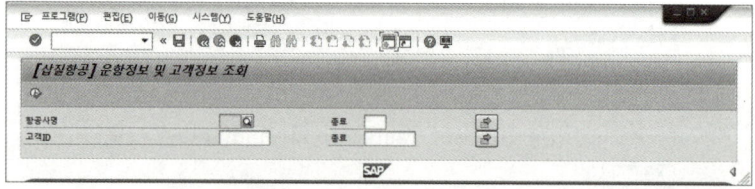

## ■ 운항 정보 및 고객 정보 결과 화면

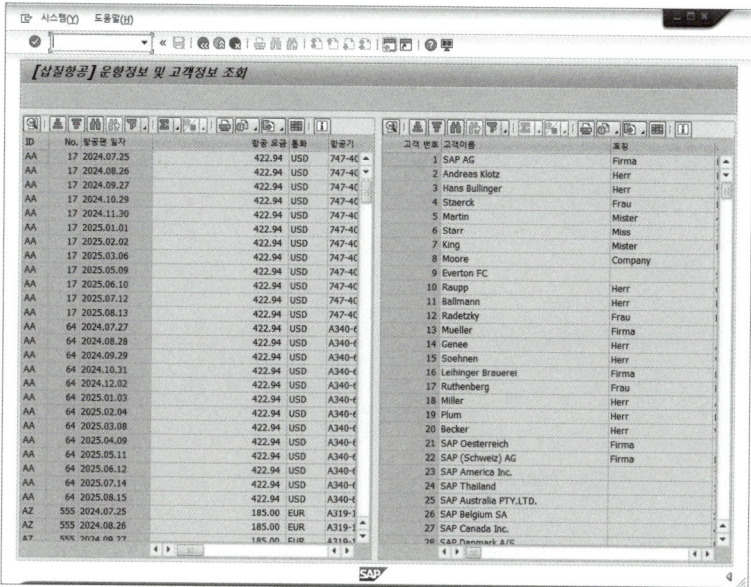

## ■ 운항 정보 및 고객 정보 조회 프로그램 소스코드

**ZSABA02_4**

```
REPORT zsabs02_4.
TABLES : sflight, scustom.

DATA : g_grid1 TYPE REF TO cl_gui_alv_grid.
DATA : g_grid2 TYPE REF TO cl_gui_alv_grid.
DATA : g_container1 TYPE REF TO cl_gui_custom_container.
DATA : g_container2 TYPE REF TO cl_gui_custom_container.
DATA : gt_sflight TYPE TABLE OF sflight.
DATA : gt_scustom TYPE TABLE OF scustom.
```

```abap
SELECT-OPTIONS : s_carrid FOR sflight-carrid.
SELECT-OPTIONS : s_id FOR scustom-id.

START-OF-SELECTION.
  SELECT *
    FROM sflight
   WHERE carrid IN @s_carrid
    INTO TABLE @gt_sflight.

  SELECT *
    FROM scustom
   WHERE id IN @s_id
    INTO TABLE @gt_scustom.

END-OF-SELECTION.
  CALL SCREEN 100.

MODULE status_0100 OUTPUT.
  SET PF-STATUS 'GUI_STATUS_0100'.
  SET TITLEBAR 'GUI_TITLE_0100'.
ENDMODULE.

MODULE pbo_0100 OUTPUT.
  CREATE OBJECT g_container1
    EXPORTING
      container_name = 'CONTAINER1'.
  CREATE OBJECT g_grid1
    EXPORTING
      i_parent = g_container1.

  CALL METHOD g_grid1->set_table_for_first_display
    EXPORTING
      i_structure_name = 'SFLIGHT'
    CHANGING
      it_outtab        = gt_sflight[].
```

```abap
    CREATE OBJECT g_container2
      EXPORTING
        container_name = 'CONTAINER2'.
    CREATE OBJECT g_grid2
      EXPORTING
        i_parent = g_container2.

    CALL METHOD g_grid2->set_table_for_first_display
      EXPORTING
        i_structure_name = 'SCUSTOM'
      CHANGING
        it_outtab        = gt_scustom[].
ENDMODULE.

MODULE exit INPUT.
  LEAVE TO SCREEN 0.
ENDMODULE.
```

## 시스템 필드

시스템 필드System Fields는 SAP 시스템에서 자동으로 관리되는 특별한 필드들입니다. 변수는 미리 선언을 해야 사용할 수 있지만, 시스템 필드는 선언 없이 바로 사용할 수 있고 프로그램 실행 중에 시스템이 자동으로 값을 업데이트 해 주기 때문에 편리하게 가져다 쓸 수 있습니다. 사용할 수 있는 시스템 필드는 'SYST'라는 구조체 Structure를 조회하면 알 수 있습니다. 트랜잭션 코드 "SE11"을 입력합니다. ABAP Dictionary 화면이 나옵니다.

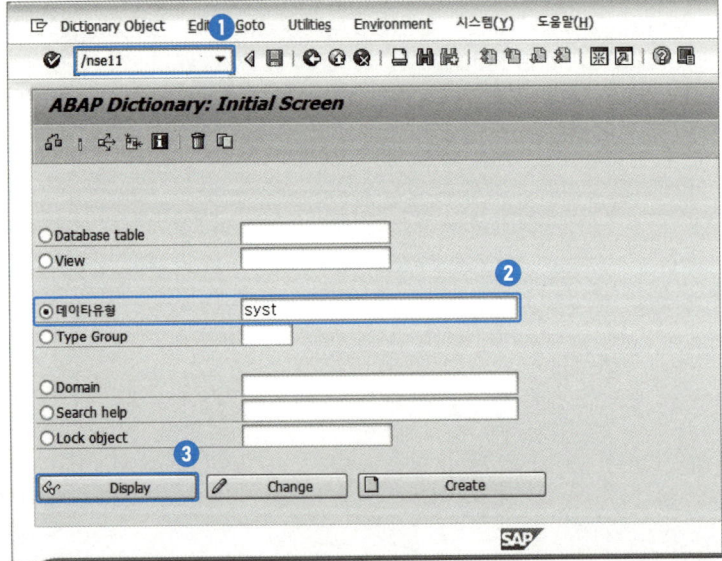

데이터 유형 라디오 버튼을 선택하고 "syst"를 입력한 다음, ❸번 조회 (Display) 버튼을 클릭합니다. ABAP에서 사용할 수 있는 다양한 시스템 필드를 볼 수 있습니다.

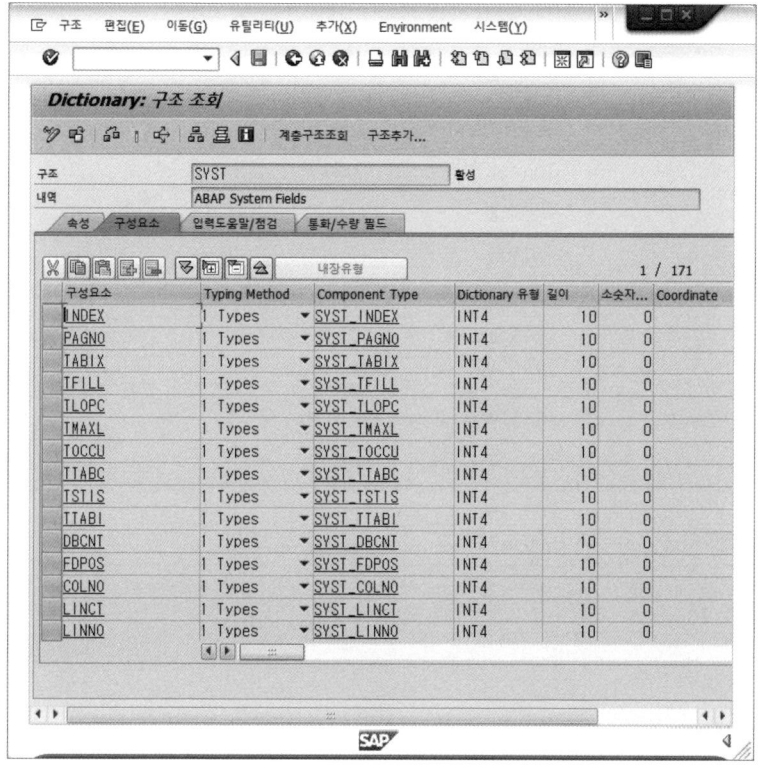

자주 사용하는 시스템 필드를 정리해 봤습니다. 내공이 쌓이시면 자주 사용하게 되실 리스트입니다.

| 필드명 | 설명 |
| --- | --- |
| INDEX | Loop Index |
| TABIX | Row Index of Internal Tables |
| SUBRC | Return Code of ABAP Statements(0이면 정상) |
| LANGU | 언어키 |
| DYNNR | 화면번호 |
| MANDT | 클라이언트 아이디 |
| TCODE | Current Transaction Code |
| UCOMM | 누른 버튼 |
| UNAME | 사용자명 |
| CPROG | 현재 프로그램 |
| DATUM | 서버 날짜 |
| UZEIT | 서버 시간 |
| TZONE | 서버 타임존 |
| DATLO | 로컬 날짜 |
| TIMLO | 로컬 시간 |
| ZONLO | 로컬 타임존 |

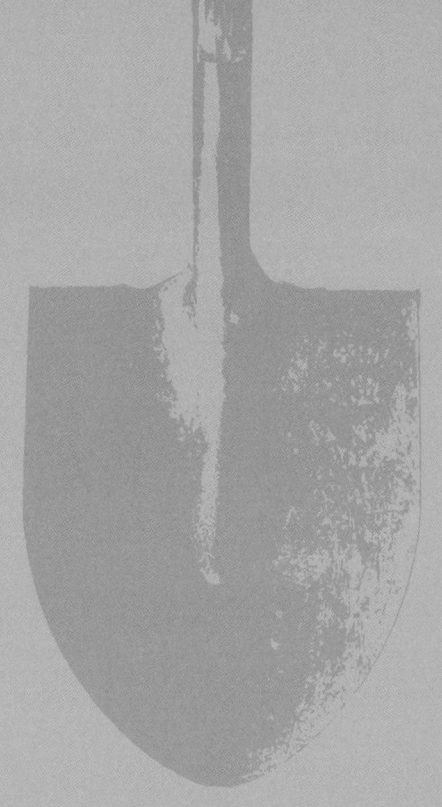

# A BAP OF SAP

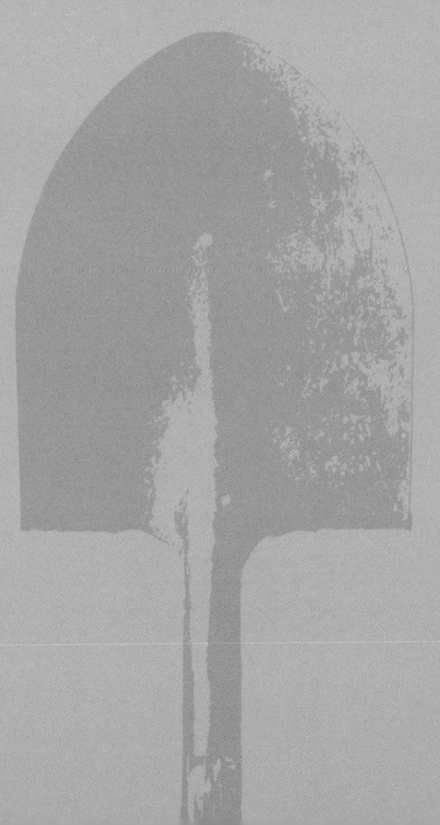

# PART 2

## 실전 프로그램

실전 프로그램  *Part* **2**

# 03 기본은 조회 프로그램

Part1에서 ABAP 프로그램의 기본 틀인 T코스를 공부했습니다. 공부하기가 쉽지는 않으셨을 겁니다. 하지만 기본기가 완벽해야 응용도 가능합니다. 반복하여 손에 익히고 저절로 할 수 있을 때까지 연습하시기를 추천합니다. Part2에서는 연습코스가 아닌 진짜 도로주행을 나가보겠습니다. 여행을 계획하면 제일 먼저 항공권과 호텔을 알아보죠. 그 중에서 항공권은 항공사 홈페이지에 들어가서 출발지와 도착지, 그리고 출발일자를 입력하고 빈 좌석이 있는지 확인합니다. 완벽하지는 않겠지만 비슷한 프로그램을 짜보겠습니다.

## 예약현황 조회 프로그램

　　조회 화면부터 볼까요? 출발지와 도착지, 탑승일자를 입력 받습니다. 보통 항공권을 조회할 때와 크게 다르지 않죠? 편의상 출발지와 도착지는 'NEW YORK'과 'SAN FRANCISCO'로 지정했습니다.

결과 화면은 조회 조건에 일치하는 데이터를 ALV Grid에 보여 줍니다.

얼핏 보면 Part1에서 만들었던 프로그램과 큰 차이가 느껴지지 않습니다. 표면적으로는 그렇습니다. 하지만 프로그램을 구성하는 콘텐츠Contents인 데이터를 구성하는 관점에서는 지금까지와 아주 큰 차이가 있습니다. 지금까지 우리가 만들었던 프로그램들은 모두 단 하나의 테이블에서 그대로 데이터를 가져와 보여줬습니다. 현실에서도 이렇게 프로그램을 작성할까요? 거의 그럴 일은 없습니다. 대부분 여러 개의 테이블에서 데이터를 추출하고 조합해서 결과를 보여주게 됩니다. 진짜 그런지 결과 화면을 구성하는 필드들을 살펴보겠습니다.

| 테이블 | 필드ID | 프로그램 필드명 | 설명 | 키필드 | 데이터값 |
|---|---|---|---|---|---|
| SFLIGHT | CARRID | ID | 항공사코드 | O | AA |
| SFLIGHT | CONNID | No. | 연결번호 | O | 17 |
| SFLIGHT | FLDATE | 항공편 일자 | 항공편 일자 | O | 2024.07.25 |
| SCARR | CARRNAME | 항공사 | 항공사명 | | Ameriacan Airlines |
| SPFLI | CITYFROM | 출발지 | 출발도시명 | | NEW YORK |
| SPFLI | AIRPFROM | 출발공항 | 출발공항명 | | JFK |
| SPFLI | CITYTO | 도착지 | 도착도시명 | | SAN FRANCISCO |
| SPFLI | AIRPTO | 도착공항 | 도착공항명 | | SFO |
| SFLIGHT | SEATSMAX | 일반석 최대 정원 | 일반석 최대 정원 | | 385 |
| SFLIGHT | SEATSOCC | 예약된 일반석 | 예약된 일반석 | | 375 |
| SFLIGHT | SEATSMAX_B | 비즈니스석의 정원 | 비즈니스석의 정원 | | 31 |
| SFLIGHT | SEATSOCC_B | 비즈니스석 점유 | 비즈니스석 점유 | | 31 |
| SFLIGHT | SEATSMAX_F | 일등석의 정원 | 일등석의 정원 | | 21 |
| SFLIGHT | SEATSOCC_F | 일등석 점유 | 일등석 점유 | | 19 |

익숙한 테이블들이 보입니다. 그런데 1개가 아니라 3개의 테이블(SFLIGHT, SCARR, SPFLI)을 사용하고 있네요. SFLIGHT(항공편) 테이블을 중심으로 다른 2개의 테이블의 정보를 가져다 쓰는 형태처럼 보입니다. 이렇게 여러 테이블의 정보를 조합해 보여주고자 할 때는 두 가지가 중요합니다. 첫째, 테이블 간의 관계를 반영해 데이터를 추출(쿼리, query)해야 합니다. 둘째, 결과 화면의 구조도 여러 테이블에서 가져오는 필드를 반영한 새로운 구조로 정의해줘야 합니다. 이 두 가지가 이번 장에서 중점적으로 알아볼 내용입니다.

## ABAP T코스 4단계

다시 프로그램을 처음부터 짜려니 막막하시죠? Part1에서 지루할 정도로 반복했던 ABAP의 T코스 4단계를 다시 소환하겠습니다. 그리고 앞서 말한 두 가지 사항을 어디서 반영해야 할지 미리 생각해보겠습니다. 테이블간의 관계를 반영하는 것은 아무래도 데이터를 만드는 것이니 3단계인 데이터 준비에서 합니다. 두 번째도 금방 답이 나옵니다. 결과 화면을 구성하는 필드의 구조를 만든다고 하니 당연히 4단계인 결과 화면(100번 화면)에서 뭔가를 해줘야 합니다.

Part2의 첫 프로그램이니까 처음부터 순서대로 만들어보겠습니다. 명령어 필드에 "SE80"을 입력하고 [Enter]를 누릅니다. 세 번째 프로그램이니 "ZSAPA03"을 입력하고 프로그램을 생성합니다.

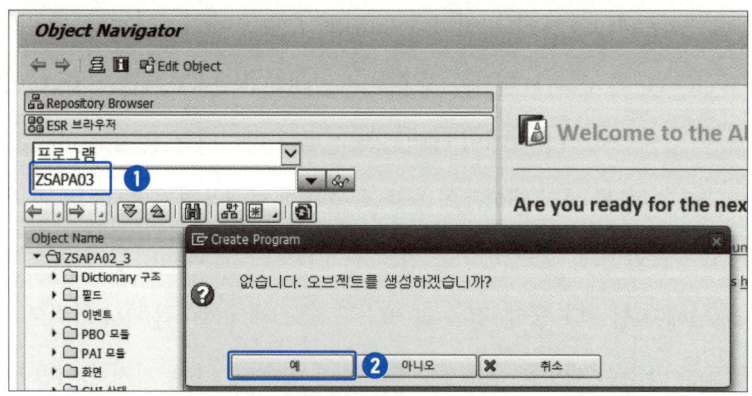

'ZSAPA03' 프로그램이 없으니 새로 생성할 것인지를 묻는 팝업이 나옵니다.

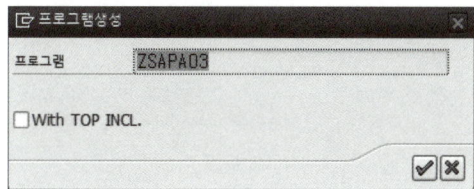

[Enter]를 누르거나 계속(✓, Continue) 버튼을 클릭합니다.

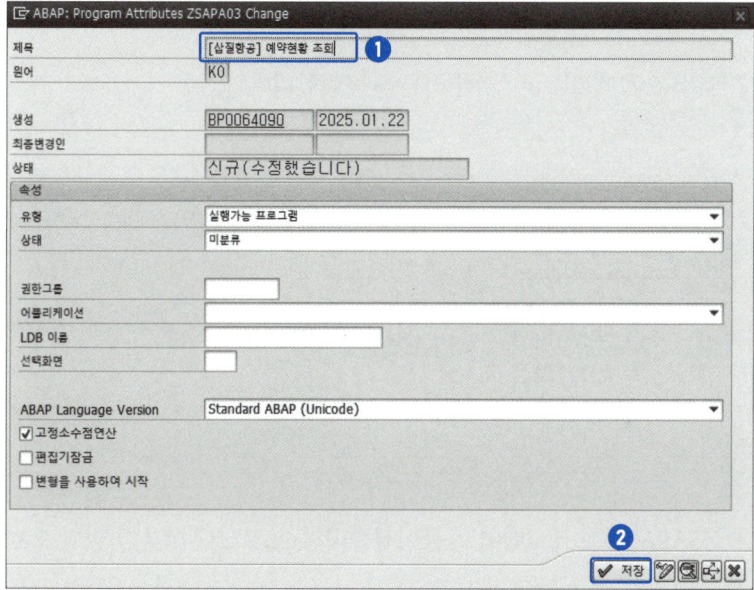

제목을 입력하는 곳에 적절한 프로그램 이름을 입력합니다. 저는 "[삽질항공] 예약현황 조회"라고 입력했습니다. [Enter]를 누르거나 저장(Save) 버튼을 클릭합니다.

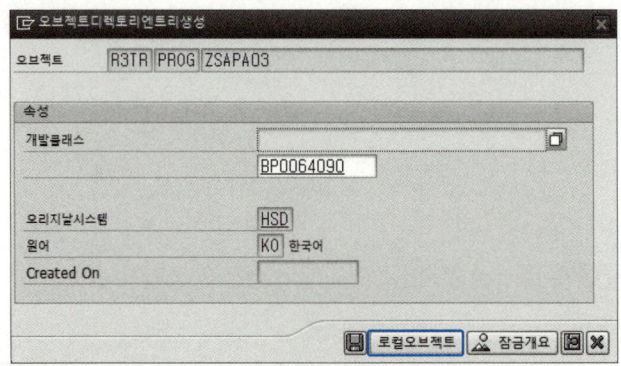

[로컬 오브젝트Local object] 버튼을 클릭합니다.

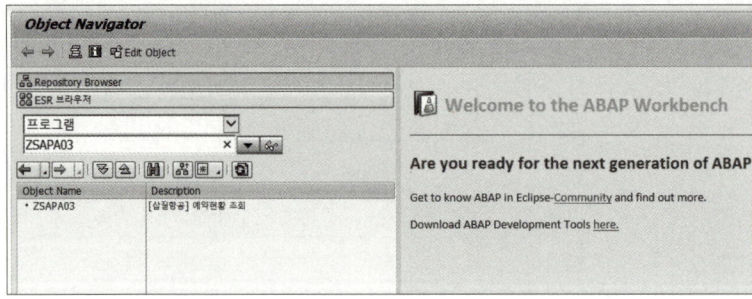

'ZSAPA03' 프로그램이 만들어졌습니다. 프로그램 이름만 있고 오브젝트 리스트에 아무것도 없습니다. 지금부터 하나씩 만들어보겠습니다. ABAP의 T코스 4단계를 순서대로 해보겠습니다.

## 변수 선언

제일 먼저 할 일은 변수 선언입니다.

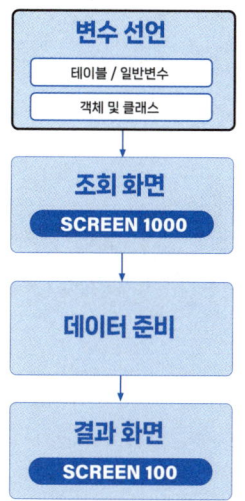

3개의 테이블을 선언하고, 익숙한 3개의 객체를 클래스를 참조해 선언합니다.

```
변수 선언

TABLES : sflight, scarr, spfli.
DATA: g_container    TYPE REF TO cl_gui_custom_container.
DATA: g_grid         TYPE REF TO cl_gui_alv_grid.
DATA: g_docking      TYPE REF TO cl_gui_docking_container.
```

다음 할 일은 조회 화면(1000번) 구성입니다.

## 조회 화면

눈치채셨는지 모르겠지만, 이번 조회 화면은 지금까지 실습했던 패턴과는 조금 다른 부분이 있습니다.

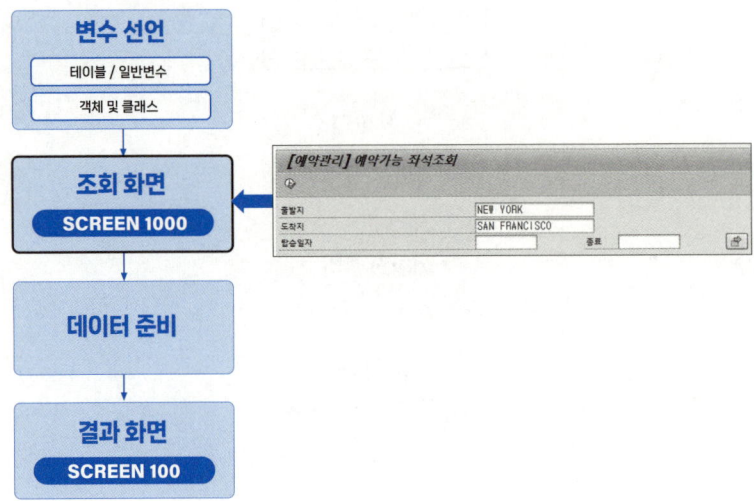

두 가지 차이가 있는데 첫 번째는 지금까지와는 다르게 입력 창이 범위를 줄 수 있도록 필드 2개가 쌍으로 있는 형태와 1개만 있는 형태가 공존한다는 점입니다. 출발지와 도착지는 입력 필드가 하나만 있죠. 반면 탑승일자는 시작(From)과 종료(To)를 입력할 수 있습니다. 두 번째는 출발지와 도착지에 처음부터 입력 값이 주어져 있습니다. 이런 형태를 디폴트Default 값이라 합니다. SAP는 대용량 데이터를 처리하는 경우가 많기 때문에 적절히 디폴트 값을 주는 경우가 많습니다.

> **조회 화면 구성**
>
> ```
> PARAMETERS : p_from TYPE spfli-cityfrom OBLIGATORY
>                     DEFAULT 'NEW YORK',
>              p_to   TYPE spfli-cityto OBLIGATORY
>                     DEFAULT 'SAN FRANCISCO'.
>
> SELECT-OPTIONS : s_fldate FOR sflight-fldate.
> ```

입력 값을 하나만 보이게 하려면 앞에서 배웠던 'SELECT-OPTIONS' 대신 'PARAMETERS' 구문을 사용합니다. 출발일은 'p_from'으로 선언하고 이 변수는 'SPFLI' 테이블의 'CITYFROM' 필드 타입으로 정의했습니다. 그리고 'OBLIGATORY'라는 조건을 더했습니다. 강제라는 뜻이죠. 'OBLIGATORY' 옵션이 붙으면 값을 무조건 입력해야 하는 '필수 필드'가 됩니다. 그 뒤에 또 있습니다. 'DEFAULT' 조건이 있습니다. 맞습니다. 디폴트 값을 정해줄 수 있는 옵션입니다. 결론적으로 출발지(p_from)와 도착지(p_to) 입력 필드는 반드시 값을 넣어 줘야 하는 '필수 필드'이고 각각 특정한 디폴트 값을 가진다는 의미입니다. 출발지에는 'NEW YORK'이 도착지에는 'SAN FRANCISCO'가 디폴트 값으로 주어졌습니다. 'SELECT-OPTIONS' 구문은 추가적인 설명을 하지 않겠습니다. 에러 체크하고 활성화한 후에 프로그램을 실행해 보겠습니다.

예상하신 화면이 나왔나요? 조금 차이가 있죠. 출발지, 도착지, 탑승 시간이 들어가야 할 부분에 변수명이 그대로 출력되었습니다. 어디서 처리해줬나요?

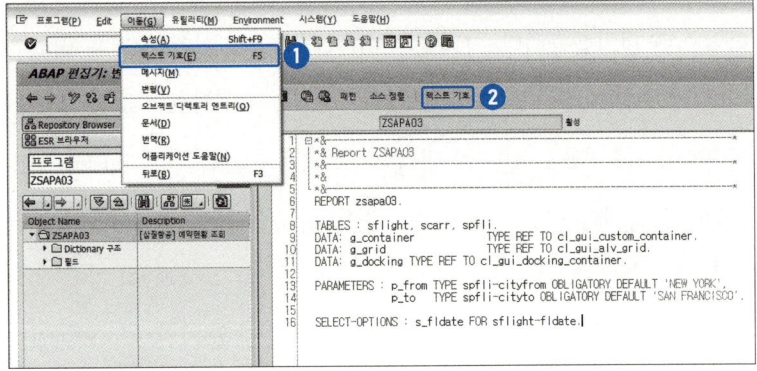

❶번처럼 메뉴를 통해 텍스트 기호(Goto -> Text Elements)를 입력하는 방법은 앞에서 배웠습니다. 이번에는 좀 더 간편한 방식으로 가겠습니다. ❷번의 텍스트 기호(Text Elements) 버튼을 클릭하세요. 익숙한 화면이 나올 겁니다. 두 번째 탭인 선택 텍스트(Selection Texts)를 클릭합니다.

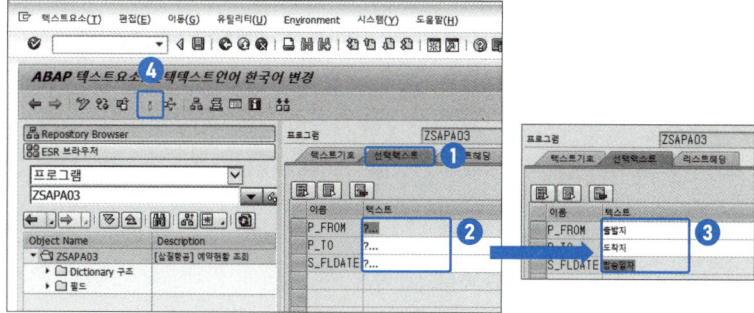

표시된 곳에 순서대로 '출발지', '도착지', '탑승일자'를 입력합니다. 활성화하시고 실행해 보세요.

기대했던 화면이 나오셨으면 다음 단계로 가겠습니다.

 **TABLES 변수를 미리 선언하는 이유와 필수 필드 확인법**

'PARAMETERS'와 'SELECT-OPTIONS'에 사용하는 변수는 TYPE과 FOR 다음에 나오는 타입을 참조합니다. 'p_from'과 'p_to'는 'spfli' 테이블의 두 필드를 참조하고 's_fldate'는 'sflight' 테이블의 필드를 참조합니다. 따라서 두 테이블이 앞에서 미리 정의되어 있어야 합니다. 'TABLES : sflight, spfli, scarr.' 구문이 필요한 이유입니다. 사실 'scarr' 테이블 구조는 뒤에서도 사용되지 않기 때문에 없어도 상관이 없습니다. 'scarr'을 지우시고 실행해 보세요. 문제없을 겁니다. 그럼 이번에는 테이블 정의 구문 전체를 지우거나 주석 처리하시고 실행해보세요. 오류가 발생할 겁니다.

필수 필드(Obligatory Fields)도 사용했습니다. 일반 필드와 어떤 차이가 있을까요? 출발지에 디폴트 값으로 들어가 있는 'NEW YORK'을 지워보세요. 그 상태에서 커서를 다른 곳에 두면 필드 앞에 작은 사각 체크박스가 보일 겁니다. 필수 필드라는 의미입니다. 그 상태에서 실행 버튼( , Execute)을 클릭합니다. 프로그램이 수행되지 않고 하단에 에러 메시지('모든 필수 입력 필드에 값을 입력하십시오', 'Fill out all required entry fields')가 나타납니다.

## 데이터 준비

이번 장에서 가장 중요한 데이터 준비 단계입니다.

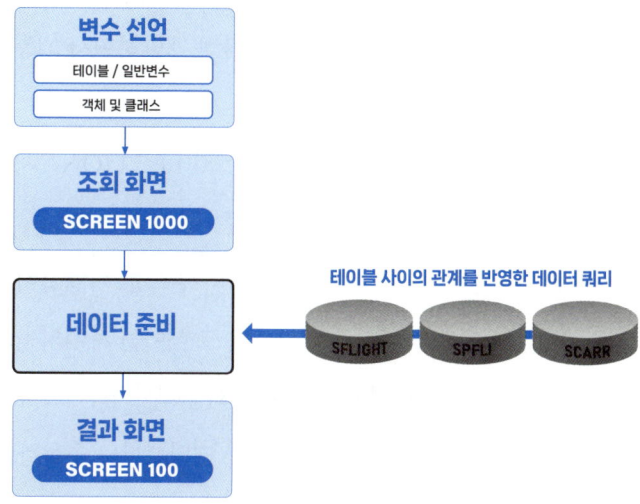

준비해야 할 데이터를 어디서 가져오고 각 테이블은 어떤 관계를 가지는지부터 알아야 합니다. '무슨 말씀이세요?'가 말풍선으로 떠오르시면 부록으로 가서 항공사 테이블 구조를 다시 보고 오세요. 이제 데이터를 만들 시간입니다. Part1에서는 별다른 언급을 하지 않고 지나왔지만, 데이터를 가지고 노는 능력은 프로그래머로서 아주 중요합니다. ABAP에서 데이터를 가지고 노는 도구를 'Open SQL'이라 합니다.

SQL문이라는 말은 자주 들어보셨죠? 빅데이터와 인공지능이 중요한 시대가 되면서 요즘은 프로그래머가 아니라도 많은 분들이 아시더군요.

ABAP에서도 SQL문을 사용합니다. 하지만 일반적인 SQL문과 완전히 똑같지는 않고 Open SQL이라 불리는 ABAP만의 문법을 사용합니다. 과거에는 SAP가 자체적인 데이터베이스 툴을 가지고 있지 않았기 때문에 일반 SQL문에 비해 제약이 많았습니다. 하지만 지금은 인메모리 In-memory 기술이 탑재된 HANA(하나) DB를 자체 개발하면서 기능이 강력해졌습니다.

'START-OF-SELECTION.'과 'END-OF-SELECTION.' 사이에 쿼리문을 만들어보겠습니다. SQL 쿼리문은 네 영역으로 나눠져 있습니다. 'SELECT' 영역에서는 추출할 데이터 필드를 나열합니다. 'FROM' 영역에서는 데이터를 가져올 테이블과 그 테이블 사이의 관계를 정의해줍니다. 'WHERE' 영역에서는 조회 화면에서 받은 조회 조건을 반영하는 부분입니다. 마지막으로 'INTO' 영역에서는 추출한 데이터를 내부 테이블Internal table에 넣어 줍니다.

**데이터 쿼리문**

```
START-OF-SELECTION.
  SELECT a~carrid, a~connid, a~fldate, c~carrname,
         b~cityfrom, b~airpfrom, b~cityto, b~airpto,
         a~seatsmax, a~seatsocc, a~seatsmax_b,
         a~seatsocc_b, a~seatsmax_f, a~seatsocc_f
    FROM sflight AS a INNER JOIN spfli AS b
                        ON a~carrid = b~carrid
                       AND a~connid = b~connid
                     INNER JOIN scarr AS c
                        ON a~carrid = c~carrid
   WHERE a~fldate IN @s_fldate
     AND b~cityfrom = @p_from
```

```
        AND b~cityto    = @p_to
    INTO TABLE @DATA(gt_seats).

END-OF-SELECTION.
```

나눠서 하나하나 살펴보겠습니다. 결과 화면인 ALV Grid의 필드명과 각 필드를 구성하는 데이터를 추출할 테이블명, 그리고 그 필드들을 표로 정리해보겠습니다.

| ALV Grid 필드명 | 테이블 | 테이블 필드 |
| --- | --- | --- |
| ID | SFLIGHT | CARRID |
| No. | SFLIGHT | CONNID |
| 항공편 일자 | SFLIGHT | FLDATE |
| 항공사 | SCARR | CARRNAME |
| 출발지 | SPFLI | CITYFROM |
| 출발공항 | SPFLI | AIRPFROM |
| 도착지 | SPFLI | CITYTO |
| 도착공항 | SPFLI | AIRPTO |
| 일반석 최대 정원 | SFLIGHT | SEATSMAX |
| 예약된 일반석 | SFLIGHT | SEATSOCC |
| 비즈니스석의 정원 | SFLIGHT | SEATSMAX_B |
| 비즈니스석 점유 | SFLIGHT | SEATSOCC_B |
| 일등석의 정원 | SFLIGHT | SEATSMAX_F |
| 일등석 점유 | SFLIGHT | SEATSOCC_F |

'SELECT' 구문에서 필드를 정의하기 위해서는 테이블명 뒤에 '~'를 붙이고 그 뒤에 테이블 필드명을 적습니다. ALV Grid의 첫 필드인 'ID'를 가져오기 위해서는 'SFLIGHT~CARRID'라 코딩해야 되겠지요. 이

런 식으로 모든 필드를 정의하면 됩니다.

> **SELECT 영역**
>
> SELECT a~carrid, a~connid, a~fldate, c~carrname,
>        b~cityfrom, b~airpfrom, b~cityto, b~airpto,
>        a~seatsmax, a~seatsocc, a~seatsmax_b,
>        a~seatsocc_b, a~seatsmax_f, a~seatsocc_f

쿼리문을 보고 이상한 점 없으세요? 테이블명인 'sflight' 대신 본 적이 없던 'a'가 보입니다. 이 이유는 'FROM' 절에 있습니다. 바로 데이터를 가져올 테이블과 테이블들 간의 관계를 정의하는 'FROM' 절로 가겠습니다.

3개 테이블의 관계를 보면 'SFLIGHT' 테이블을 중심으로 'SCARR'과 'SPFLI' 테이블의 몇몇 필드를 가져오는 형태입니다. 'FROM' 뒤에 중심이 되는 'sflight' 테이블을 넣습니다. 그런데 'sflight'라는 테이블명 전체를 계속 반복해 쓰려니 힘이 듭니다. 그래서 이 테이블명의 별명을 지어 줍니다. 별명은 'AS' 뒤에 적어 줍니다. 'sflight'의 별명은 'a'로 정했습니다. 앞서 'SELECT' 절에서 'sflight' 대신 'a'가 사용된 이유입니다.

> FROM sflight AS a

다음은 다른 테이블과의 관계를 지정해줄 차례입니다.

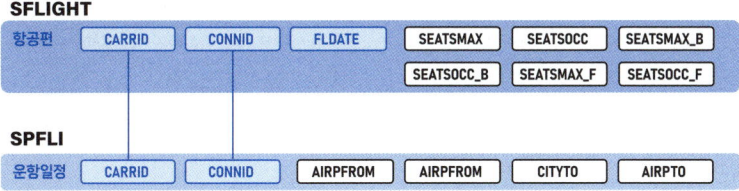

'sflight'와 'spfli' 테이블은 'CARRID'와 'CONNID' 필드로 연결되어 있습니다. 이때 두 테이블 간의 관계를 지정해주는 것을 조인Join이라 합니다. 'sflight' 테이블과 'spfli' 테이블을 조인하기 위해 'INNER JOIN' 구문을 넣어 줍니다. 'spfli'는 별명으로 'b'를 지정합니다.

```
FROM sflight AS a INNER JOIN spfli AS b
```

그리고 조인 조건은 'CARRID'와 'CONNID' 필드의 값이 같을 때입니다. 'ON' 뒤에 차례대로 정의해줍니다. 조인되는 필드가 여러 개일 경우, 아래처럼 'AND'로 계속 더해 줍니다.

```
ON  a~carrid = b~carrid
AND a~connid = b~connid
```

다했나요? 데이터를 추출해올 테이블이 하나 더 있지요.

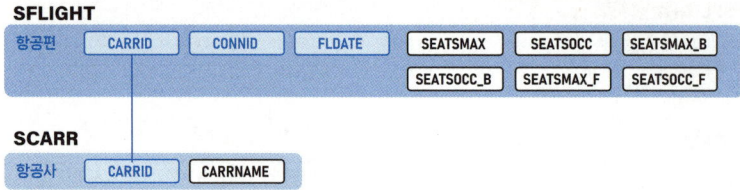

'sflight'와 'scarr'도 동일한 형태로 조인해 줍니다. 종합하면 'FROM' 영역은 이렇게 정리됩니다.

**FROM 영역**

```
FROM sflight AS a INNER JOIN spfli AS b
                ON a~carrid = b~carrid
               AND a~connid = b~connid
             INNER JOIN scarr AS c
                ON a~carrid = c~carrid
```

이제 조회 화면의 조회 조건과 연결되는 'WHERE' 절로 가볼게요. 조회 조건이 3개였죠. 출발지(p_from), 도착지(p_to), 탑승일자(s_fldate)를 각 테이블의 필드와 연결해 줍니다. 조회 조건에서 들어온 값이 테이블에 있는 값과 같은 데이터만 추출하라는 의미입니다.

**WHERE 영역**

```
WHERE a~fldate IN @s_fldate
  AND b~cityfrom = @p_from
  AND b~cityto   = @p_to
```

조회 조건이 3개였으니 'WHERE' 절의 조건문도 3개입니다. 3개의 조건문은 'AND' 구문으로 연결했습니다. 그런데 문법에 '@'가 보입니다. 특별한 건 아닙니다. 앞의 테이블 필드명과 뒤의 변수를 구분해 주기 위해 '@'가 붙었습니다. 그리고 두 가지 패턴이 보이죠. 'SELECT-OPTIONS' 조건은 여러 값을 넣을 수 있습니다. 그래서 뒤에 'IN'이 붙었습니다. 이에 반해 'PARAMETERS' 조건은 값이 하나이니 '='을 사용했습니다.

이제 필요한 데이터를 추출하기 위한 조치는 다 했습니다. 추출된 데이터는 어딘가에 저장해야 합니다. 결과 화면에 보여주기 전에 프로그램에서 임시로 저장하는데 'INTO' 절에서 정의합니다.

**FROM 영역**

```
INTO TABLE @DATA(gt_seats).
```

임시 저장소는 'gt_seats'라는 이름의 내부 테이블Internal table입니다. 생각해 보면 우리가 변수 선언하는 곳에서 'gt_seats'라는 것을 선언한 적이 없습니다. 그런데 어떻게 바로 사용이 가능할까요? 앞에 'DATA'라는 구문이 있죠. 여기서 바로 선언하면서 사용한다는 의미입니다. 이런 선언법을 '묵시적 선언'이라 합니다.

# ABAP의 새로운 문법

 ABAP에서 변수를 선언하는 방법에는 두 가지가 있습니다. 첫 번째는 프로그램의 앞부분에 미리 선언을 하고 프로그램에서 필요한 곳에서 사용하는 '명시적 선언' 방식입니다. 일반적인 방법이죠. 두 번째는 미리 선언하지 않고 필요한 곳에서 바로 선언하면서 사용하는 '묵시적 선언' 방식입니다.

명시적 선언
```
DATA : gt_scarr
        TYPE TABLE OF scarr.
<중략>
SELECT *
  FROM scarr
  WHERE carrid IN @s_carrid
  INTO TABLE @gt_scarr.
```

묵시적 선언
```
SELECT *
  FROM scarr
  WHERE carrid IN @s_carrid
  INTO TABLE @DATA(gt_scarr).
```

 사례에서 명시적 선언 방식에서는 'DATA : gt_scarr TYPE TABLE OF scarr.' 구문을 통해 'gt_scarr' 내부 테이블을 미리 선언하고, 뒤의 'SELECT' 문에서 '@gt_scarr'의 형태로 사용했습니다. 반면에 묵시적 선언에서는 데이터를 미리 선언하는 부분이 없습니다. 'SELECT' 문에서 바로 '@DATA(gt_scarr)' 구문을 통해 선언과 동시에 사용했습니다. 명시적 선언은 앞에서 프로그래머가 변수의 타입, 길이, 구조 등을 명확히 정의하니까 가독성이 높고 다른 개발자가 코드를 이해하기 쉽습니다. 반면 묵시적 선언 방식은 프로그래머가 명시적으로 변수를 선언하는 것을 생략하니 코드가 간결해집니다. 이 책을 보시기 전에 조금이라도 ABAP을 공부하신 분은 묵시적 선언 방식이 생소하실 겁니다. ABAP이 새롭게 제시하는 새로운 문법New Syntax이기 때문입니다.

## HANA가 가지고 온 변화

　SAP가 자체 데이터베이스인 HANA(하나)를 품기 전에는 데이터베이스와 연계된 무언가를 마음대로 시도할 수 없었습니다. 그래서 데이터베이스에 접근해 처리하는 시간을 최대한 줄이고, 마음대로 제어할 수 있는 내부 테이블에서 많은 작업을 처리했습니다. 데이터베이스에서 한 번에 SELECT 해온 데이터를 내부 테이블에서 Loop문으로 돌리면서 가공하는 일이 많았습니다. HANA기 본격적으로 활용되면시 인메모리 데이터베이스의 장점을 최대한 활용하기 위해 새로운 ABAP 문법이 필요하게 되었고, 그 결과물이 ABAP New Syntax입니다. 앞서 봤던 변수의 묵시적 선언 외에도 몇 가지 특징적인 변화가 있습니다. 그 중 눈에 띄는 세 가지를 소개하겠습니다.
　첫 번째는 SELECT 구문이 명확해졌습니다. 이전의 Old Syntax에서는 ABAP의 전용 SQL문인 OpenSQL이 일반 SQL의 문법과 이질적인 부분이 많았습니다. 대표적으로 컬럼 사이에 콤마(,)를 사용하지 않았습니다. 새로운 문법에도 변화가 있습니다. 일례로, 변수는 앞에 '@'를 붙여 변수와 칼럼의 구분이 명확하게 했습니다.

**Old Syntax**
```
SELECT carrid carrname
  FROM scarr
  WHERE carrid IN s_carrid
  INTO TABLE gt_scarr.
```

**New Syntax**
```
SELECT carrid, carrname
  FROM scarr
  WHERE carrid IN @s_carrid
  INTO TABLE @gt_scarr.
```

두 번째는 OpenSQL문에서 연산이 가능해졌습니다. Old Syntax에서는 SQL문에서 바로 계산을 할 수 없었습니다. 그래서 내부 테이블과 LOOP 문을 이용해 값을 계산해 넣었습니다. New Syntax에서는 4칙 연산 외에도 MIN, MAX, SUM, AVG, CASE, CAST, COUNTING, DIV, MOD, CEIL, FLOOR, COALESCE, ABS, UNION, UNION ALL 등의 사용이 가능합니다.

**필드 간의 계산을 하고 그 결과를 별명(Alias)으로 넣어 준다**
```
SELECT seatsmax   - seatsocc    AS total_1,
       seatsmax_b - seatsocc_b  AS total_b,
       seatsmax_f - seatsocc_f  AS total_f
  FROM sflight
  INTO TABLE @DATA(gt_sflight).
```

세 번째는 내부 테이블과 데이터베이스 테이블 간의 조인이 가능합니다. 제약은 있습니다. 내부 테이블은 1개만 사용 가능합니다.

> **내부 테이블과 데이터베이스 테이블 간의 조인이 가능하다**
>
> ```
> SELECT *
>   FROM scarr
>   INTO TABLE @DATA(lt_scarr).
>
> SELECT a~seatsmax, a~seatsocc
>   FROM sflight AS a INNER JOIN @lt_scarr AS b
>                     ON a~carrid = b~carrid
>   INTO TABLE @DATA(gt_sflight).
> ```

SAP는 지금도 계속 진화하고 있습니다. 큰 변화가 없던 ABAP도 그에 따라 변화의 속도가 빨라지고 있습니다. 따라가려니 너무 힘듭니다.

## 결과 화면

마지막 4단계가 남았습니다. 여기서도 큰 변화가 하나 있습니다.

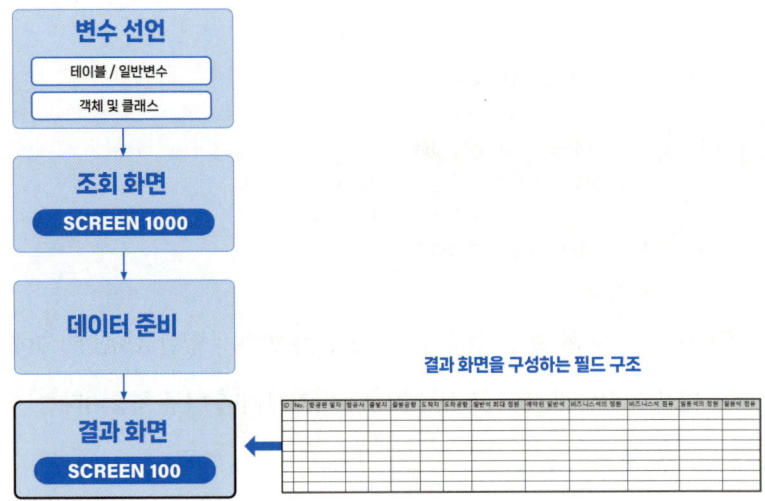

지금까지는 하나의 테이블에서 데이터를 가져왔습니다. 그렇다 보니 결과 화면에서 보여 주는 구조도 해당 테이블과 동일했지요. 그런데 이번에는 3개의 테이블에서 여러 필드를 가져옵니다. 결과 화면에 보여 주는 구조도 새로 만들어야 합니다. 이 부분은 뒤에서 자세히 설명하겠습니다. 결과 화면을 구성하기 위해 제일 먼저 해야 할 일은 스크린 100번을 만드는 것이었죠. 스크린 100을 호출합니다.

## 스크린 100 호출

```
CALL SCREEN 100.
```

숫자 '100'을 더블클릭합니다. 새로운 스크린 생성을 위한 팝업창이 나타납니다.

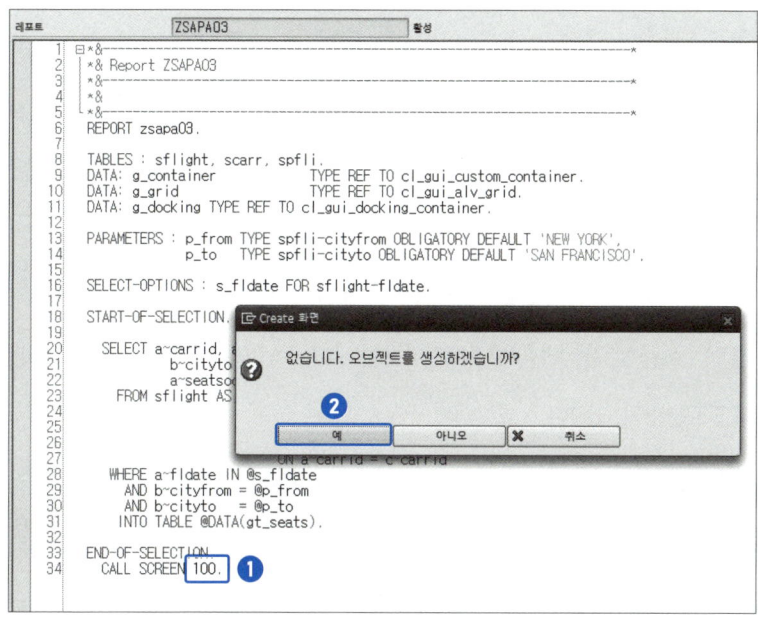

[Enter]를 누르거나 [예] 버튼을 클릭합니다.

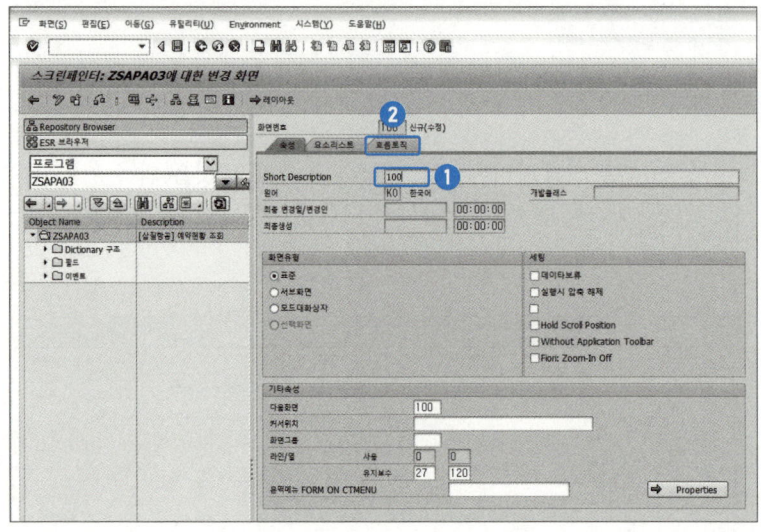

[속성Attributes] 탭에서 ❶번에 스크린명으로 "100"을 입력합니다.
❷번 [흐름 로직] 탭을 클릭해 이동합니다. SAP가 제시한 코드를 아래 코드로 바꿔 줍니다.

Screen 100의 흐름 로직

```
PROCESS BEFORE OUTPUT.
  MODULE status_0100.
  MODULE pbo_0100.

PROCESS AFTER INPUT.
  MODULE exit AT EXIT-COMMAND.
```

가이드 드린 대로 코딩을 하셨다면 다음 그림과 같아질 것입니다.

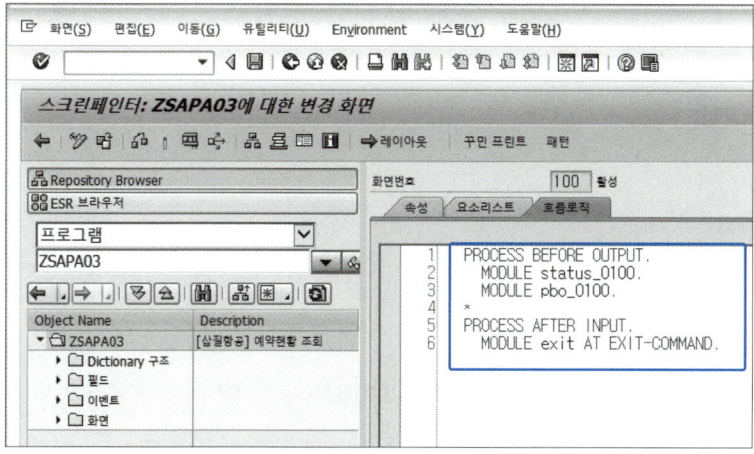

이제 뭘 해야 할까요? 껍데기만 만들어진 'MODULE'에 코딩을 해야 합니다. 각 'MODULE'을 더블클릭해 들어간 다음 소스코딩을 해 줍니다. 순서대로 해보겠습니다. 'status_0100' 모듈을 더블클릭합니다. 팝업이 뜨면 Enter를 누르거나 [예] 버튼을 클릭합니다.

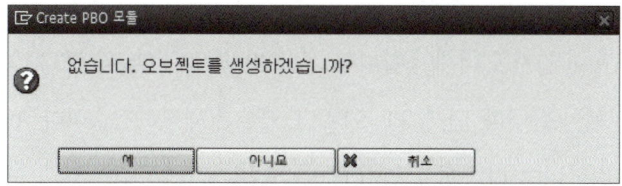

새로 Include 문을 만들지 지금 코딩을 하는 주프로그램에 계속 더할지 선택하는 팝업이 나옵니다. 구조를 간단히 가져가기 위해 지금은 주프로그램Main program에 더하겠습니다.

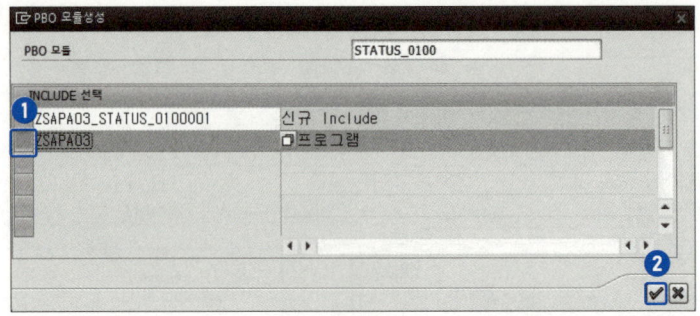

❶번의 주프로그램을 선택하고 [Enter]를 누르거나 [선택(✔, Choose)] 버튼을 클릭합니다. SAP가 제시한 소스코드를 아래의 코드로 변경합니다.

### Status_0100 소스코드

```
MODULE status_0100 OUTPUT.
  SET PF-STATUS '0100'.
  SET TITLEBAR '0100'.
ENDMODULE.
```

여기서 한 가지를 더해야 합니다. 실제 'PF-STATUS'와 'TITLEBAR'를 설정해야 합니다. 먼저 'PF-STATUS'부터 세팅하겠습니다. '0100'을 더블클릭합니다. 다음의 팝업이 나타납니다.

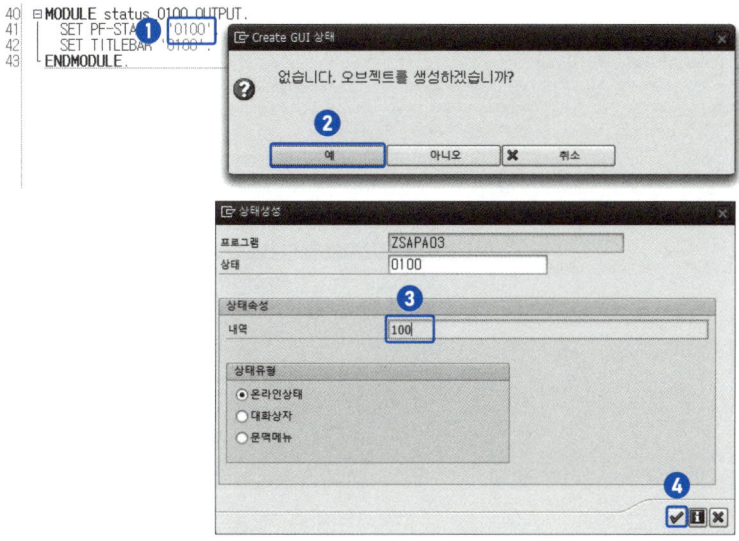

표시된 내역에 "100"을 입력하고 [Enter]를 누릅니다. 화면이 다음과 같이 바뀔 겁니다.

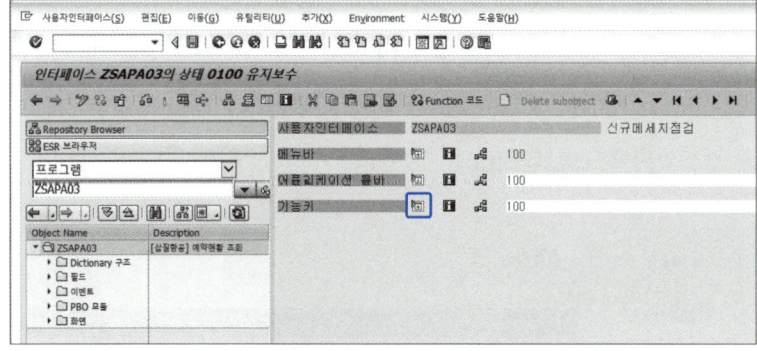

표시된 부분을 클릭해 추가할 기능키를 정의해 줍니다.

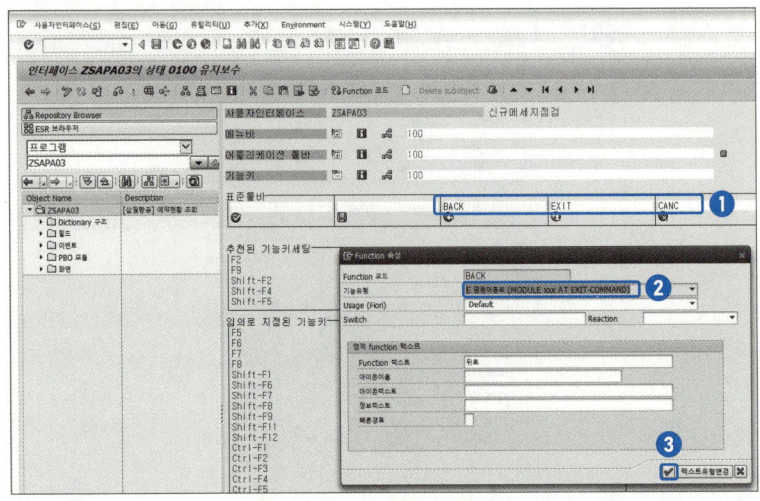

①번처럼 "BACK", "EXIT", "CANC"를 입력합니다. 그리고 각 버튼 (BACK, EXIT, CANC)을 더블클릭하여 팝업이 나오면 ②번처럼 기능 유형Functional Type을 'E' 명령어 종료Exit Command로 변경하고 [Enter]를 누르거나 '선택' 버튼을 클릭합니다. 세 버튼에 반복합니다. 활성화하고 다시 '뒤로 가기' 버튼(, Back)을 눌러 코딩하던 곳으로 돌아갑니다. 이번에는 'TITLEBAR' 옆의 '0100'을 더블클릭합니다. 새로 생성할 것인지를 묻는 팝업이 나타납니다.

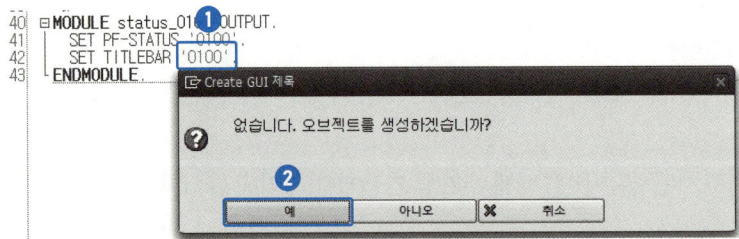

`Enter`를 눌러서 생성합니다. 다시 팝업이 뜹니다.

원하는 타이틀을 팝업창에 입력합니다. 저는 "[삽질항공] 예약현황 조회"라고 입력했습니다. 활성화하고 다시 처음의 [흐름 로직] 탭으로 돌아갑니다. 'status_0100' 모듈(module)을 다 작성했습니다. 다음 모듈인 'pbo_0100'을 더블클릭합니다. 이제 익숙한 팝업이 또 뜹니다. `Enter`를 눌러서 생성합니다. 또 팝업이 나타나죠.

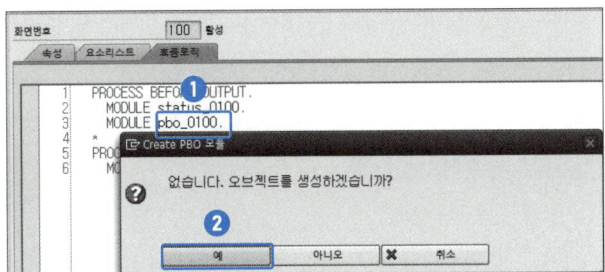

어떻게 할지 아시죠? 주프로그램 라인을 선택하고 `Enter`를 누릅니다.

소스코딩하는 곳에 'pbo_0100' 모듈(module)이 만들어집니다. 여기서 해야 할 일이 많습니다. 제일 먼저 뭘 했었나요? 결과 화면을 뿌려줄 공간을 만들었었죠. 몇 가지 방법이 있었습니다. 이번에는 도킹 컨테이너 Docking container를 이용하겠습니다. 스크린 페인터에 추가 작업을 해줄 필요가 없고 스크린의 사이즈도 조정 가능해서 편리하니까요. 도킹 컨테이너 객체와 ALV Grid 객체를 생성하고, 도킹 컨테이너에 ALV Grid를 연결하는 것까지 코딩해 보겠습니다.

### 도킹 컨테이너 및 ALV Grid 생성

```
CREATE OBJECT g_docking
  EXPORTING
    repid     = sy-repid
    dynnr     = sy-dynnr
    side      = g_docking->dock_at_left
    extension = 1800.

CREATE OBJECT g_grid
  EXPORTING
    i_parent = g_docking.
```

이 부분이 이해가 잘 가지 않으시면 Part1의 2장으로 돌아가 한번 더 보시기 바랍니다. 다음은 뭐였나요? 원래는 바로 'g_grid'가 참조하는 'cl_gui_alv_grid' 클래스(class)의 'set_table_for_first_display' 메서드(method)를 호출했습니다. 코드가 기억나시나요? 기억을 더듬어 코드를 작성해 보죠.

```
CALL METHOD g_grid->set_table_for_first_display
  EXPORTING
    i_structure_name    = '???'
  CHANGING
    it_outtab           = gt_seats[].
```

대략 이런 형태가 될 겁니다. 그런데 문제가 있죠. 'i_structure_name' 파라미터에 넣어줄 값이 애매합니다. 지금까지는 하나의 테이블 데이터를 그대로 보여줬기 때문에 출력되는 ALV Grid의 구조에도 해당 테이블의 이름을 넣어주면 되었습니다. 출력물의 구조도 그 테이블 구조를 따른다는 의미니까요. 그런데 이번에는 세 테이블의 필드 값들을 더해서 보여줘야 합니다. 그래서 'set_table_for_first_display' 메서드를 호출하기 전에 출력 ALV Grid의 구조를 정의해 주는 코드를 더해야 합니다. 그걸 필드 카탈로그Field Catalog 설정이라 합니다. 여기에는 어떤 정보를 주면 될까요? ALV Grid의 필드명을 정하고, 그 필드명이 어떤 테이블의 어떤 테이블 필드의 속성을 참조하는지를 지정하면 될 겁니다. 이런 형태가 되겠죠.

> ALV Grid 필드명 = 'CARRID'.
> 참조할 테이블 = 'SFLIGHT'
> 참조할 필드명 = 'CARRID'

이 구조는 항상 일정하겠죠. 그래서 SAP가 미리 정해둔 구조Structure와 테이블Table이 있습니다. 'lvc_s_fcat'과 'lvc_t_fcat' 입니다. 먼저 변수 선언을 해 주고 앞서 본 세 가지 정보를 ALV Grid의 14개 필드에 대해 다음과 같이 지정해 주면 됩니다.

**필드 카탈로그 지정**

```
DATA : ls_fieldcat TYPE lvc_s_fcat,
       lt_fieldcat TYPE lvc_t_fcat.

CLEAR ls_fieldcat.
ls_fieldcat-fieldname = 'CARRID'.
ls_fieldcat-ref_table = 'SFLIGHT'.
ls_fieldcat-ref_field = 'CARRID'.
APPEND ls_fieldcat TO lt_fieldcat.

CLEAR ls_fieldcat.
ls_fieldcat-fieldname = 'CONNID'.
ls_fieldcat-ref_table = 'SFLIGHT'.
ls_fieldcat-ref_field = 'CONNID'.
APPEND ls_fieldcat TO lt_fieldcat.

CLEAR ls_fieldcat.
ls_fieldcat-fieldname = 'FLDATE'.
ls_fieldcat-ref_table = 'SFLIGHT'.
ls_fieldcat-ref_field = 'FLDATE'.
APPEND ls_fieldcat TO lt_fieldcat.

CLEAR ls_fieldcat.
```

```abap
ls_fieldcat-fieldname = 'CARRNAME'.
ls_fieldcat-ref_table = 'SCARR'.
ls_fieldcat-ref_field = 'CARRNAME'.
APPEND ls_fieldcat TO lt_fieldcat.

CLEAR ls_fieldcat.
ls_fieldcat-fieldname = 'CITYFROM'.
ls_fieldcat-ref_table = 'SPFLI'.
ls_fieldcat-ref_field = 'CITYFROM'.
APPEND ls_fieldcat TO lt_fieldcat.

CLEAR ls_fieldcat.
ls_fieldcat-fieldname = 'AIRPFROM'.
ls_fieldcat-ref_table = 'SPFLI'.
ls_fieldcat-ref_field = 'AIRPFROM'.
APPEND ls_fieldcat TO lt_fieldcat.

CLEAR ls_fieldcat.
ls_fieldcat-fieldname = 'CITYTO'.
ls_fieldcat-ref_table = 'SPFLI'.
ls_fieldcat-ref_field = 'CITYTO'.
APPEND ls_fieldcat TO lt_fieldcat.

CLEAR ls_fieldcat.
ls_fieldcat-fieldname = 'AIRPTO'.
ls_fieldcat-ref_table = 'SPFLI'.
ls_fieldcat-ref_field = 'AIRPTO'.
APPEND ls_fieldcat TO lt_fieldcat.

CLEAR ls_fieldcat.
ls_fieldcat-fieldname = 'SEATSMAX'.
ls_fieldcat-ref_table = 'SFLIGHT'.
ls_fieldcat-ref_field = 'SEATSMAX'.
APPEND ls_fieldcat TO lt_fieldcat.

CLEAR ls_fieldcat.
ls_fieldcat-fieldname = 'SEATSOCC'.
```

```abap
    ls_fieldcat-ref_table = 'SFLIGHT'.
    ls_fieldcat-ref_field = 'SEATSOCC'.
    APPEND ls_fieldcat TO lt_fieldcat.

    CLEAR ls_fieldcat.
    ls_fieldcat-fieldname = 'SEATSMAX_B'.
    ls_fieldcat-ref_table = 'SFLIGHT'.
    ls_fieldcat-ref_field = 'SEATSMAX_B'.
    APPEND ls_fieldcat TO lt_fieldcat.

    CLEAR ls_fieldcat.
    ls_fieldcat-fieldname = 'SEATSOCC_B'.
    ls_fieldcat-ref_table = 'SFLIGHT'.
    ls_fieldcat-ref_field = 'SEATSOCC_B'.
    APPEND ls_fieldcat TO lt_fieldcat.

    CLEAR ls_fieldcat.
    ls_fieldcat-fieldname = 'SEATSMAX_F'.
    ls_fieldcat-ref_table = 'SFLIGHT'.
    ls_fieldcat-ref_field = 'SEATSMAX_F'.
    APPEND ls_fieldcat TO lt_fieldcat.

    CLEAR ls_fieldcat.
    ls_fieldcat-fieldname = 'SEATSOCC_F'.
    ls_fieldcat-ref_table = 'SFLIGHT'.
    ls_fieldcat-ref_field = 'SEATSOCC_F'.
    APPEND ls_fieldcat TO lt_fieldcat.
```

14개 필드에 대해 전부 지정해 주다 보니 코드가 길어졌지만, 구조는 비교적 간단합니다.

 **짧게 필드 카탈로그를 정의할 방법은 없나요?**

지금은 필드가 14개 밖에 안되어서 코딩이 그렇게 길지 않지만, 때로는 필드 수가 100개 가까이 되기도 하거든요. 그래서 필드 카탈로그를 동적으로 할당하는 방법을 사용합니다. 하지만 코드가 어렵습니다. 지금은 묻지도 따지지도 말고 아래의 코드를 필드 카탈로그 대신 끼워 넣어 보세요. 필드의 수에 상관없이 처리해 줍니다.

```abap
DATA: lr_tabdescr TYPE REF TO cl_abap_structdescr,
      lr_data     TYPE REF TO data,
      lt_dfies    TYPE ddfields,
      ls_dfies    TYPE dfies,
      ls_fieldcat TYPE lvc_s_fcat,
      lt_fieldcat TYPE lvc_t_fcat.
CREATE DATA lr_data LIKE LINE OF gt_seats.
lr_tabdescr ?=
  cl_abap_structdescr=>describe_by_data_ref( lr_data ).
lt_dfies =
  cl_salv_data_descr=>read_structdescr( lr_tabdescr ).
LOOP AT lt_dfies INTO ls_dfies.
  CLEAR ls_fieldcat.
  MOVE-CORRESPONDING ls_dfies TO ls_fieldcat.
  APPEND ls_fieldcat TO lt_fieldcat.
ENDLOOP.
```

이제 'set_table_for_first_display' 메서드를 호출하면 됩니다.

**'set_table_for_first_display' 메서드 호출**

```abap
  CALL METHOD g_grid->set_table_for_first_display
*      EXPORTING
```

```
*      i_structure_name       = 'SAPLANE'
    CHANGING
      it_fieldcatalog             = lt_fieldcat
      it_outtab                   = gt_seats[].
```

여기서 주의해야 할 것은 지금까지 만든 필드 카탈로그를 할당할 파라미터가 과거의 'i_structure_name'이 아니라는 점입니다. 이번에는 'it_fieldcatalog'라는 'CHANGING' 파라미터에 설정한 'lt_fieldcat'을 넣어주면 됩니다. 활성화하고 100번 스크린의 흐름 로직 Flow logic 으로 다시 돌아갑니다. 마지막으로 'exit' 모듈을 생성합니다. 이번에는 이전과 조금 다른 형태로 해보겠습니다. 'BACK' 버튼은 이전과 동일하게 설정하고, 'EXIT'과 'CANC'는 'LEAVE PROGRAM.'을 넣어보겠습니다. 두 가지 사이에 어떤 차이가 있는지 실행해서 직접 눌러 보시기 바랍니다.

**'exit' 모듈**

```
MODULE exit INPUT.
  CASE sy-ucomm.
    WHEN 'BACK'.
      LEAVE TO SCREEN 0.
    WHEN 'EXIT' OR 'CANC'.
      LEAVE PROGRAM.
  ENDCASE.
ENDMODULE.
```

전체 소스코드를 정리해보겠습니다.

### ZSAPA03 소스코드

```abap
REPORT zsapa03.
*&---------------------------------------------------------------*
*& Step 1 : 변수 선언
*&---------------------------------------------------------------*
TABLES : sflight, scarr, spfli.
DATA: g_container TYPE REF TO cl_gui_custom_container.
DATA: g_grid      TYPE REF TO cl_gui_alv_grid.
DATA: g_docking   TYPE REF TO cl_gui_docking_container.


*&---------------------------------------------------------------*
*& Step 2 : 조회 화면(1000)
*&---------------------------------------------------------------*
PARAMETERS : p_from TYPE spfli-cityfrom OBLIGATORY
                    DEFAULT 'NEW YORK',
             p_to   TYPE spfli-cityto OBLIGATORY
                    DEFAULT 'SAN FRANCISCO'.
SELECT-OPTIONS : s_fldate FOR sflight-fldate.


*&---------------------------------------------------------------*
*& Step 3 : 데이터 준비
*&---------------------------------------------------------------*
START-OF-SELECTION.
  SELECT a~carrid, a~connid, a~fldate, c~carrname,
         b~cityfrom, b~airpfrom, b~cityto, b~airpto,
         a~seatsmax, a~seatsocc, a~seatsmax_b,
         a~seatsocc_b, a~seatsmax_f, a~seatsocc_f
    FROM sflight AS a INNER JOIN spfli AS b
                       ON a~carrid = b~carrid
                      AND a~connid = b~connid
                     INNER JOIN scarr AS c
                       ON a~carrid = c~carrid
   WHERE a~fldate IN @s_fldate
     AND b~cityfrom = @p_from
     AND b~cityto   = @p_to
    INTO TABLE @DATA(gt_seats).
```

```abap
*&---------------------------------------------------------------------*
*& Step 4 : 결과 화면(100)
*&---------------------------------------------------------------------*
END-OF-SELECTION.
  CALL SCREEN 100.

MODULE status_0100 OUTPUT.
  SET PF-STATUS '0100'.
  SET TITLEBAR '0100'.
ENDMODULE.

MODULE pbo_0100 OUTPUT.
  CREATE OBJECT g_docking
    EXPORTING
      repid     = sy-repid
      dynnr     = sy-dynnr
      side      = g_docking->dock_at_left
      extension = 1800.

  CREATE OBJECT g_grid
    EXPORTING
      i_parent = g_docking.

  DATA : ls_fieldcat TYPE lvc_s_fcat,
         lt_fieldcat TYPE lvc_t_fcat.

  CLEAR ls_fieldcat.
  ls_fieldcat-fieldname = 'CARRID'.
  ls_fieldcat-ref_table = 'SFLIGHT'.
  ls_fieldcat-ref_field = 'CARRID'.
  APPEND ls_fieldcat TO lt_fieldcat.

  CLEAR ls_fieldcat.
  ls_fieldcat-fieldname = 'CONNID'.
  ls_fieldcat-ref_table = 'SFLIGHT'.
  ls_fieldcat-ref_field = 'CONNID'.
```

```abap
APPEND ls_fieldcat TO lt_fieldcat.

CLEAR ls_fieldcat.
ls_fieldcat-fieldname = 'FLDATE'.
ls_fieldcat-ref_table = 'SFLIGHT'.
ls_fieldcat-ref_field = 'FLDATE'.
APPEND ls_fieldcat TO lt_fieldcat.

CLEAR ls_fieldcat.
ls_fieldcat-fieldname = 'CARRNAME'.
ls_fieldcat-ref_table = 'SCARR'.
ls_fieldcat-ref_field = 'CARRNAME'.
APPEND ls_fieldcat TO lt_fieldcat.

CLEAR ls_fieldcat.
ls_fieldcat-fieldname = 'CITYFROM'.
ls_fieldcat-ref_table = 'SPFLI'.
ls_fieldcat-ref_field = 'CITYFROM'.
APPEND ls_fieldcat TO lt_fieldcat.

CLEAR ls_fieldcat.
ls_fieldcat-fieldname = 'AIRPFROM'.
ls_fieldcat-ref_table = 'SPFLI'.
ls_fieldcat-ref_field = 'AIRPFROM'.
APPEND ls_fieldcat TO lt_fieldcat.

CLEAR ls_fieldcat.
ls_fieldcat-fieldname = 'CITYTO'.
ls_fieldcat-ref_table = 'SPFLI'.
ls_fieldcat-ref_field = 'CITYTO'.
APPEND ls_fieldcat TO lt_fieldcat.

CLEAR ls_fieldcat.
ls_fieldcat-fieldname = 'AIRPTO'.
ls_fieldcat-ref_table = 'SPFLI'.
ls_fieldcat-ref_field = 'AIRPTO'.
APPEND ls_fieldcat TO lt_fieldcat.
```

```
CLEAR ls_fieldcat.
ls_fieldcat-fieldname = 'SEATSMAX'.
ls_fieldcat-ref_table = 'SFLIGHT'.
ls_fieldcat-ref_field = 'SEATSMAX'.
APPEND ls_fieldcat TO lt_fieldcat.

CLEAR ls_fieldcat.
ls_fieldcat-fieldname = 'SEATSOCC'.
ls_fieldcat-ref_table = 'SFLIGHT'.
ls_fieldcat-ref_field = 'SEATSOCC'.
APPEND ls_fieldcat TO lt_fieldcat.

CLEAR ls_fieldcat.
ls_fieldcat-fieldname = 'SEATSMAX_B'.
ls_fieldcat-ref_table = 'SFLIGHT'.
ls_fieldcat-ref_field = 'SEATSMAX_B'.
APPEND ls_fieldcat TO lt_fieldcat.

CLEAR ls_fieldcat.
ls_fieldcat-fieldname = 'SEATSOCC_B'.
ls_fieldcat-ref_table = 'SFLIGHT'.
ls_fieldcat-ref_field = 'SEATSOCC_B'.
APPEND ls_fieldcat TO lt_fieldcat.

CLEAR ls_fieldcat.
ls_fieldcat-fieldname = 'SEATSMAX_F'.
ls_fieldcat-ref_table = 'SFLIGHT'.
ls_fieldcat-ref_field = 'SEATSMAX_F'.
APPEND ls_fieldcat TO lt_fieldcat.

CLEAR ls_fieldcat.
ls_fieldcat-fieldname = 'SEATSOCC_F'.
ls_fieldcat-ref_table = 'SFLIGHT'.
ls_fieldcat-ref_field = 'SEATSOCC_F'.
APPEND ls_fieldcat TO lt_fieldcat.
```

```abap
    CALL METHOD g_grid->set_table_for_first_display
*        EXPORTING
*          i_structure_name   = 'SAPLANE'
      CHANGING
        it_fieldcatalog = lt_fieldcat
        it_outtab       = gt_seats[].
ENDMODULE.

MODULE exit INPUT.
  CASE sy-ucomm.
    WHEN 'BACK'.
      LEAVE TO SCREEN 0.
    WHEN 'EXIT' OR 'CANC'.
      LEAVE PROGRAM.
  ENDCASE.
ENDMODULE.
```

전체적으로 에러 체크, 활성화를 하고 프로그램을 수행해 보세요.

추가 연수 나가겠습니다. 프로그램의 난이도가 올라갔으니 조금 쉽게 가겠습니다. 운항 일정(SPFLI) 테이블을 바탕으로 항공사 테이블을 조인해서 항공사명을 같이 보여 주는 프로그램을 작성해 보겠습니다. 두 테이블 간의 관계는 다음 그림과 같습니다.

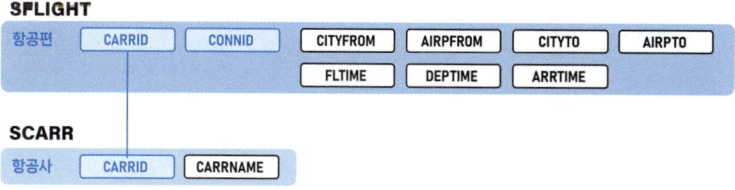

## 실전 프로그램

■ 운항 일정 조회 – 조회 화면

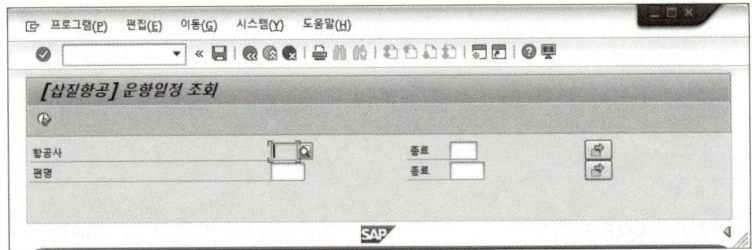

■ 운항 일정 조회 – 결과 화면

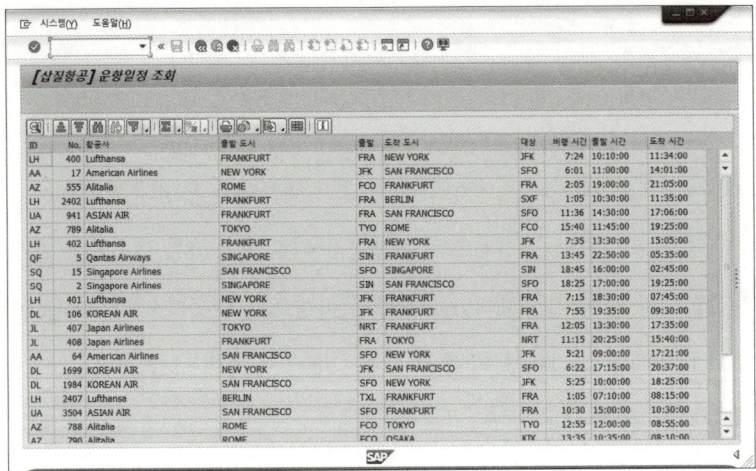

■ 운항 일정 조회 프로그램 소스코드

### ZSAPA03_1

```
REPORT zsapa03_1.
TABLES : spfli, scarr.

DATA: g_container TYPE REF TO cl_gui_custom_container.
DATA: g_grid      TYPE REF TO cl_gui_alv_grid.
```

```abap
DATA: g_docking   TYPE REF TO cl_gui_docking_container.

SELECT-OPTIONS : s_carrid FOR spfli-carrid,
                 s_connid FOR spfli-connid.

START-OF-SELECTION.
  SELECT a~carrid, a~connid, b~carrname, a~cityfrom,
         a~airpfrom, a~cityto, a~airpto,
         a~fltime, a~deptime, a~arrtime
    FROM spfli AS a INNER JOIN scarr AS b
                    ON a~carrid = b~carrid
   WHERE a~carrid IN @s_carrid
     AND a~connid IN @s_connid
    INTO TABLE @DATA(gt_flights).

END-OF-SELECTION.
  CALL SCREEN 100.

MODULE status_0100 OUTPUT.
  SET PF-STATUS '0100'.
  SET TITLEBAR '0100'.
ENDMODULE.

MODULE pbo_0100 OUTPUT.
  CREATE OBJECT g_docking
    EXPORTING
      repid     = sy-repid
      dynnr     = sy-dynnr
      side      = g_docking->dock_at_left
      extension = 1800.

  CREATE OBJECT g_grid
    EXPORTING
      i_parent = g_docking.

  DATA : ls_fieldcat TYPE lvc_s_fcat,
         lt_fieldcat TYPE lvc_t_fcat.
```

```abap
CLEAR ls_fieldcat.
ls_fieldcat-fieldname = 'CARRID'.
ls_fieldcat-ref_table = 'SFLIGHT'.
ls_fieldcat-ref_field = 'CARRID'.
APPEND ls_fieldcat TO lt_fieldcat.

CLEAR ls_fieldcat.
ls_fieldcat-fieldname = 'CONNID'.
ls_fieldcat-ref_table = 'SFLIGHT'.
ls_fieldcat-ref_field = 'CONNID'.
APPEND ls_fieldcat TO lt_fieldcat.

CLEAR ls_fieldcat.
ls_fieldcat-fieldname = 'CARRNAME'.
ls_fieldcat-ref_table = 'SCARR'.
ls_fieldcat-ref_field = 'CARRNAME'.
APPEND ls_fieldcat TO lt_fieldcat.

CLEAR ls_fieldcat.
ls_fieldcat-fieldname = 'CITYFROM'.
ls_fieldcat-ref_table = 'SPFLI'.
ls_fieldcat-ref_field = 'CITYFROM'.
APPEND ls_fieldcat TO lt_fieldcat.

CLEAR ls_fieldcat.
ls_fieldcat-fieldname = 'AIRPFROM'.
ls_fieldcat-ref_table = 'SPFLI'.
ls_fieldcat-ref_field = 'AIRPFROM'.
APPEND ls_fieldcat TO lt_fieldcat.

CLEAR ls_fieldcat.
ls_fieldcat-fieldname = 'CITYTO'.
ls_fieldcat-ref_table = 'SPFLI'.
ls_fieldcat-ref_field = 'CITYTO'.
APPEND ls_fieldcat TO lt_fieldcat.

CLEAR ls_fieldcat.
```

```abap
    ls_fieldcat-fieldname = 'AIRPTO'.
    ls_fieldcat-ref_table = 'SPFLI'.
    ls_fieldcat-ref_field = 'AIRPTO'.
    APPEND ls_fieldcat TO lt_fieldcat.

    CLEAR ls_fieldcat.
    ls_fieldcat-fieldname = 'FLTIME'.
    ls_fieldcat-ref_table = 'SPFLI'.
    ls_fieldcat-ref_field = 'FLTIME'.
    APPEND ls_fieldcat TO lt_fieldcat.

    CLEAR ls_fieldcat.
    ls_fieldcat-fieldname = 'DEPTIME'.
    ls_fieldcat-ref_table = 'SPFLI'.
    ls_fieldcat-ref_field = 'DEPTIME'.
    APPEND ls_fieldcat TO lt_fieldcat.

    CLEAR ls_fieldcat.
    ls_fieldcat-fieldname = 'ARRTIME'.
    ls_fieldcat-ref_table = 'SPFLI'.
    ls_fieldcat-ref_field = 'ARRTIME'.
    APPEND ls_fieldcat TO lt_fieldcat.

    CALL METHOD g_grid->set_table_for_first_display
      CHANGING
        it_fieldcatalog = lt_fieldcat
        it_outtab       = gt_flights[].
ENDMODULE.

MODULE exit INPUT.
  CASE sy-ucomm.
    WHEN 'BACK'.
      LEAVE TO SCREEN 0.
    WHEN 'EXIT' OR 'CANC'.
      LEAVE PROGRAM.
  ENDCASE.
ENDMODULE.
```

# 패턴 활용하기

클래스와 메서드Method를 사용하면서 이걸 다 외워서 코딩해야 할까 의아하지 않으셨나요? SAP는 다 계획이 있습니다. 패턴이라는 기능을 제공합니다.

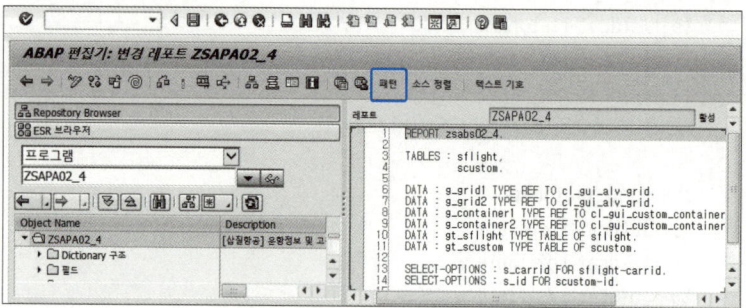

수정 모드에서 그림에 표시된 패턴Pattern 버튼을 클릭하거나 단축키인 Ctrl+F6을 누릅니다. 팝업이 나타납니다.

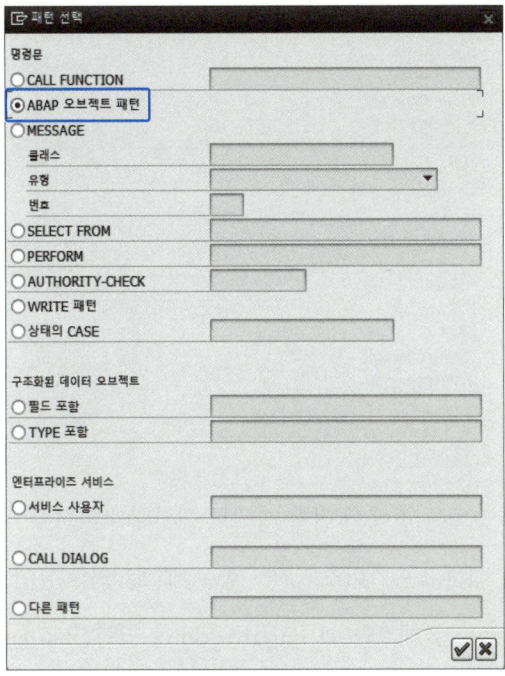

다양한 패턴을 선택할 수 있는 창이 나타납니다. 객체를 생성하고 메서드를 사용할 것이므로 ABAP 오브젝트 패턴ABAP Objects Patterns을 선택하고 [Enter]를 누릅니다. 다시 팝업이 나타납니다.

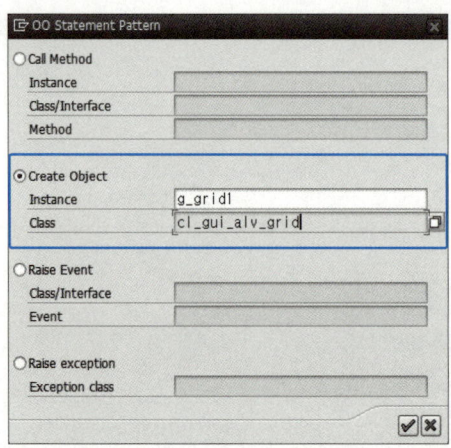

여러 라디오 버튼 중에서 먼저 객체를 생성해야 하므로 두 번째 라디오 버튼을 선택하고 인스턴스Instance 항목에 객체의 이름인 'g_grid1'을 입력하고 참조할 클래스인 'cl_gui_alv_grid'를 입력한 후 [Enter]를 누릅니다. 그러면 다음의 코드가 자동으로 생성됩니다.

```
48
49    CREATE OBJECT g_grid1
50      EXPORTING
51 *       i_shellstyle       = 0
52 *       i_lifetime         =
53         i_parent           =
54 *       i_appl_events      = SPACE
55 *       i_parentdbg        =
56 *       i_applogparent     =
57 *       i_graphicsparent   =
58 *       i_name             =
59 *       i_fcat_complete    = SPACE
60 *       o_previous_sral_handler =
61 *     EXCEPTIONS
62 *       error_cntl_create  = 1
63 *       error_cntl_init    = 2
64 *       error_cntl_link    = 3
65 *       error_dp_create    = 4
66 *       others             = 5
67     .
68     IF sy-subrc <> 0.
69 *     MESSAGE ID SY-MSGID TYPE SY-MSGTY NUMBER SY-MSGNO
70 *              WITH SY-MSGV1 SY-MSGV2 SY-MSGV3 SY-MSGV4.
71     ENDIF.
72
```

사용할 부분만 주석을 풀고 필요하지 않은 부분은 삭제해서 사용하면 됩니다. 객체는 잘 생성되었습니다. 이번에는 메서드Method를 패턴으로 생성해보겠습니다.

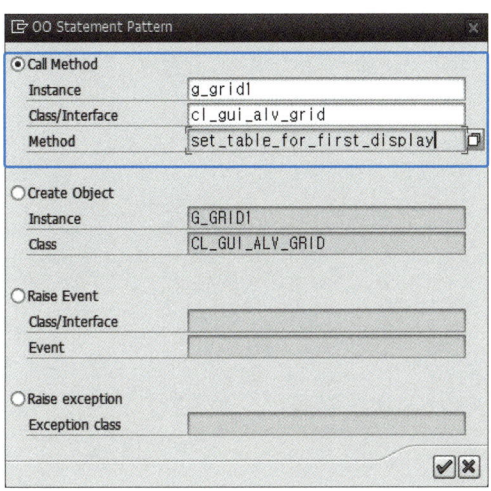

사용법은 동일합니다. 이번에는 Call Method 라디오 버튼을 선택하고 마지막 세 번째 박스에 메서드명인 "set_table_for_first_display"를 입력하고 Enter 를 누릅니다. 이번에는 좀 더 복잡하고 긴 코딩을 자동으로 생성해줄 겁니다. 미찬가지로 필요한 부분은 주석을 헤제히고 필요 없는 부분은 삭제하시면 됩니다. 다른 패턴들도 한번씩 시도해 보세요.

# 04 클래스를 이용한 이벤트 처리

## 예약 현황 조회 팝업

예약 현황 조회 프로그램을 업그레이드해보겠습니다. 결과 화면을 보면 일등석, 비즈니스석, 일반석에 대한 정원과 이미 예약된 숫자를 보여주고 있습니다. 여기서 관리자는 이미 예약된 좌석을 어떤 사람들이 언제 예약했는지 보고 싶을 겁니다.

그림과 같이 첫 번째 라인의 아무 곳에나 커서를 두고 더블클릭하면 팝업 형태로 어떤 고객들이 해당 항공편의 좌석을 예약했는지 보여 주는 상세 화면이 보입니다. 보기에는 간단합니다. 하지만 프로그램에서 구현하려면 꽤 험난한 과정을 거쳐야 합니다. 이벤트 처리라는 고난이도의 개념을 이해해야 하고, 그 과정에서 클래스의 두 가지 유형인 글로벌 클래스Global class와 로컬 클래스Local class의 차이도 알아야 합니다.

## 코너킥 사인과 이벤트 처리

"손흥민 선수, 코너킥 찰 준비를 합니다. 오른손을 번쩍 들었네요. 어떤 사인일까요?"

축구팬이라면 익숙한 중계 멘트입니다. 코너킥은 한 경기에서 열 번 내외로 나오고 코너킥을 찰 때마다 선수들은 보통 오른손이나 왼손을 들거나, 가끔 양손을 번쩍 들기도 합니다. 그러면 같은 팀원들이 코너킥을 차는 선수가 어느 곳으로 공을 찰지 미리 알고 움직입니다. 갑자기 뜬금없이 축구 이야기를 왜 했을까요? 이번 장에서 구현할 이벤트 처리 개념이 이 상황과 유사하기 때문입니다. 코너킥을 포함한 세트피스(코너킥이나 프리킥 같이 정지 상태에서 공을 처리하는 것) 작전은 한 경기에 보통

3~4개를 미리 준비한다고 합니다. 만약 3개의 세트피스 작전을 정했다면 경기 중에 1번부터 3번을 상대팀은 모르고 우리 팀만 아는 사인으로 알려줘야 하겠지요. 넓은 경기장에서 우리팀이 다 인지하기 위해서는 동작이 커야 합니다. 그렇다 보니 사인으로 주로 쓰이는 세 가지 동작이 있습니다. 오른손 들기, 왼손 들기, 양손 들기입니다. 프로그램 세상에서는 이 세 가지 동작을 '이벤트'라 합니다.

  그럼 이벤트에 따라 어떤 작전을 쓸지 정해야겠죠. 코너킥에 한정해 생각해 보면 골문 쪽으로 짧게 차거나, 중간 정도로 차거나, 먼 쪽으로 차는 세 가지 유형이 있습니다. 이에 더해 높이도 낮게, 중간으로, 높게 차는 세 가지 선택이 있습니다. 두 가지를 조합하면 9가지가 나오겠죠. 이 중에 이번 경기에서는 세 가지를 뽑아서 준비하는 거죠. 예를 들어 오른손을 들면 코너킥을 차는 선수가 가까운쪽 골문으로 낮고 빠르게 찬다고 약속하는 거죠. 코너킥을 차는 선수만 잘하면 되나요? 코너킥을 차기 전에 손을 드는 사인을 미리 보내는 것은 나머지 9명의 선수도 공을 차는 순간에 약속된 플레이가 있기 때문입니다. 어떤 선수는 골키퍼를 불편하게 하고, 몇몇 선수는 수비수를 방해하고, 슛을 때릴 선수는 유리한 곳을 선점하기 위해 이리저리 움직이겠죠. 그리고 이런 약속과 실행이 매 경기마다 준비되고 실행되는 겁니다. 축구 감독도 쉬운 일은 아니겠네요.

  프로그램으로 돌아가 보겠습니다. 언제 예약 상세 리스트 팝업 화면이 나타납니까? 예약 현황 화면에서 내가 라인 하나를 선택하고 그 라인에 있는 하나의 필드를 더블클릭할 때입니다. 코너킥 세트피스에 비유하면 손흥민 선수가 오른손을 번쩍 드는 행위에 해당하죠. 이 순간을 프로그램 기술자들은 '이벤트$^{Event}$'라고 부릅니다. 오른손을 들면 키커(공을 차는 사람)는 가까운 골문으로 낮고 빠르게 공을 차고, 나머지 선수들도 작전에 미리 정해진 대로 움직입니다.

| 이벤트 | 이벤트 처리 | | |
|---|---|---|---|
| | 키커(kicker) | A선수 | B선수 |
| 오른손 들기 | 가까운쪽 골문으로 낮게 | 수비수를 방해한다 | 헤딩슛을 한다 |
| 왼손 들기 | 먼쪽 골문으로 높게 | 헤딩으로 공을 떨어뜨린다 | 슛을 한다 |
| 양손 들기 | 먼쪽 골문으로 낮게 | 키커쪽으로 나가며 공간 확보 | 헤딩슛을 한다 |

프로그램에서는 선택된 항공편의 예약 상세 리스트를 팝업 화면에 출력하는 것이 미리 정해진 작전에 해당합니다. 감이 오시나요? 손흥민 선수가 오른쪽 손을 드는 것이 '이벤트'입니다. 그리고 '작전'에 해당하는 것을 '이벤트 처리'라고 합니다. 우리 프로그램에서는 마우스를 예약 화면의 특정한 라인에 두고 더블클릭하는 것이 '이벤트'에 해당하고 선택된 항공편이 가진 예약 상세 리스트를 팝업 화면에 띄워주는 것이 '이벤트 처리'에 해당합니다.

| 이벤트 | 이벤트 처리 | | |
|---|---|---|---|
| | ALV 객체 | 트리 객체 | 버튼 객체 |
| 더블클릭 | 상세 리스트를 팝업으로 보여준다. | 노드 하위를 펼쳐 준다. | 연결된 프로그램을 실행한다. |
| 마우스 오른쪽 버튼 클릭 | 단축 메뉴(Context menu)를 연다. | 단축 메뉴(Context menu)를 연다. | 단축 메뉴(Context menu)를 연다. |

'더블클릭'과 '마우스 오른쪽 버튼 클릭' 같은 이벤트는 어느 정도 정해진 것들이겠죠. 반면 이벤트가 발생하면 객체들이 처리하는 일은 객체마다 다르고 프로그램마다 달라집니다. 마치 이번 주말 경기에서 오른손을 들고 각 선수가 해야 할 움직임이 달라지는 것처럼요. 그래서 이벤트는 미리 글로벌 클래스Global class에서 정의해두고 반복적으로 사용합니다. 반면 이벤트 처리는 프로그램의 용도에 따라 프로그램마다 달라질 수 있습니다. 그렇다 보니 프로그램 안에서 정의하는 로컬 클래스Local class에서 정의하고 구현해 줍니다.

## ALV Grid 클래스에서 이벤트 찾아보기

코너킥 차기 직전에 '오른손 들기'에 해당하는 '더블클릭' 이벤트는 어디에 등록되어 있을까요? 그건 이벤트가 일어나는 객체를 생각해 보면 됩니다.

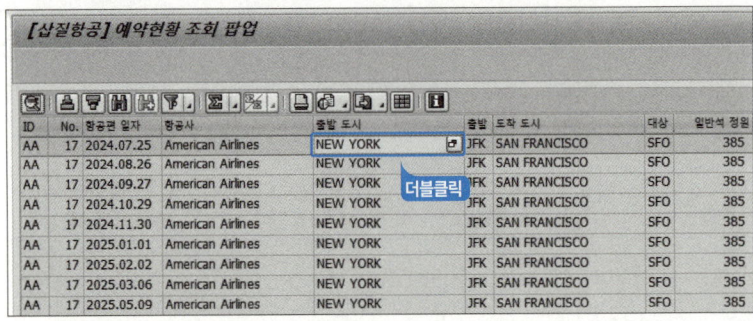

더블클릭을 하는 곳은 예약 현황 조회 화면의 ALV Grid입니다. 이 객체를 만들기 위해 참조한 'CL_GUI_ALV_GRID' 클래스를 트랜잭션 코드 'SE24'에서 조회합니다.

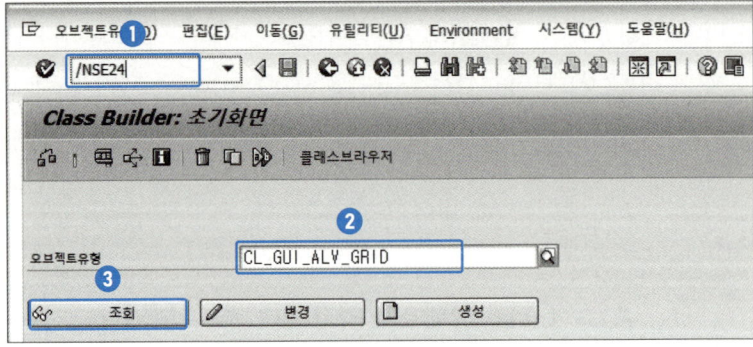

여러 탭이 나옵니다. ❶번 이벤트Events 탭을 클릭합니다.

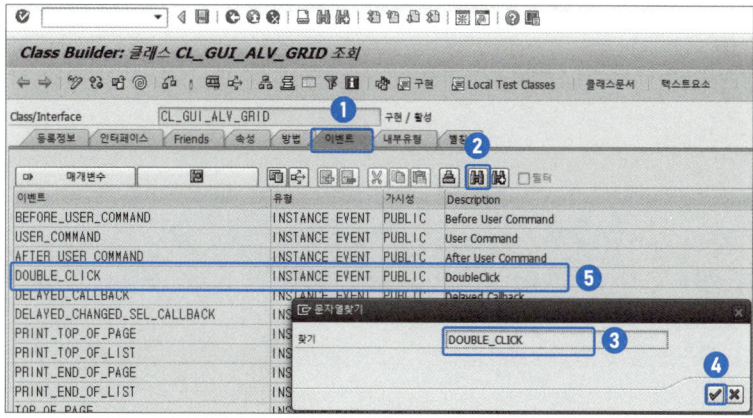

생각보다 많은 이벤트가 등록되어 있습니다. 더블클릭 이벤트가 잘 보이지 않으시면 ❷번의 찾기 버튼(🔍, Find)을 클릭합니다. ❸번 팝업에서 필드에 "DOUBLE_CLICK"를 입력하고 ❹번 계속 버튼(✓, Continue)을 클릭합니다. ❺번 항목을 찾을 때까지 다음 찾기 버튼(🔎, Find Next)을 클릭합니다.

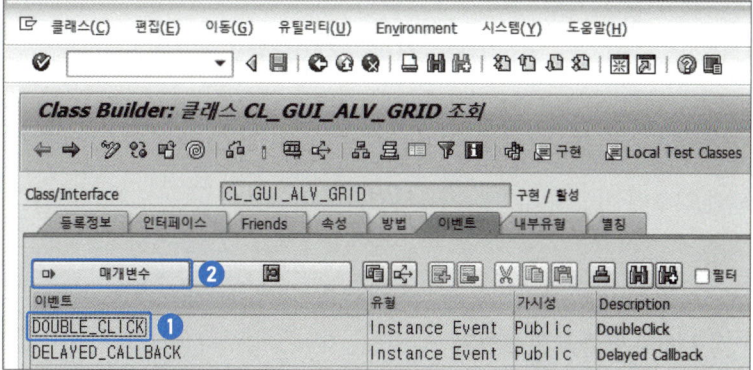

해당 이벤트에 커서를 두고 표시된 매개변수(Parameters) 버튼을 클릭합니다. 더블클릭 이벤트가 사용할 수 있는 매개변수에 대한 정보가 나옵니다.

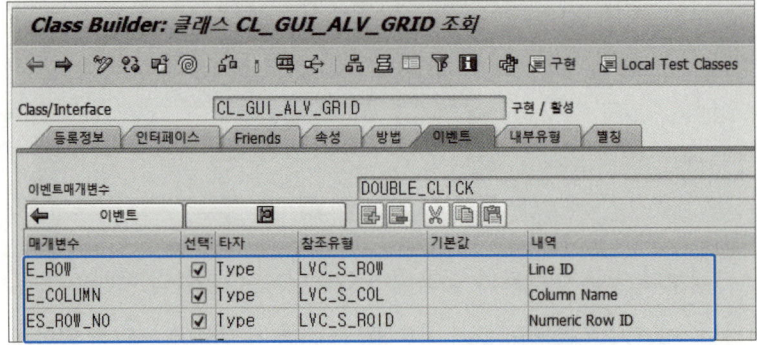

매개변수는 나중에 요긴하게 쓰게 됩니다. 여기서는 이렇게 확인할 수 있다는 것만 알고 넘어가겠습니다.

## 로컬 클래스 만들기

'ZSAPA03' 프로그램을 복사하여 'ZSAPA04'를 만듭니다. 여러 번 해봤으니 더 이상의 설명은 거부하겠습니다.

### 1 이벤트 핸들러 등록하기

ALV Grid의 이벤트는 클래스에서 확인했습니다. 이제 이 이벤트에 반응할 선수들을 등록해야 합니다. 운동장에는 우리 팀만 있는 게 아닙니다. 심판도 있고, 관중도 있고, 제일 중요한 상대팀도 있습니다. 모든 사람들이 우리팀의 사인에 반응하면 곤란하죠. 특히 상대팀이 반응하는 건 재앙입니다. 그래서 '오른팔 들기' 이벤트에 반응할 선수들을 등록해 줘야 합니다. 그 행위를 이벤트 핸들러Event handler 메서드 등록이라 합니다.

> **이벤트 핸들러 메서드 등록**
>
> SET HANDLER g_event_handler->handle_double_click FOR g_grid.

코드를 해석해보겠습니다. 'SET HANDLER'는 선수를 등록한다는 거죠. 선수는 g_grid라는 ALV Grid 객체입니다. 이 선수가 해야 될 행위는 'g_event_handler' 객체의 'handle_double_click'이라는 메서드에 정의되어 있겠네요. 이 코드의 위치는 어디일까요? ALV Grid를 출력하기 전에 등록이 되어 있어야 할 테니 'set_table_for_first_display' 메서드를 호출하기 전에 두면 됩니다. 코딩을 하셨다면 '점검' 버튼을 눌러 에러 체크를 해보세요.

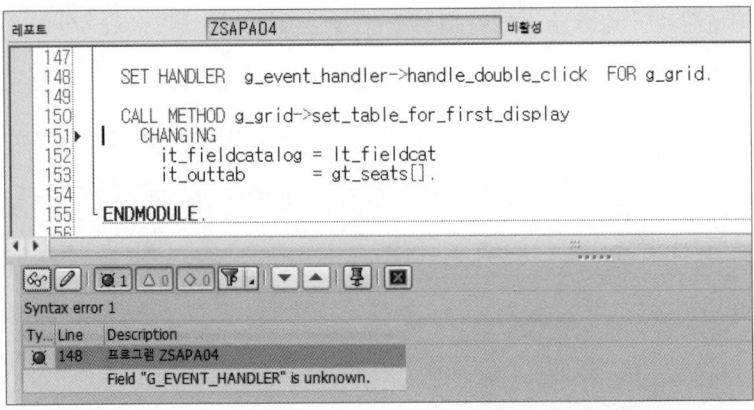

'G_EVENT_HANDLER' Type을 알 수 없다는 에러가 출력됩니다. 우리가 뭘 빠뜨렸을까요? 일단 바로 생각나는 것이 'g_event_handler' 객체를 사용했는데 생성(CREATE)을 해주지 않았습니다. 그것만 안 했을까요? 이 객체가 참조할 클래스를 만들고 선언하지 않았습니다. 아직 정의하지 않은 그 클래스가 ALV Grid 선수가 수행해야 할 작전을 정의한 로컬 클래스입니다.

**글로벌 클래스**Global class**와 로컬 클래스**Local class

지금까지 우리가 경험했던 클래스 사용법은 SAP에서 미리 만들어 놓은 ALV 클래스 (CL_GUI_ALV_GRID)나 도킹 컨테이너(CL_GUI_DOCKING_CONTAINER)를 참조해 객체를 만들어 바로 사용하는 것이었습니다. 그런데 가끔은 우리가 직접 클래스를 만들어 사용해야 할 때도 있습니다.

ABAP에서 클래스는 글로벌 클래스와 로컬 클래스의 두 가지 유형으로 나눠집니다. 앞에서 계속 사용했던 글로벌 클래스는 ABAP에서 제공하는 툴인 클래스 빌더(Class Builder, T-code: SE24)를 이용해 만드는 클래스를 지칭합니다. 반면 로컬 클래스는 프로그램 안에서 정의된 클래스를 말합니다. 당연히 SAP가 사용할 수 있도록 제공하는 클래스들은 모두 글로벌 클래스입니다. 그렇다면 사용자는 글로벌 클래스를 만들 수 없을까요? 만들 수 있습니다. 프로그램과 동일하게 'Y'나 'Z'로 시작하는 글로벌 클래스를 만들 수 있습니다. 글로벌 클래스와 로컬 클래스의 차이는 사용범위에 있습니다. 글로벌 클래스는 생성되는 순간 자동으로 ABAP repository라 불리는 공용 저장소에 저장되기 때문에 모든 ABAP 프로그램에서 사용할 수 있습니다. 반면 로컬 클래스는 해당 클래스가 선언된 프로그램에서만 사용할 수 있습니다.

지금까지 조회해 봤던 글로벌 클래스는 'SE24'를 통해 조회하고 필요하면 'Y'나 'Z'로 시작하는 글로벌 클래스를 만들 수 있습니다. 그래서 클래스를 정의하기 위한 소스코딩을 배울 필요가 없었지요. 하지만 지금부터 만들어볼 로컬 클래스는 내가 작성하는 프로그램에서 직접 소스코딩을 통해 만들어야 합니다. 클래스 정의는 어디서 해야 할까요? 크게 보면 클래스도 하나의 데이터 유형이므로 변수 선언부분에서 하면 됩니다. 일반적인 변수와 다른 점은 클래스의 경우, 정의Definition만하면 되는 것이 아니라, 구현Implementation도 쌍으로 해줘야 한다는 점입니다. 새로운 로컬 클래스를 정의하고 구현하는 문법은 다음과 같습니다.

```
CLASS <클래스명> DEFINITION.
- 속성(Attribute) 정의
- 메서드(Method) 정의
ENDCLASS.
```

```
CLASS <클래스명> IMPLEMENTATION.
- 메서드(Method) 구현
ENDCLASS.
```

<클래스명>은 'LCL_EVENT_HANDLER'로 하겠습니다. 'LCL_EVENT_HANDLER' 클래스의 속성과 메서드를 정의해야겠죠. 여기서는 속성은 정의하지 않고 이벤트 핸들러 메서드인 'handle_double_click' 하나만 정의하겠습니다. 메서드를 정의하는 방식도 클래스와 비슷합니다.

```
METHODS <메서드명>
    IMPORTING  <파라미터명>
    EXPORTING  <파라미터명>
    CHANGING   <파라미터명>.
```

메서드명에 'handle_double_click'를 넣고 아래에는 이 메서드가 주고받을 파라미터를 넣어 줍니다. 어떤 파라미터가 들어갈지 대충 감이 오시죠. 앞에서 'CL_GUI_ALV_GRID' 클래스의 'DOUBLE_CLICK' 이벤트가 가진 파라미터와 연관이 있을 것 같지 않으세요? 여기서 하나 더 고려할 점은 지금 우리가 정의하고자 하는 메서드가 일반적인 메서드가 아니라는 점입니다. 우리가 만들려는 메서드는 이벤트 핸들러 메서드입니다. 따라서 어떤 이벤트에 반응하는 것인지를 지정해줘야 하겠지요. 그래서 메서드 이름 옆에 조건이 좀 더 붙습니다.

```
METHODS handle_double_click
    FOR EVENT double_click OF cl_gui_alv_grid
```

해석이 되시나요? 'cl_gui_alv_grid' 클래스에 있는 'double_click' 이벤트를 위한 이벤트 핸들러 메서드 'handle_double_click'를 정의한다는 뜻입니다. 여기에 'IMPORTING' 파라미터 3개를 정의합니다. 이제 다 합쳐서 새로운 로컬 클래스Local class의 정의부Definition를 구성해보겠습니다.

**로컬 클래스 'lcl_event_handler' 정의**

```
CLASS lcl_event_handler DEFINITION.
  PUBLIC SECTION.
    METHODS handle_double_click
        FOR EVENT double_click OF cl_gui_alv_grid
        IMPORTING e_row
                  e_column
                  es_row_no.
ENDCLASS.
```

이미 익숙한 문법이시죠? 그런데 한 줄이 생소합니다. 'PUBLIC SECTION.' 구문은 방금 정의한 'handle_double_click' 메서드가 공용 메서드Public method라는 의미입니다. 큰 제약 없이 호출해 사용할 수 있는 메서드 정도로 이해하세요.

 **PUBLIC vs. PROTECTED vs. PRIVATE**

클래스를 정의할 때 속성과 메서드의 영역을 정해줘야 합니다. 보통 3개의 영역 중 하나에 속하게 됩니다. 이름 그대로 PUBLIC SECTION에 포함된 속성과 메서드는 어떤 클래스도 사용할 수 있습니다. 대신 보안성이 떨어지겠지요. 반면 PRIVATE SECTION에 포함된 속성과 메서드는 자신과 친구(FRIEND) 클래스에서만 사용할 수 있습니다. PROTECTED SECTION은 그 사이에 있습니다. 기술적으로 설명하면 자신과 자신을 상속Inheritance한 클래스에서 사용할 수 있습니다.

### 2 이벤트가 수행할 작업 구현하기

클래스를 정의했으니 끝났을까요? 생각해 보니 아직 이벤트가 발생하면 뭘 하라는 것을 정하지 않았습니다. 로컬 클래스를 정의만 했지, 구현을 하지 않았기 때문입니다. 정의 부분에서는 속성과 메서드를 정의하기만 했습니다. 'lcl_event_handler' 클래스는 속성도 없었기 때문에 'handle_double_click' 메서드만 'PUBLIC SECTION' 영역에 하나 정의했지요. 그래서 구현부에서도 'handle_double_click' 메서드에서 수행할 사항만 구현하면 됩니다. 문법은 이렇습니다.

```
METHOD <메서드명>.
-작전 구현
ENDMETHOD.
```

'handle_double_click' 메서드에서 구현할 작전 내용은 무엇인가요? 이벤트가 발생했을 때 선택된 라인의 정보에 해당하는 예약 상세 정보를 조회해 보여 주는 것입니다. 이걸 좀 나눠서 생각해 보면 해야 할 일은 세 가지입니다. 첫째, 더블클릭 이벤트가 발생했을 때 선택된 라인의 정보를 가져와야 합니다. 둘째, 그 정보를 이용하여 예약 테이블(SBOOK)에서 원하는 정보를 추출해야 합니다. 셋째, 팝업 화면에서 ALV Grid 리스트 형태로 추출된 정보를 출력해야 합니다.

### 2-1 더블클릭된 라인 정보 가져오기

예약 현황을 가지고 있는 내부 테이블Internal table에서 선택된 라인만 읽어와서 임시저장소(구조체: gs_seats)에 넣어 주면 됩니다. 이런 문법이 되겠네요.

```
READ TABLE gt_seats INTO gs_seats INDEX e_row-index.
```

해석을 해 보면 'gt_seats' 내부 테이블을 읽습니다. 다 읽는 것이 아니라 'e_row-index' 줄INDEX에 해당하는 것만 읽으세요. 그리고 그 줄의 정보를 'gs_seats' 구조체에 넣어 주세요. 이런 명령입니다. 어질어질 하시죠. 조금 자세히 설명할게요. 프로그램 내부적으로 'gt_seats' 내부 테이블은 다음과 같은 필드와 값을 가집니다. 예약 현황 화면의 결과와 동일한 구조와 값을 가지고 있지요. 총 14개의 필드가 있지만 지면 관계상 뒤에 있는 필드는 일부 생략했습니다.

제 프로그램의 'gt_seats' 내부 테이블에는 총 26라인의 데이터가 있습니다. 그 중에 현황 조회 화면에서 그림처럼 세 번째 라인을 더블클릭했습니다. 그걸 프로그램에게 어떻게 알려야 할까요? 'lcl_event_handler' 클래스를 정의할 때 'handle_double_click' 메서드가 가졌던 파라미터를 기억하세요? 제가 나중에 요긴하게 쓰일 거라 말씀드렸었죠.

메서드 'handle_double_click' 정의

```
METHODS handle_double_click
    FOR EVENT double_click OF cl_gui_alv_grid
    IMPORTING e_row
              e_column
              es_row_no.
```

'IMPORTING' 파라미터 3개 중에 우리가 필요한 것은 'e_row' 파라미터입니다. 이 파라미터의 근원은 어딘가요? 'handle_double_click' 메서드는 일반적인 메서드가 아니었습니다. 'cl_gui_alv_grid'의 'double_click' 이벤트를 위한 이벤트 핸들러 메서드입니다. 따라서 'e_row' 파라미터의 정체는 저기로 가서 밝혀야 합니다. 트랜잭션 코드 'SE24'로 가서 [이벤트] 탭을 확인해 보겠습니다.

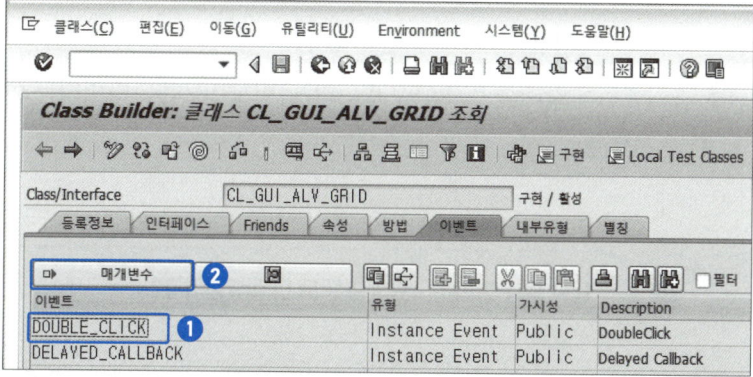

'DOUBLE_CLICK' 이벤트에 커서를 두고 매개변수Parameters 버튼을 클릭합니다.

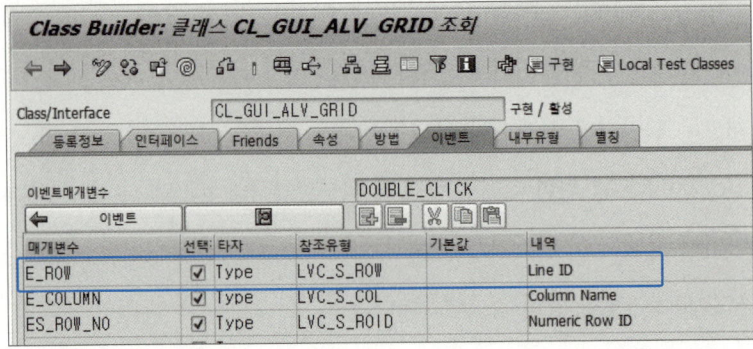

익숙한 파라미터가 보이시죠. 그 중에서 우리가 필요한 것은 몇 번째 줄을 클릭했는지 알려줄 'E_ROW'입니다. 나머지 2개의 파라미터는 이번 프로그램에서는 필요가 없습니다.

 **필요 없는 파라미터도 정의할 때 다 필요한가요?**

이벤트 핸들러 메서드 'handle_double_click'을 정의할 때 파라미터 3개를 전부 표기했습니다. 물론 필요한 'e_row'만 정의해도 됩니다. 하지만 추가로 두 파라미터의 값이 필요해 지기도 하기 때문에 습관적으로 다 정의해두곤 합니다.

그런데 이상합니다. 우리 코드를 보면 'e_row'에 값을 바로 지정하지 않았습니다. 'e_row-index'라 입력했습니다. 'index'는 어디서 나타났을까요? 오른쪽에 있는 'LVC_S_ROW'를 더블클릭해 보세요.

# 04 클래스를 이용한 이벤트 처리

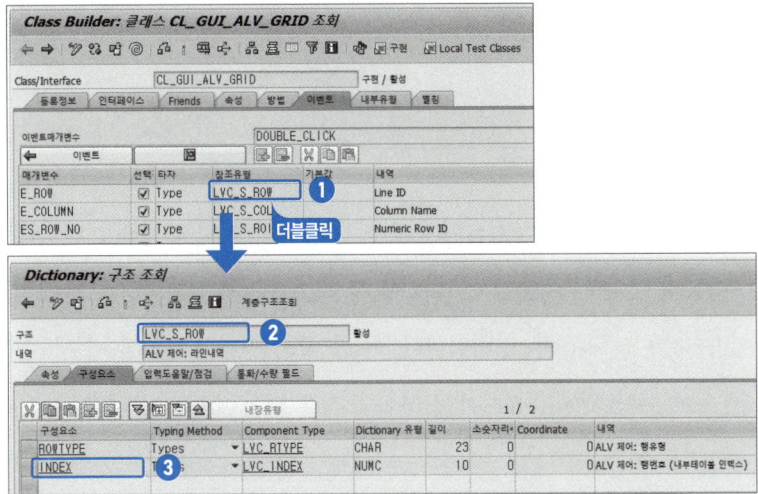

'e_row'가 필드가 아니었네요. 'LVC_S_ROW' Type의 구조체였습니다. 이 구조체는 2개의 필드를 가지는데 우리가 필요한 정보는 'INDEX' 필드가 가지고 있습니다. 그래서 우리 코드에서 'e_row-index'를 넣어줬던 겁니다.

```
READ TABLE gt_seats INTO gs_seats INDEX e_row-index.
```

이제 이 구문의 뒷부분인 'e_row-index'가 이해되시죠? 디버깅 모드에서 값을 확인해 보면 'e_row-index' 값을 다음과 같이 확인할 수 있습니다.

233

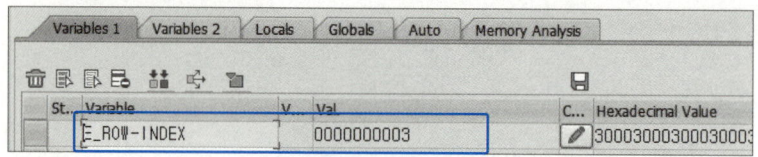

값으로 '3'을 가지고 있습니다. 전체 구문을 합쳐서 해석해 보면 내부 테이블의 세 번째 줄을 읽어서(READ TABLE gt_seats) 임시저장소 안에 넣어라(INTO gs_seats)는 명령입니다. 이 한 줄의 명령이 제대로 수행되면 'gs_seats' 구조체(Structure)에는 다음과 같은 값들이 담길 겁니다.

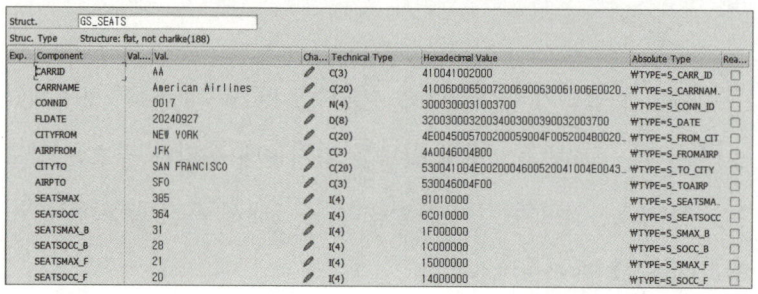

더블클릭할 때 선택된 세 번째 라인의 정보 14개 필드를 아름답게 가져왔습니다. 이제 뭘 해야 하죠?

### 2-2 예약 정보에서 데이터 추출하기

'gs_seats' 구조체 정보를 기반으로 예약 테이블(SBOOK)의 정보를 추출해야 합니다. 만약 OpenSQL문을 자동으로 만들어 주는 인공지능 서비스가 있다면 이렇게 말하면 됩니다. "American Airlines(AA) 0017편

중에 2024년 9월 27일에 출발하는 항공편의 예약 정보를 보여 줘."

우리에겐 아직 그런 인공지능이 없으니 성실하게 OpenSQL문을 작성해 보죠.

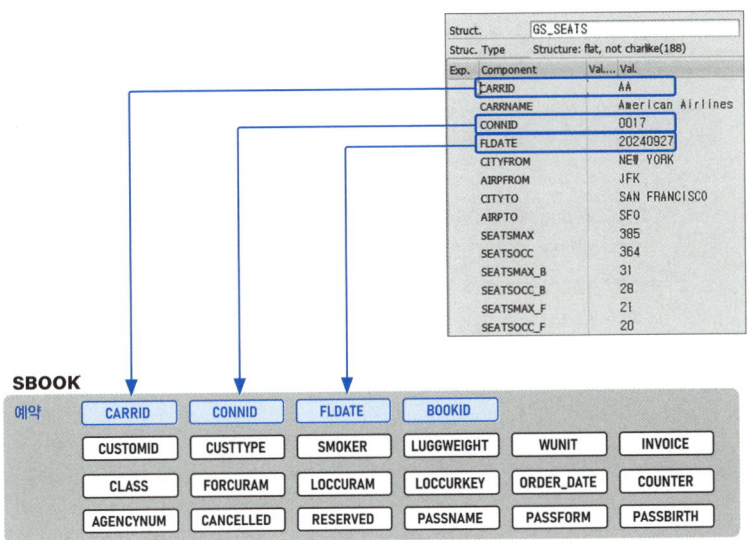

'gs_seats'와 'SBOOK' 테이블의 연관관계는 그림과 같습니다. 'WHERE' 절이 바로 떠오르시죠. 'SBOOK' 테이블의 키필드인 'carrid', 'connid', 'fldate'를 'gs_seats'의 동일한 세 필드와 비교하는 구문입니다.

```
WHERE carrid = @gs_seats-carrid
  AND connid = @gs_seats-connid
  AND fldate = @gs_seats-fldate.
```

이렇게 필드끼리 비교한 데이터를 어디서 가져오나요? 'sbook' 테이블(FROM sbook)에서 가져옵니다. 가져왔으면 어딘가에 넣어야겠지요. 넣어줄 내부 테이블 'lt_sbook'을 묵시적으로 선언해 바로 넣어 줍니다(INTO TABLE @DATA(lt_sbook)). 'sbook'의 모든 필드(SELECT *)를 대상으로 하니 전부를 의미하는 '*'를 입력합니다. 합치면 이런 형태가 됩니다.

**예약 상세정보 조회를 위한 쿼리문**

```
SELECT *
    INTO TABLE @DATA(lt_sbook)
    FROM sbook
    WHERE carrid = @gs_seats-carrid
      AND connid = @gs_seats-connid
      AND fldate = @gs_seats-fldate.
```

### 2-3 팝업 화면에서 ALV Grid 리스트 출력

쿼리문이 정상적으로 잘 작동되었는지 어떻게 확인했었나요? 'sy-subrc' 시스템 필드가 있었습니다. 값이 '0'이 나오면 정상적으로 쿼리문이 동작한 거였죠. 다음과 같은 패턴으로 로직을 구성하면 되겠죠.

```
IF sy-subrc = 0.
" ALV Grid 팝업출력
ENDIF.
```

ALV Grid를 팝업으로 구현하는 방법은 여러 가지가 있습니다. 이번에는 'CL_SALV_TABLE' 클래스를 사용해 보겠습니다. 이런 형태가 되겠네요.

**예약 상세정보 조회를 위한 쿼리문**

```abap
IF sy-subrc = 0.
  DATA : g_table TYPE REF TO cl_salv_table.

  CALL METHOD cl_salv_table=>factory
    IMPORTING
      r_salv_table = g_table
    CHANGING
      t_table      = lt_sbook[].

  g_table->set_screen_popup( start_column = 10
                             end_column   = 150
                             start_line   = 10
                             end_line     = 25 ).

  g_table->display( ).
ENDIF.
```

이제 팝업을 띄워야 합니다. 그걸 가능하게 해주는 메서드가 있는지 확인해봐야겠습니다. 트랜잭션 코드 'SE24'로 가서 'CL_SALVTABLE' 클래스를 조회합니다. 눈을 크게 뜨시고 팝업 비슷한 느낌이 드는 메서드를 찾으세요.

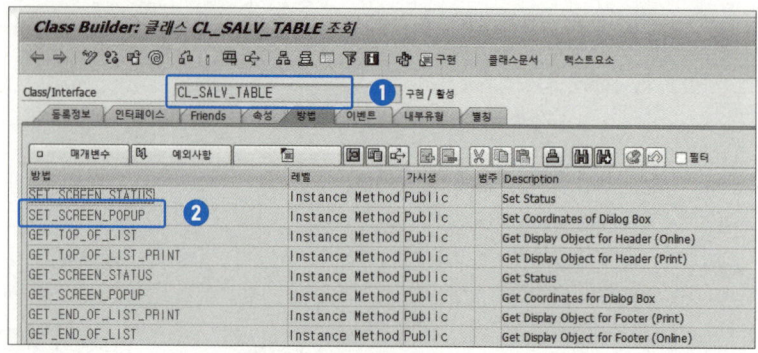

중간 즈음에 'SET_SCREEN_POPUP' 메서드가 보입니다. 찾으셨으면 뭘 확인해야 하나요? 파라미터를 확인해야죠. 'SET_SCREEN_POPUP' 메서드에 커서를 둔 상태에서 '매개변수' 버튼을 클릭합니다.

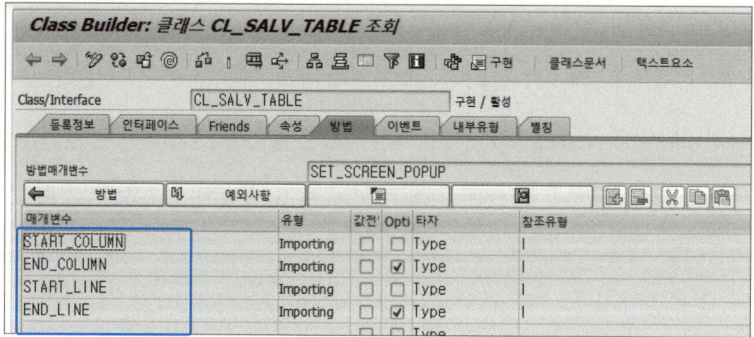

4개의 파라미터가 보입니다. 대략 이름으로 유추해 보면 가로(Column)의 시작점(start_column)과 종료점(end_column), 세로(line)의 시작점(start_line)과 종료점(end_line)입니다. 각각에 대해 숫자를 조금씩 바꿔가면서 테스트해 보면 팝업 화면의 크기가 바뀌는 것을 확인할 수 있습니다. 마지막으로 ALV Grid 출력 명령인 'display' 메서드를 호출합니다. 지금까지 3단계에 걸쳐서 로컬 클래스 'lcl_event_handler'를 만들어 봤습니다.

## 정리하기

3장에서 실습한 예약현황 조회 프로그램에서 더해지거나 수정되어야 할 부분을 T코스에 표시하면 다음과 같습니다.

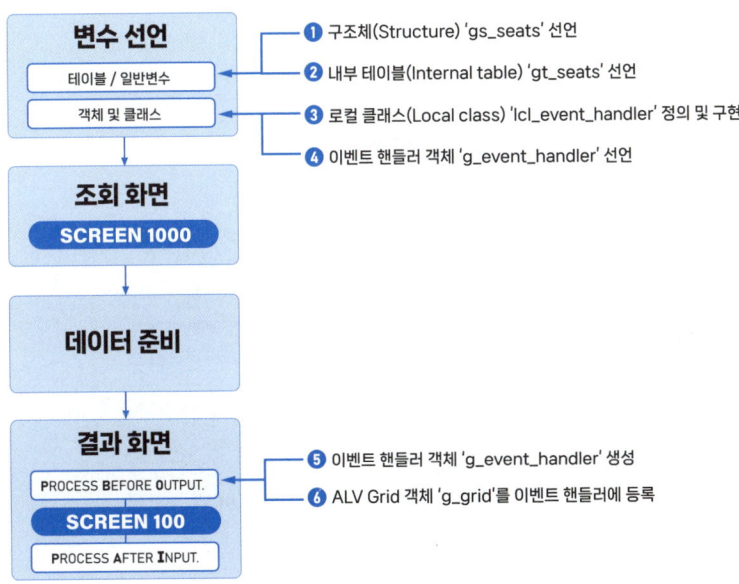

변경된 부분의 소스코드를 순서대로 확인해 보겠습니다.

### ❶ 구조체(Structure) 'gs_seats' 선언

```
DATA : BEGIN OF gs_seats,
         carrid       TYPE sflight-carrid,
         carrname     TYPE scarr-carrname,
         connid       TYPE sflight-connid,
         fldate       TYPE sflight-fldate,
         cityfrom     TYPE spfli-cityfrom,
         airpfrom     TYPE spfli-airpfrom,
         cityto       TYPE spfli-cityto,
         airpto       TYPE spfli-airpto,
         seatsmax     TYPE sflight-seatsmax,
         seatsocc     TYPE sflight-seatsocc,
         seatsmax_b   TYPE sflight-seatsmax_b,
         seatsocc_b   TYPE sflight-seatsocc_b,
         seatsmax_f   TYPE sflight-seatsmax_f,
         seatsocc_f   TYPE sflight-seatsocc_f,
       END OF gs_seats.
```

### ❷ 내부 테이블(Internal table) 'gt_seats' 선언

```
DATA : gt_seats LIKE TABLE OF gs_seats.
```

### ❸ 로컬 클래스(Local class) 'lcl_event_handler' 정의 및 구현

```
CLASS lcl_event_handler DEFINITION.
  PUBLIC SECTION.
    METHODS handle_double_click
        FOR EVENT double_click OF cl_gui_alv_grid
          IMPORTING e_row
                    e_column
                    es_row_no.
ENDCLASS.
```

```abap
CLASS lcl_event_handler IMPLEMENTATION.
  METHOD handle_double_click.
    READ TABLE gt_seats INTO gs_seats INDEX e_row-index.

    SELECT *
      INTO TABLE @DATA(lt_sbook)
      FROM sbook
     WHERE carrid = @gs_seats-carrid
       AND connid = @gs_seats-connid
       AND fldate = @gs_seats-fldate.
    IF sy-subrc = 0.
      DATA : g_table TYPE REF TO cl_salv_table.

      CALL METHOD cl_salv_table=>factory
        IMPORTING
          r_salv_table = g_table
        CHANGING
          t_table      = lt_sbook[].

      g_table->set_screen_popup( start_column = 10
                                 end_column   = 150
                                 start_line   = 10
                                 end_line     = 25 ).

      g_table->display( ).
    ENDIF.
  ENDMETHOD.
ENDCLASS.
```

### ❹ 이벤트 핸들러 객체 'g_event_handler' 선언

```abap
DATA: g_event_handler    TYPE REF TO lcl_event_handler.
```

### ❺ 이벤트 핸들러 객체 'g_event_handler' 생성

```
CREATE OBJECT g_event_handler.
```

### ❻ ALV Grid 객체 'g_grid'를 이벤트 핸들러에 등록

```
SET HANDLER g_event_handler->handle_double_click FOR g_grid.
```

마지막으로 프로그램 제목(Program title)과 GUI 제목(GUI Title)을 '[삽질항공] 예약현황 조회 팝업'으로 변경합니다.

변경된 부분을 반영한 전체 소스코드를 정리해보겠습니다.

### ZSAPA04 소스코드

```
REPORT zsapa04.
*&---------------------------------------------------------------*
*& Step 1 : 변수선언
*&---------------------------------------------------------------*
TABLES : sflight, scarr, spfli.
DATA : g_container TYPE REF TO cl_gui_custom_container.
DATA : g_grid      TYPE REF TO cl_gui_alv_grid.
DATA : g_docking   TYPE REF TO cl_gui_docking_container.
DATA : BEGIN OF gs_seats,
         carrid    TYPE sflight-carrid,
         carrname  TYPE scarr-carrname,
         connid    TYPE sflight-connid,
         fldate    TYPE sflight-fldate,
         cityfrom  TYPE spfli-cityfrom,
         airpfrom  TYPE spfli-airpfrom,
         cityto    TYPE spfli-cityto,
         airpto    TYPE spfli-airpto,
         seatsmax  TYPE sflight-seatsmax,
         seatsocc  TYPE sflight-seatsocc,
```

```abap
            seatsmax_b TYPE sflight-seatsmax_b,
            seatsocc_b TYPE sflight-seatsocc_b,
            seatsmax_f TYPE sflight-seatsmax_f,
            seatsocc_f TYPE sflight-seatsocc_f,
        END OF gs_seats.
DATA : gt_seats LIKE TABLE OF gs_seats.

CLASS lcl_event_handler DEFINITION.
  PUBLIC SECTION.
    METHODS handle_double_click
        FOR EVENT double_click OF cl_gui_alv_grid
        IMPORTING e_row
                  e_column
                  es_row_no.
ENDCLASS.

CLASS lcl_event_handler IMPLEMENTATION.
  METHOD handle_double_click.
    READ TABLE gt_seats INTO gs_seats INDEX e_row-index.

    SELECT *
      INTO TABLE @DATA(lt_sbook)
      FROM sbook
     WHERE carrid = @gs_seats-carrid
       AND connid = @gs_seats-connid
       AND fldate = @gs_seats-fldate.
    IF sy-subrc = 0.
      DATA : g_table TYPE REF TO cl_salv_table.

      CALL METHOD cl_salv_table=>factory
        IMPORTING
          r_salv_table = g_table
        CHANGING
          t_table      = lt_sbook[].

      g_table->set_screen_popup( start_column = 10
                                 end_column   = 150
```

```abap
                                start_line  = 10
                                end_line    = 25 ).

      g_table->display( ).
    ENDIF.
  ENDMETHOD.
ENDCLASS.
DATA: g_event_handler    TYPE REF TO lcl_event_handler.

PARAMETERS : p_from TYPE spfli-cityfrom OBLIGATORY
                   DEFAULT 'NEW YORK',
             p_to   TYPE spfli-cityto OBLIGATORY
                   DEFAULT 'SAN FRANCISCO'.
SELECT-OPTIONS : s_fldate FOR sflight-fldate.


*&---------------------------------------------------------------------*
*& Step 3 : 데이터 준비
*&---------------------------------------------------------------------*
START-OF-SELECTION.
  SELECT a~carrid, a~connid, a~fldate, c~carrname,
         b~cityfrom, b~airpfrom, b~cityto, b~airpto,
         a~seatsmax, a~seatsocc, a~seatsmax_b,
         a~seatsocc_b, a~seatsmax_f, a~seatsocc_f
    FROM sflight AS a INNER JOIN spfli AS b
                       ON a~carrid = b~carrid
                      AND a~connid = b~connid
                     INNER JOIN scarr AS c
                       ON a~carrid = c~carrid
   WHERE a~fldate IN @s_fldate
     AND b~cityfrom = @p_from
     AND b~cityto   = @p_to
    INTO CORRESPONDING FIELDS OF TABLE @gt_seats[].

*&---------------------------------------------------------------------*
*& Step 4 : 결과화면(100)
*&---------------------------------------------------------------------*
END-OF-SELECTION.
```

```abap
  CALL SCREEN 100.

MODULE status_0100 OUTPUT.
  SET PF-STATUS '0100'.
  SET TITLEBAR '0100'.
ENDMODULE.

MODULE pbo_0100 OUTPUT.
  IF g_docking IS INITIAL.
    CREATE OBJECT g_docking
      EXPORTING
        repid     = sy-repid
        dynnr     = sy-dynnr
        side      = g_docking->dock_at_left
        extension = 1800.

    CREATE OBJECT g_grid
      EXPORTING
        i_parent = g_docking.

**** 필드카탈로그
    DATA : ls_fieldcat TYPE lvc_s_fcat,
           lt_fieldcat TYPE lvc_t_fcat.

    CLEAR ls_fieldcat.
    ls_fieldcat-fieldname = 'CARRID'.
    ls_fieldcat-ref_table = 'SFLIGHT'.
    ls_fieldcat-ref_field = 'CARRID'.
    APPEND ls_fieldcat TO lt_fieldcat.

    CLEAR ls_fieldcat.
    ls_fieldcat-fieldname = 'CONNID'.
    ls_fieldcat-ref_table = 'SFLIGHT'.
    ls_fieldcat-ref_field = 'CONNID'.
    APPEND ls_fieldcat TO lt_fieldcat.

    CLEAR ls_fieldcat.
```

```abap
ls_fieldcat-fieldname = 'FLDATE'.
ls_fieldcat-ref_table = 'SFLIGHT'.
ls_fieldcat-ref_field = 'FLDATE'.
APPEND ls_fieldcat TO lt_fieldcat.

CLEAR ls_fieldcat.
ls_fieldcat-fieldname = 'CARRNAME'.
ls_fieldcat-ref_table = 'SCARR'.
ls_fieldcat-ref_field = 'CARRNAME'.
APPEND ls_fieldcat TO lt_fieldcat.

CLEAR ls_fieldcat.
ls_fieldcat-fieldname = 'CITYFROM'.
ls_fieldcat-ref_table = 'SPFLI'.
ls_fieldcat-ref_field = 'CITYFROM'.
APPEND ls_fieldcat TO lt_fieldcat.

CLEAR ls_fieldcat.
ls_fieldcat-fieldname = 'AIRPFROM'.
ls_fieldcat-ref_table = 'SPFLI'.
ls_fieldcat-ref_field = 'AIRPFROM'.
APPEND ls_fieldcat TO lt_fieldcat.

CLEAR ls_fieldcat.
ls_fieldcat-fieldname = 'CITYTO'.
ls_fieldcat-ref_table = 'SPFLI'.
ls_fieldcat-ref_field = 'CITYTO'.
APPEND ls_fieldcat TO lt_fieldcat.

CLEAR ls_fieldcat.
ls_fieldcat-fieldname = 'AIRPTO'.
ls_fieldcat-ref_table = 'SPFLI'.
ls_fieldcat-ref_field = 'AIRPTO'.
APPEND ls_fieldcat TO lt_fieldcat.

CLEAR ls_fieldcat.
ls_fieldcat-fieldname = 'SEATSMAX'.
```

```
        ls_fieldcat-ref_table = 'SFLIGHT'.
        ls_fieldcat-ref_field = 'SEATSMAX'.
        APPEND ls_fieldcat TO lt_fieldcat.

        CLEAR ls_fieldcat.
        ls_fieldcat-fieldname = 'SEATSOCC'.
        ls_fieldcat-ref_table = 'SFLIGHT'.
        ls_fieldcat-ref_field = 'SEATSOCC'.
        APPEND ls_fieldcat TO lt_fieldcat.

        CLEAR ls_fieldcat.
        ls_fieldcat-fieldname = 'SEATSMAX_B'.
        ls_fieldcat-ref_table = 'SFLIGHT'.
        ls_fieldcat-ref_field = 'SEATSMAX_B'.
        APPEND ls_fieldcat TO lt_fieldcat.

        CLEAR ls_fieldcat.
        ls_fieldcat-fieldname = 'SEATSOCC_B'.
        ls_fieldcat-ref_table = 'SFLIGHT'.
        ls_fieldcat-ref_field = 'SEATSOCC_B'.
        APPEND ls_fieldcat TO lt_fieldcat.

        CLEAR ls_fieldcat.
        ls_fieldcat-fieldname = 'SEATSMAX_F'.
        ls_fieldcat-ref_table = 'SFLIGHT'.
        ls_fieldcat-ref_field = 'SEATSMAX_F'.
        APPEND ls_fieldcat TO lt_fieldcat.

        CLEAR ls_fieldcat.
        ls_fieldcat-fieldname = 'SEATSOCC_F'.
        ls_fieldcat-ref_table = 'SFLIGHT'.
        ls_fieldcat-ref_field = 'SEATSOCC_F'.
        APPEND ls_fieldcat TO lt_fieldcat.

        CREATE OBJECT g_event_handler.
        SET HANDLER g_event_handler->handle_double_click
  FOR g_grid.
```

```
    CALL METHOD g_grid->set_table_for_first_display
      CHANGING
        it_fieldcatalog = lt_fieldcat
        it_outtab       = gt_seats[].
  ENDIF.
ENDMODULE.

MODULE exit INPUT.
  CASE sy-ucomm.
    WHEN 'BACK'.
      LEAVE TO SCREEN 0.
    WHEN 'EXIT' OR 'CANC'.
      LEAVE PROGRAM.
  ENDCASE.
ENDMODULE.
```

이번 책의 마지막 추가 연수 나가겠습니다. 3장의 추가 연수 프로그램이었던 '운항 일정 조회' 프로그램을 시작점으로 삼겠습니다. 운항 일정 프로그램인 'ZSAPA03_1'을 복사해서 'ZSAPA04_1'을 만들고 더블클릭 이벤트를 추가해 보겠습니다. 운항 일정 리스트에서 더블클릭하면 선택한 라인에 해당하는 항공편의 상세 정보를 팝업 형태로 보여주도록 하겠습니다. 테이블의 연관관계는 다음과 같습니다.

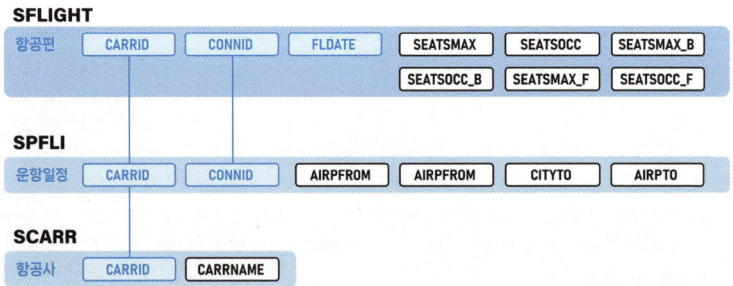

조회 화면과 결과 화면은 '운항 일정 조회' 프로그램과 동일합니다. 결과 화면에서 한 라인을 선택하고 더블클릭하면 다음과 같이 팝업이 뜨면 됩니다.

■ **운항 일정 조회 팝업**

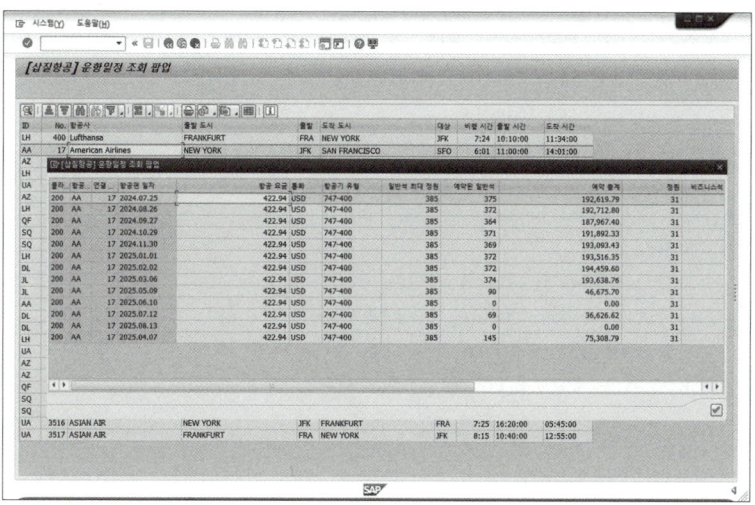

■ **운항 일정 조회 팝업 프로그램 소스코드**

### ZSAPA04_1

```abap
REPORT zsapa04_1.
*&---------------------------------------------------------------------*
*& Step 1 : 변수선언
*&---------------------------------------------------------------------*

TABLES : spfli, scarr, sflight.
DATA: g_container TYPE REF TO cl_gui_custom_container.
DATA: g_grid      TYPE REF TO cl_gui_alv_grid.
DATA: g_docking   TYPE REF TO cl_gui_docking_container.
DATA : BEGIN OF gs_flights,
```

```abap
            carrid    TYPE sflight-carrid,
            connid    TYPE sflight-connid,
            carrname  TYPE scarr-carrname,
            cityfrom  TYPE spfli-cityfrom,
            airpfrom  TYPE spfli-airpfrom,
            cityto    TYPE spfli-cityto,
            airpto    TYPE spfli-airpto,
            fltime    TYPE spfli-fltime,
            deptime   TYPE spfli-deptime,
            arrtime   TYPE spfli-arrtime,
         END OF gs_flights.
DATA : gt_flights LIKE TABLE OF gs_flights.

CLASS lcl_event_handler DEFINITION.
  PUBLIC SECTION.
    METHODS handle_double_click
        FOR EVENT double_click OF cl_gui_alv_grid
        IMPORTING e_row
                  e_column
                  es_row_no.
ENDCLASS.

CLASS lcl_event_handler IMPLEMENTATION.
  METHOD handle_double_click.
    READ TABLE gt_flights INTO gs_flights INDEX e_row-index.

    SELECT *
      INTO TABLE @DATA(lt_sflight)
      FROM sflight
      WHERE carrid = @gs_flights-carrid
        AND connid = @gs_flights-connid.
    IF sy-subrc = 0.
      DATA : g_table TYPE REF TO cl_salv_table.

      CALL METHOD cl_salv_table=>factory
        IMPORTING
          r_salv_table = g_table
```

```
              CHANGING
                t_table       = lt_sflight[].


        g_table->set_screen_popup( start_column = 10
                                   end_column   = 150
                                   start_line   = 10
                                   end_line     = 25 ).


        g_table->display( ).
      ENDIF.
  ENDMETHOD.
ENDCLASS.
DATA: g_event_handler     TYPE REF TO lcl_event_handler.

SELECT-OPTIONS : s_carrid FOR spfli-carrid,
                 s_connid FOR spfli-connid.


*&---------------------------------------------------------------*
*& Step 3 : 데이터 준비
*&---------------------------------------------------------------*
START-OF-SELECTION.

  SELECT a~carrid, a~connid, b~carrname, a~cityfrom,
         a~airpfrom, a~cityto, a~airpto,
         a~fltime, a~deptime, a~arrtime
    FROM spfli AS a INNER JOIN scarr AS b
                          ON a~carrid = b~carrid
   WHERE a~carrid IN @s_carrid
     AND a~connid IN @s_connid
    INTO TABLE @gt_flights.


*&---------------------------------------------------------------*
*& Step 4 : 결과화면(100)
*&---------------------------------------------------------------*
END-OF-SELECTION.
  CALL SCREEN 100.
```

```abap
MODULE status_0100 OUTPUT.
  SET PF-STATUS '0100'.
  SET TITLEBAR '0100'.
ENDMODULE.

MODULE pbo_0100 OUTPUT.
  IF g_docking IS INITIAL.
    CREATE OBJECT g_docking
      EXPORTING
        repid     = sy-repid
        dynnr     = sy-dynnr
        side      = g_docking->dock_at_left
        extension = 1800.

    CREATE OBJECT g_grid
      EXPORTING
        i_parent = g_docking.

**** 필드카탈로그
    DATA : ls_fieldcat TYPE lvc_s_fcat,
           lt_fieldcat TYPE lvc_t_fcat.

    CLEAR ls_fieldcat.
    ls_fieldcat-fieldname = 'CARRID'.
    ls_fieldcat-ref_table = 'SFLIGHT'.
    ls_fieldcat-ref_field = 'CARRID'.
    APPEND ls_fieldcat TO lt_fieldcat.

    CLEAR ls_fieldcat.
    ls_fieldcat-fieldname = 'CONNID'.
    ls_fieldcat-ref_table = 'SFLIGHT'.
    ls_fieldcat-ref_field = 'CONNID'.
    APPEND ls_fieldcat TO lt_fieldcat.

    CLEAR ls_fieldcat.
    ls_fieldcat-fieldname = 'CARRNAME'.
    ls_fieldcat-ref_table = 'SCARR'.
```

```abap
ls_fieldcat-ref_field = 'CARRNAME'.
APPEND ls_fieldcat TO lt_fieldcat.

CLEAR ls_fieldcat.
ls_fieldcat-fieldname = 'CITYFROM'.
ls_fieldcat-ref_table = 'SPFLI'.
ls_fieldcat-ref_field = 'CITYFROM'.
APPEND ls_fieldcat TO lt_fieldcat.

CLEAR ls_fieldcat.
ls_fieldcat-fieldname = 'AIRPFROM'.
ls_fieldcat-ref_table = 'SPFLI'.
ls_fieldcat-ref_field = 'AIRPFROM'.
APPEND ls_fieldcat TO lt_fieldcat.

CLEAR ls_fieldcat.
ls_fieldcat-fieldname = 'CITYTO'.
ls_fieldcat-ref_table = 'SPFLI'.
ls_fieldcat-ref_field = 'CITYTO'.
APPEND ls_fieldcat TO lt_fieldcat.

CLEAR ls_fieldcat.
ls_fieldcat-fieldname = 'AIRPTO'.
ls_fieldcat-ref_table = 'SPFLI'.
ls_fieldcat-ref_field = 'AIRPTO'.
APPEND ls_fieldcat TO lt_fieldcat.

CLEAR ls_fieldcat.
ls_fieldcat-fieldname = 'FLTIME'.
ls_fieldcat-ref_table = 'SPFLI'.
ls_fieldcat-ref_field = 'FLTIME'.
APPEND ls_fieldcat TO lt_fieldcat.

CLEAR ls_fieldcat.
ls_fieldcat-fieldname = 'DEPTIME'.
ls_fieldcat-ref_table = 'SPFLI'.
ls_fieldcat-ref_field = 'DEPTIME'.
```

```abap
      APPEND ls_fieldcat TO lt_fieldcat.

      CLEAR ls_fieldcat.
      ls_fieldcat-fieldname = 'ARRTIME'.
      ls_fieldcat-ref_table = 'SPFLI'.
      ls_fieldcat-ref_field = 'ARRTIME'.
      APPEND ls_fieldcat TO lt_fieldcat.

      CREATE OBJECT g_event_handler.
      SET HANDLER g_event_handler->handle_double_click
            FOR g_grid.

      CALL METHOD g_grid->set_table_for_first_display
        CHANGING
          it_fieldcatalog = lt_fieldcat
          it_outtab       = gt_flights[].
  ENDIF.
ENDMODULE.

MODULE exit INPUT.
  CASE sy-ucomm.
    WHEN 'BACK'.
      LEAVE TO SCREEN 0.
    WHEN 'EXIT' OR 'CANC'.
      LEAVE PROGRAM.
  ENDCASE.
ENDMODULE.
```

# ALV Grid를 만드는 여러 가지 방법

　조족지혈(새 발의 피)이지만 지금까지 몇 개의 클래스를 사용해 봤습니다. SAP라는 회사가 우리 삽질 기술자(ABAP 개발자 및 컨설턴트)를 위해 준비한 걸까요? 약간은 그럴 수 있지만 이들이 클래스와 함수 등을 만든 이유는 SAP 솔루션을 개발할 때 자기들이 사용하기 위해서입니다. 그렇다 보니 하나의 목적을 위해 만든 함수나 클래스가 시간이 지남에 따라 계속 발전해갑니다. 그리드 형태의 프로그램을 만드는데 거의 절대적으로 사용되는 ALV Grid라는 툴도 시대에 따라 변화해 왔습니다. 처음에는 함수의 형태로 만들어졌고 데이터 생성 및 수정은 지원하지 않았습니다. 기능도 제한적이었고요. 최초의 ALV 리스트를 고고학 발굴하는 마음으로 만들어 보겠습니다. 새로운 프로그램을 하나 만드세요. 'sflight' 테이블을 그대로 ALV 리스트에 출력하겠습니다. 필요한 테이블과 변수를 선언하시고 조회 조건도 'carrid'로 하나 만드세요. 그리고 테이블 전체를 추출하세요. 책의 거의 막바지이니 이 정도 설명이면 충분하리라 믿습니다. 앞서 배웠던 패턴을 사용해 보겠습니다. 'END-OF-SELECTION' 다음 라인에 커서를 두고 '패턴' 버튼을 클릭하거나 `Ctrl` + `F6`을 누릅니다. 팝업이 나타나면 "reuse_alv_list_display"라 입력하고 `Enter`를 누릅니다.

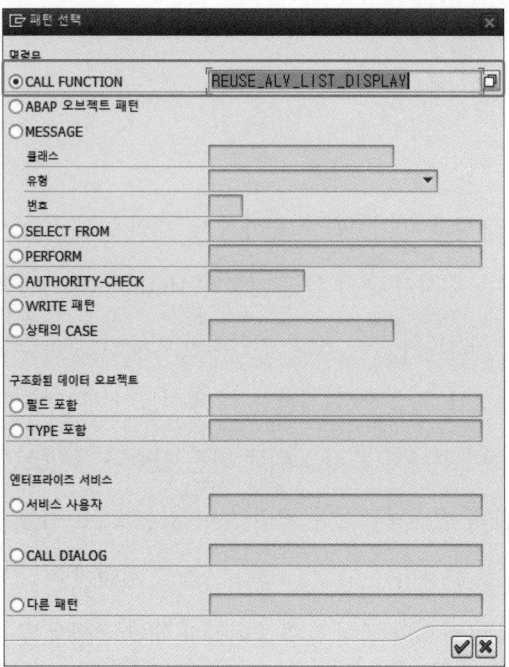

소스코드가 자동으로 생성될 겁니다. 소스를 딱 요렇게만 남기세요.

### 함수로 클래식 ALV 리스트 만들기

```
REPORT zalvtest01.
TABLES : sflight.
SELECT-OPTIONS : s_carrid FOR sflight-carrid.

START-OF-SELECTION.
  SELECT *
    FROM sflight
   WHERE carrid IN @s_carrid
    INTO TABLE @DATA(gt_sflight).

END-OF-SELECTION.
```

```
CALL FUNCTION 'REUSE_ALV_LIST_DISPLAY'
  EXPORTING
    i_structure_name = 'SFLIGHT'
  TABLES
    t_outtab         = gt_sflight.
```

활성화한 후에 실행해 보세요. 오래된 느낌이 나는 리스트가 하나 만 들어질 겁니다. 아주 오래된 ALV 리스트를 발굴했습니다.

이번에는 조금 더 발전된 형태의 ALV 리스트를 만들어 보겠습니다. 아직 클래스는 아니고 같은 함수(Function)지만 지금의 형태와 유사한 디자인으로 발전된 형식입니다. 'reuse_alv_list_display' 함수 부분을 주 석 처리하거나 지우고, 다시 '패턴' 버튼을 누릅니다. 이번에는 함수 이 름을 입력하는 부분에 'reuse_alv_grid_display'를 입력합니다. 마찬가지 로 불필요한 부분을 삭제하면 다음의 형태가 되어야 합니다.

### 함수로 ALV Grid 리스트 만들기

```
REPORT zalvtest01.
TABLES : sflight.
SELECT-OPTIONS : s_carrid FOR sflight-carrid.

START-OF-SELECTION.
  SELECT *
    FROM sflight
   WHERE carrid IN @s_carrid
    INTO TABLE @DATA(gt_sflight).

END-OF-SELECTION.
  CALL FUNCTION 'REUSE_ALV_GRID_DISPLAY'
    EXPORTING
      i_structure_name = 'SFLIGHT'
    TABLES
      t_outtab         = gt_sflight.
```

똑같지 않냐고요? 자세히 보세요. 바뀐 부분이 딱 한 군데 있습니다. 'list'가 'grid'로 바뀌었습니다. 바뀐 부분은 미미하지만 결과는 아주 큰 차이를 보입니다. 프로그램을 실행해 보겠습니다. 바꾼 부분에 비하면 엄청 큰 차이가 납니다.

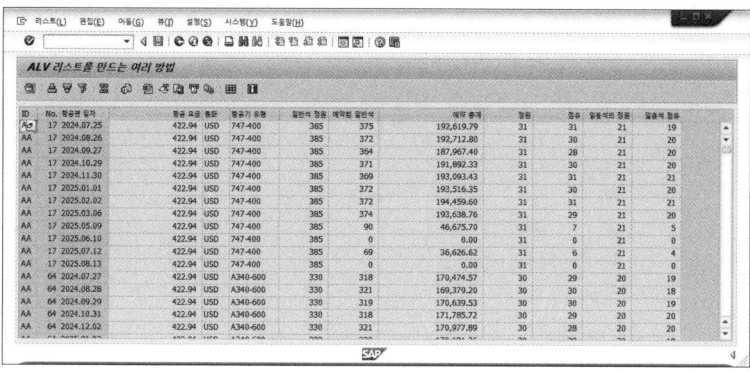

함수로 ALV를 구현할 때에는 거의 조회만 가능했습니다. 그래서 ALV라는 이름 자체도 'ABAP List Viewer'의 첫 글자를 따서 만들어졌습니다. 시간이 지나고 객체 지향 프로그래밍OOP, Object Oriented Programming이 대세가 됩니다. SAP도 OOP를 적극적으로 반영합니다. 그렇게 만들어진 것이 이 책에서 계속 사용하던 'cl_gui_alv_grid' 클래스입니다. 이건 앞에서 많이 해봤기 때문에 더 이상 설명하지 않겠습니다. 마지막으로 알아볼 ALV 리스트를 만드는 방법은 앞에서 간단히 설명하고 넘어갔던 'cl_salv_table' 클래스를 이용한 방법입니다. 소스코드를 바로 보겠습니다.

클래스로 ALV 만들기

```
REPORT zalvtest01.
TABLES : sflight.
SELECT-OPTIONS : s_carrid FOR sflight-carrid.

START-OF-SELECTION.
  SELECT *
```

```
      FROM sflight
   WHERE carrid IN @s_carrid
   INTO TABLE @DATA(gt_sflight).

END-OF-SELECTION.
  DATA : lo_alv TYPE REF TO cl_salv_table.

  cl_salv_table=>factory(
    IMPORTING
      r_salv_table = lo_alv
    CHANGING
      t_table = gt_sflight ).

  lo_alv->display( ).
```

뭐라 정확히 말하긴 어렵지만, 'cl_gui_alv_grid' 클래스를 사용할 때와는 큰 차이점이 느껴지죠? 일단 우리를 힘들게 했던 컨테이너 선언이 없습니다. 그리고 객체를 생성CREATE OBJECT하는 과정도 없습니다. 이 모든 것을 'factory' 메서드가 다 해줍니다. 그리고 가장 복잡했던 'set_table_for_first_display' 메서드 대신에 'display'라는 깔끔한 메서드가 사용되었습니다.

 **'=>' 이건 뭔가요?**

'factory' 메서드를 호출하는데 지금까지와는 다르게 '->'이 사용되지 않고 '=>' 부호가 사용되었습니다. 이유는 'factory' 메서드가 'STATIC' 메서드이기 때문입니다. 일반 메서드를 호출할 때는 '->'을 사용하고 'STATIC' 메서드를 호출할 때는 '=>'을 사용합니다. 더 이상의 설명은 저희가 다음 책을 쓰면 하겠습니다. 적당할 때 끊는 것도 포기하지 않는 방법입니다.

이렇게 좋은 걸 왜 이제서야 알려주냐고요? 장점에는 단점이 숨어 있죠. 한계가 있기 때문입니다. 각각의 방식이 가진 특징들을 인공지능에 한번 물어봤습니다. 한번 봐 두시면 될 것 같습니다.

**REUSE_ALV_LIST_DISPLAY**

- 가장 초기 방식으로 데이터를 단순한 리스트 형식으로 출력합니다.
- 가벼운 성능을 요구하여 낮은 컴퓨터 성능에도 원활히 작동하여 초창기에 많이 사용되었습니다.
- 그리드 형식이 아니라 개별 셀에 대한 조작은 어렵습니다.
- 그리드 형식보다 확장성이 부족하여 다양한 기능을 구현하지 못합니다.

**REUSE_ALV_GRID_DISPLAY**

- 데이터를 그리드 형태로 출력합니다.
- 오랜 기간 사용되어 온 검증된 Function Module로 호환성과 안정성이 매우 높습니다.

- 레이아웃, 필드 카탈로그, 정렬, 합계 등의 기본 기능을 제공합니다.
- 최근 기술 및 UI 발전에 따라 이벤트 처리 및 확장성은 부족합니다.
- 셀 기반의 데이터 조작은 부족한 부분이 있습니다.

### REUSE_ALV_GRID_DISPLAY_LVC

- 객체 지향 프로그래밍 방식으로 설계되었습니다.
- 좀 더 향상된 그리드 형식을 지원합니다.
- 드래그 앤 드롭, 셀 편집, 컬러링 등 더 향상된 기능을 제공합니다.
- 내부 테이블은 Field Symbol을 활용하여 데이터를 처리하며, 최적화가 잘되어 있어 대용량 데이터 처리를 위한 성능 향상이 되었습니다.
- 위의 두 Function Module은 파라미터 변수가 'SLIS'라는 TYPE-POOL에 정의되어 있고, REUSE_ALV_GRID_DISPLAY_LVC 는 'LVC_~'로 시작하는 스트럭처 및 테이블 타입으로 정의되어 있어 사용법이 약간 다릅니다.
- 구 버전에서는 사용이 안될 수도 있습니다.

### CL_GUI_ALV_GRID

- SAP GUI 환경에서 주로 사용되며 그리드 형식으로 데이터를 보여 줍니다.
- 고급 커스터마이징 기능을 제공합니다(세부적인 UI 제어 및 이벤트 처리 : 더블클릭, 데이터 수정, 버튼 추가 등).
- 객체 지향 방식으로 설계되어 유지보수와 확장이 용이하며, 다양한 기능을 쉽게 추가할 수 있습니다.
- 대규모 데이터를 처리하는 데 성능을 최적화 할 수 있습니다.
- Function Module보다 소스코드를 많이 작성해야 하기 때문에, 간단한 조회 프로그램을 개발할 때에는 시간이 많이 소요된다.

- SAP GUI 환경에서만 사용할 수 있어, 웹 또는 모바일 같은 최신 플랫폼에서는 사용할 수 없습니다.

### CL_SALV_TABLE

- 웹 환경 지원 : SAP GUI 뿐만 아니라 웹딘프로와도 호환되며, 향후 SAP Fiori와의 연동 가능성도 있습니다.
- CL_GUI_ALV_GRID보다 다양한 기능을 제공하진 않지만, 쉽게 구현 가능합니다.

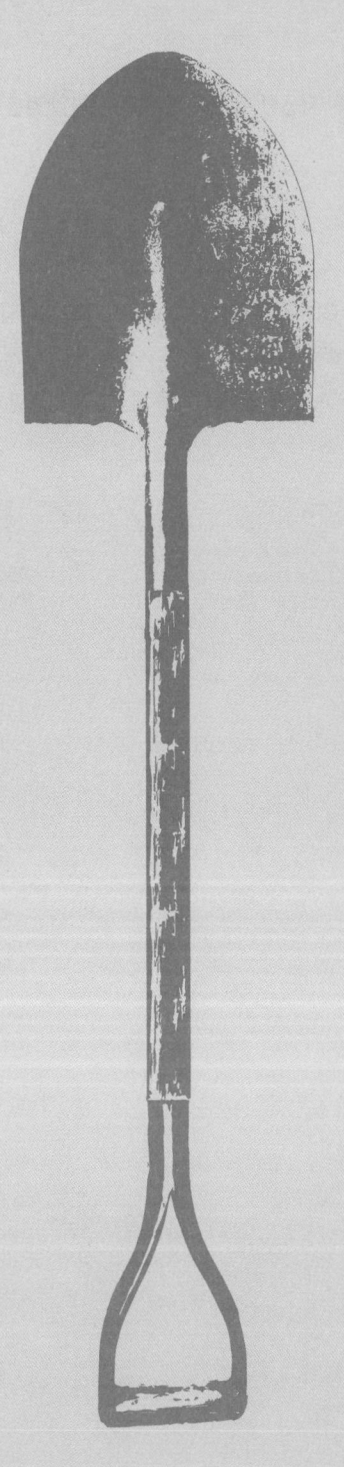

APPENDIX

부         록

부록

# 부록
## 01

항공사 관리 테이블

## 테이블 구경하기

테이블이란 개념이 생소하시죠. 쉽게 얘기하자면, 테이블은 데이터를 저장해 놓은 곳입니다. SAP에서 테이블을 볼 수 있는 방법은 여러 가지가 있습니다. 그 중에서 우리는 ABAP Dictionary로 테이블에 접근해 보겠습니다. ABAP Dictionary의 트랜잭션 코드는 'SE11'입니다.

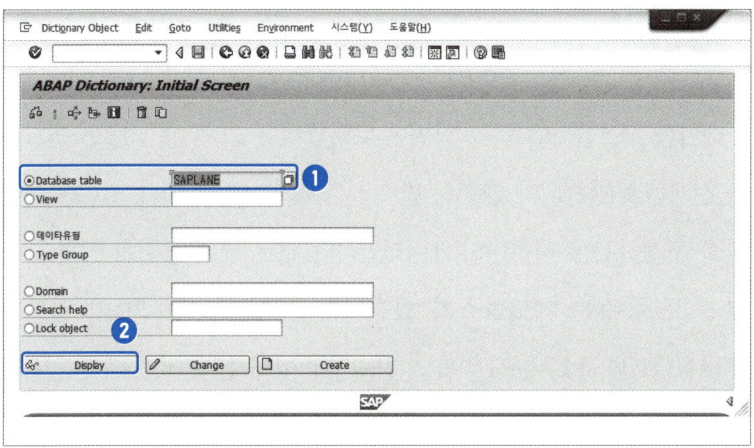

제일 위에 있는 Database table을 선택하고 우리가 알고 있는 테이블 명 중 하나를 입력합니다. 저는 "SAPLANE"를 입력했습니다. 그 다음 ❷번의 'Display' 버튼을 클릭합니다.

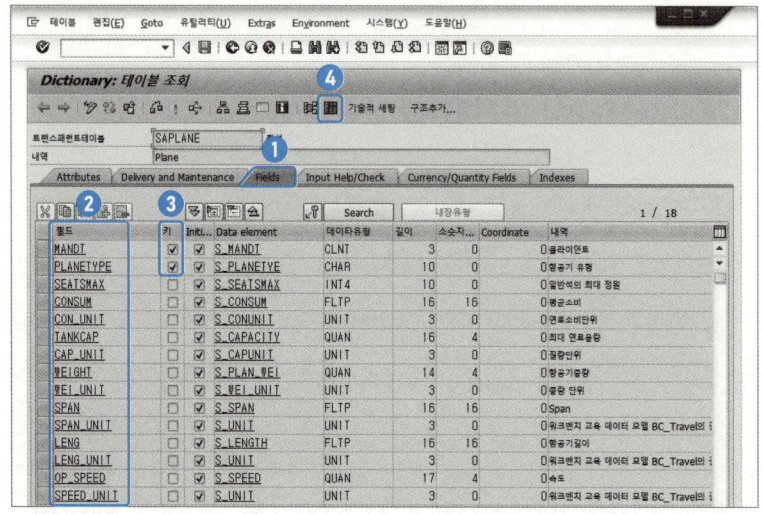

테이블 구조를 조회하는 화면이 나타납니다. 그 중에서 ❶번 필드탭을 선택해 보겠습니다. ❷번의 필드 리스트가 보일 겁니다. 필드는 테이블을 구성하는 하나하나의 데이터입니다. 바로 옆에 ❸번의 키필드 여부를 보여 주는 체크박스가 있습니다. 'SAPLANE'의 키 필드는 'MANDT'와 'PLANETYPE' 2개입니다. 이제 실제 어떤 데이터가 있는지 알아볼 차례입니다. ❹번 '내용' 버튼(▦)을 클릭합니다. 특정 데이터만 추출해서 보고 싶다면 각 필드에 원하는 값을 입력하고 조회할 수 있는 선택 화면이 나옵니다.

우리는 그냥 전체를 조회하도록 하겠습니다. ❶번 '실행' 버튼을 클릭합니다.

01  항공사 관리 테이블

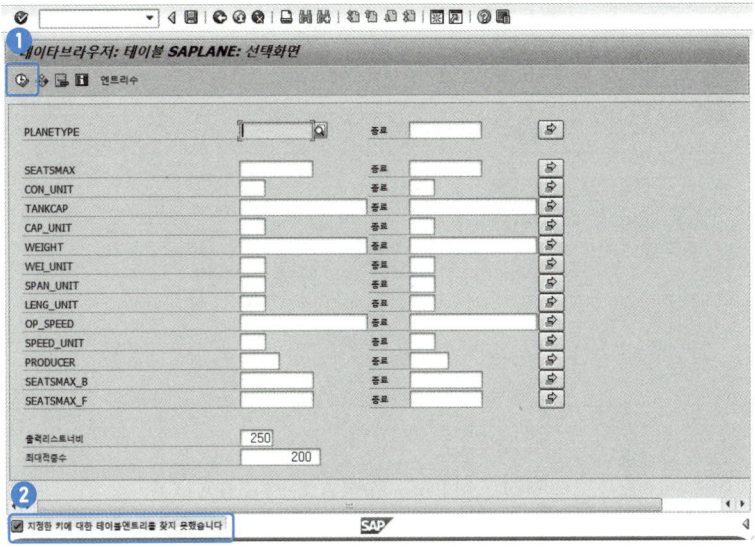

이상합니다. '실행' 버튼을 클릭했는데 데이터는 나타나지 않고 ❷번의 메시지만 나타납니다. 내용을 보니 테이블에 데이터가 없다는 말인 것 같습니다. 걱정하지 마세요. SAP는 다 계획이 있습니다. 테스트용으로 제공하는 항공사 관련 테이블에 데이터를 자동으로 만들어 주는 프로그램을 준비해 뒀습니다. 화면을 하나 더 열어서 'SE80'으로 갑니다.

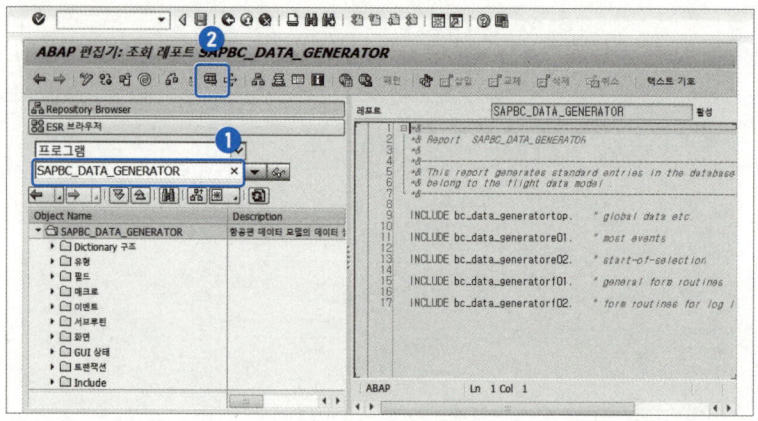

❶번에 프로그램명인 "SAPBC_DATA_GENERATOR"을 입력하고 ❷번의 '실행' 버튼을 클릭합니다. 그림과 같이 데이터를 생성하는 프로그램이 실행됩니다.

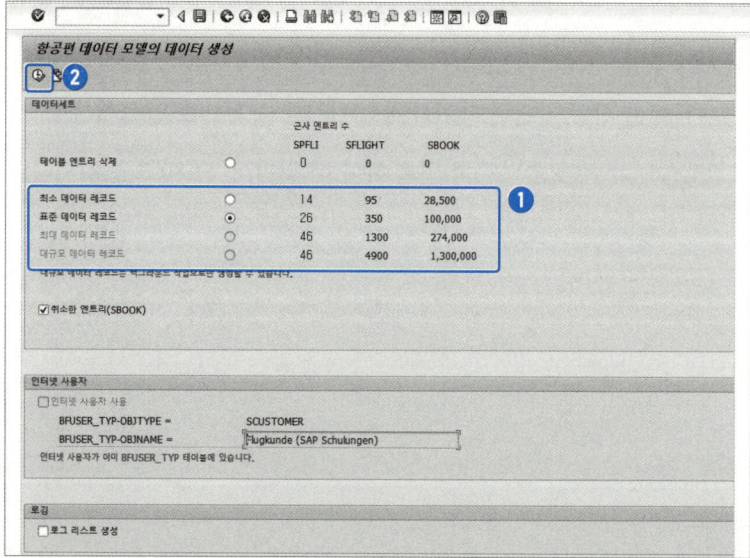

❶번에서 원하는 데이터 규모를 선택합니다. 우리는 프로그램이 디폴트로 제시하는 표준을 선택하겠습니다. 'SPFLI' 테이블에 데이터를 26개, 'SFLIGHT' 테이블에는 350개 데이터를 만들어준답니다. ❷번 '실행' 버튼을 클릭해 데이터를 만들어 주세요. 기존에 있던 테이블 엔트리가 삭제되고 새로 만들어진다는 팝업이 뜰 수도 있습니다. 당황하지 마시고 알겠다고 하세요. 프로그램이 다 수행되면 다시 테이블 조회 화면으로 돌아갑니다.

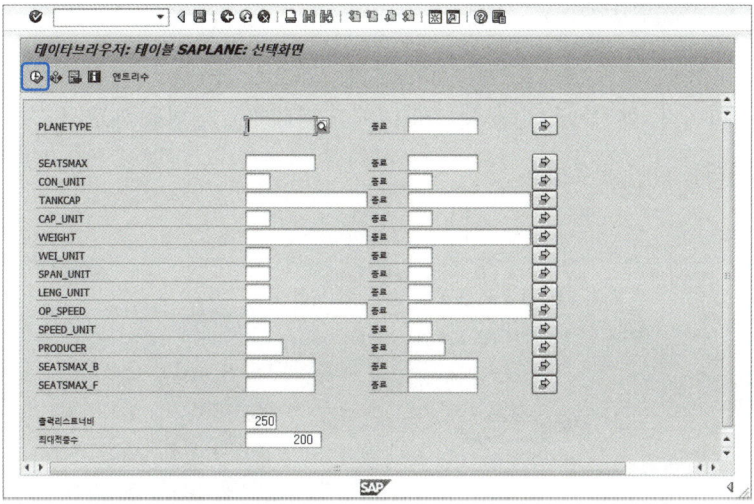

다시 '실행' 버튼을 클릭합니다. 이번에는 그림처럼 데이터가 나올 겁니다.

부록

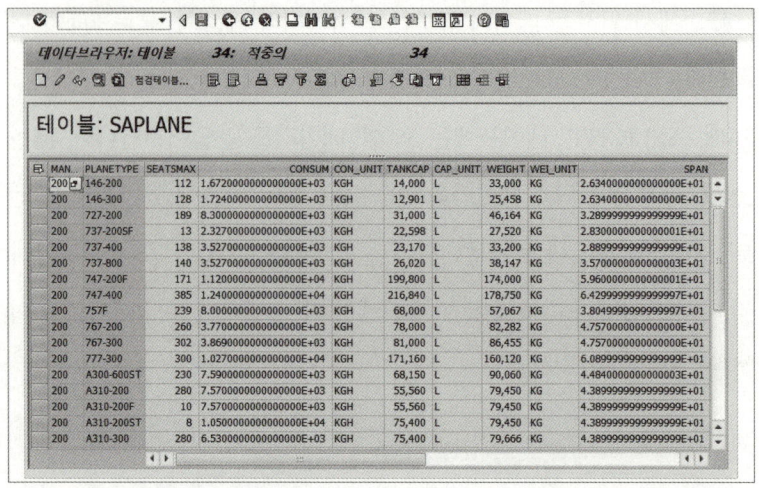

나머지 테이블에 대해서는 'SE11'에서 차례대로 실행을 해보시고 데이터를 확인해 보세요.

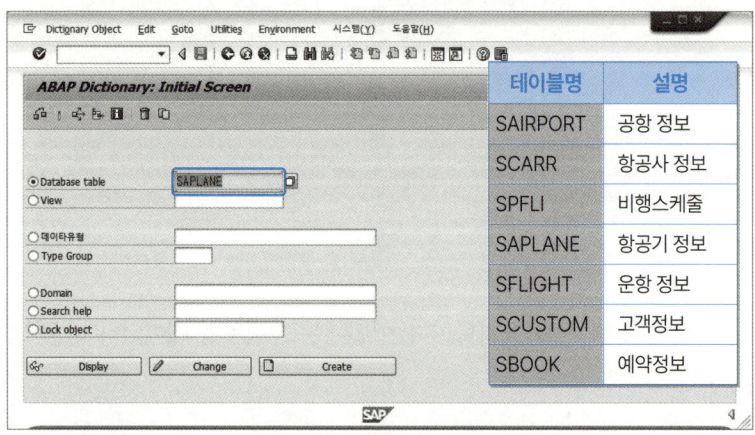

표에 있는 테이블 리스트로 실습하시면 됩니다.

## 항공사 테이블 구조

삽질 시리즈를 계속 공부하기 위해 실습에서 계속 사용되고 있는 항공사 관련 테이블에 대해 알아보겠습니다. 공항에 가면 가장 눈에 띄는 것이 있습니다. 비행기의 출발과 도착을 알리는 전광판입니다. 실습에서 사용했던 테이블의 정보를 조합하면 바로 이 전광판을 구성할 수 있습니다.

데이터 구조를 먼저 볼까요. 제일 좌측부터 출발시간, 항공사로고와 코드, 연결번호, 출발공항, 도착시간, 도착게이트 정보가 순서대로 보여집니다. 우리가 발급받은 탑승권에도 이런 정보들은 활용됩니다.

부록

익숙하지만 그냥 지나쳤던 정보들이죠. 지금부터 이 정보들이 어떻게 만들어지는지 알아보겠습니다.

## 테이블 연관관계

본문에서 사용한 테이블은 총 7개입니다. 각각의 테이블은 따로 존재하지 않고 서로 연관관계를 가집니다. SAP에서 테이블이 어떤 형태로 관리되고 있는지 미리 보고 싶으시다면 아래의 7개 테이블을 데이터브라우저(T-code : SE16)에서 차례로 조회해보시기 바랍니다. 자세한 내용은 뒤에서 다시 설명하겠습니다.

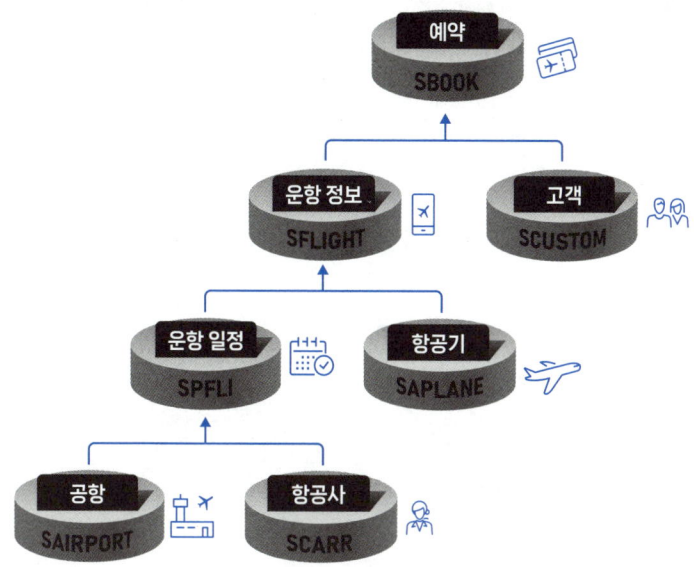

각 테이블의 연관관계는 아래에서부터 위로 살펴봐야 합니다. 제일 아래부터 시작할게요. 공항 정보는 비교적 간단합니다. 키필드가 각 공항을 식별하는 'ID'이고 공항명을 나타내는 필드가 있습니다. 그런데 그 앞에 수상한 키필드가 하나 더 있습니다. 'MANDT'는 Client를 표시하는 특수 키필드입니다.

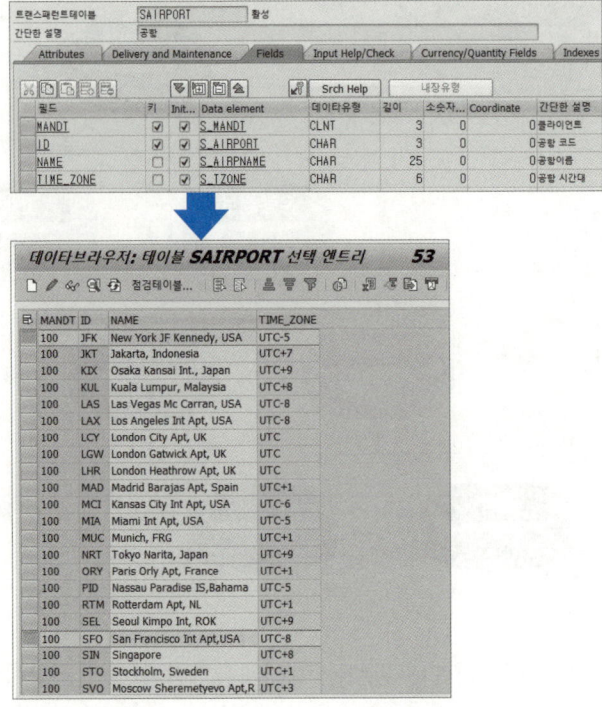

실제 공항 데이터는 53개가 만들어져 있습니다. 그 중에서 'JFK'와 'SFO'를 한번 찾아보세요. 프로그램 실습에서 디폴트값으로 사용했습니다.

**MANDT 필드**

지금은 잘 하지 않지만 컴퓨터가 귀하던 옛날에 컴퓨터를 사면 저장 공간을 여러 개로 나눠서 사용했습니다. SAP도 유사하게 물리적으로는 하나인 서버를 논리적으로 마치 여러 개처럼 나눠 쓸 수가 있습니다. Client라는 구조입니다.

삽질그룹이라는 큰 회사가 있습니다. 그룹 안에 삽질전자와 삽질건설이라는 독립된 회사가 운영되고 있고요. 그런데 SAP 시스템은 하나의 서버에서 운영하고 싶습니다. 이럴 때 Client를 다음과 같이 나눕니다.

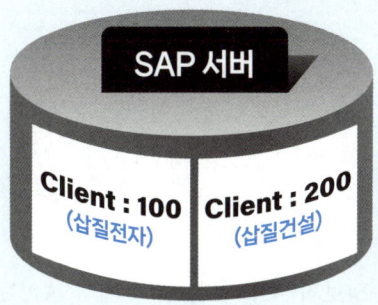

Client를 나누면 모든 데이터 값이 해당 Client를 키로 나눠지게 됩니다. 그래서 SAP 의 모든 테이블의 첫 번째 필드는 Client 번호를 의미하는 'MANDT'입니다. 데이터도 Client 번호가 제일 앞에 옵니다. 다시 한번 테이블을 구성하는 필드와 데이터를 보세요. 이제 보이시죠.

이번에는 항공사 테이블인 'SCARR'을 보겠습니다. 항공사 정보도 공항 정보와 크게 다를게 없습니다. 각 항공사를 구별하는 항공사 코드 'CARRID'가 키이고, 항공사 이름과 통화, 홈페이지 URL 정보가 있습니다.

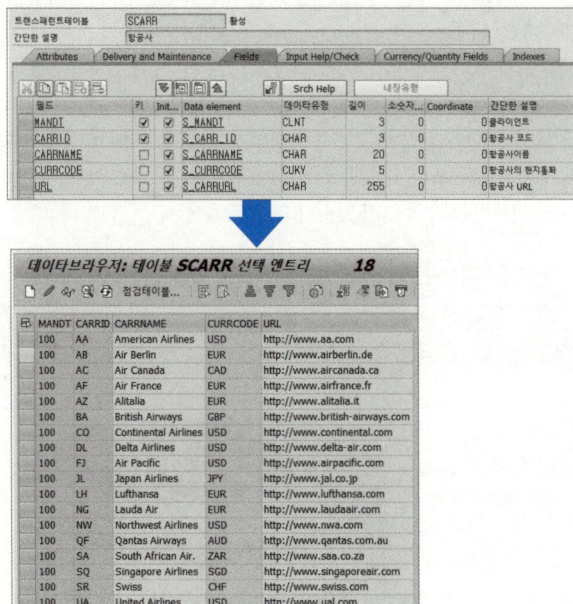

총 18개 공항의 정보가 보입니다. 이 중에서 'AA', American Airlines 를 눈여겨 보겠습니다. 3번째 테이블부터 조금 복잡해지기 시작합니다. 필드도 많아지고, 다른 테이블과 연관관계도 생깁니다.

# 01 항공사 관리 테이블

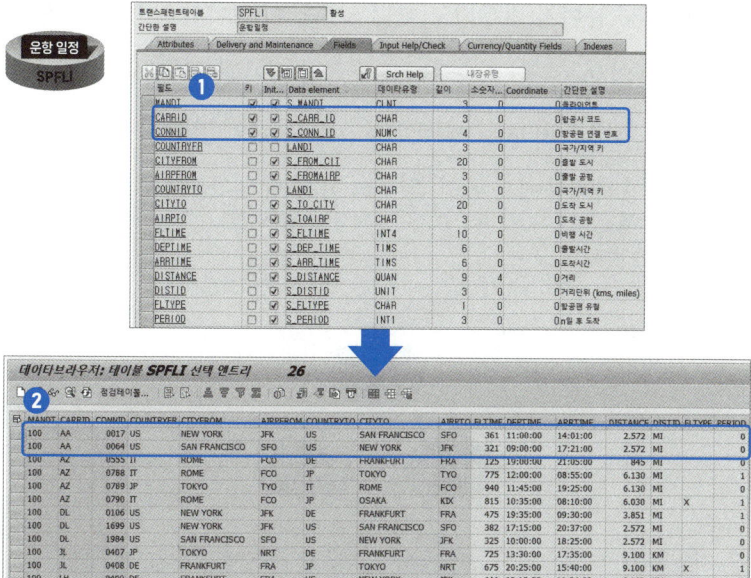

일단 키필드가 2개로 늘어났습니다. 항공사 코드(CARRID)와 연결 번호(CONNID)를 더해 데이터를 유일하게 구분할 수 있다는 의미입니다. ❷번에 표시된 실제 데이터를 보면 확실히 이해할 수 있습니다. 'AA' 항공사만 키로 두면 첫 번째와 두 번째 데이터를 구분할 수 없죠. 연결번호(CONNID)까지 붙여야 유일한 데이터가 됩니다. 둘을 합치면 'AA 0017'이 되네요. 익숙하지 않으세요. 비행기 티켓에 표시된 편명입니다. 대한민국 국민에게 익숙한 편명은 'KE 836', 'OZ 6706' 등이죠. 대한항공과 아시아나 항공 편명입니다. 운항 일정 테이블은 각 항공편별로 어떤 공항에서 어떤 공항으로 운항하는지, 출발시간과 도착시간은 언제인지 등을 관리하는 테이블입니다. 데이터 라인을 조금 더 자세히 보겠습니다. 앞에서 눈여겨 봐두라고 했던 코드들이 보이지 않으세요? 일단 'CARRID'의 'AA'부터 익숙합니다. 항공사 테이블에서 봤던 것 같습니다. 그리고 'AIRPFROM', 'AIRPTO' 필드의 값인 'JFK', 'SFO'도 익숙합니다. 공항 테이블에서 봤던 값이죠. 이제 세 테이블의 연관관계를 그릴 수 있습니다.

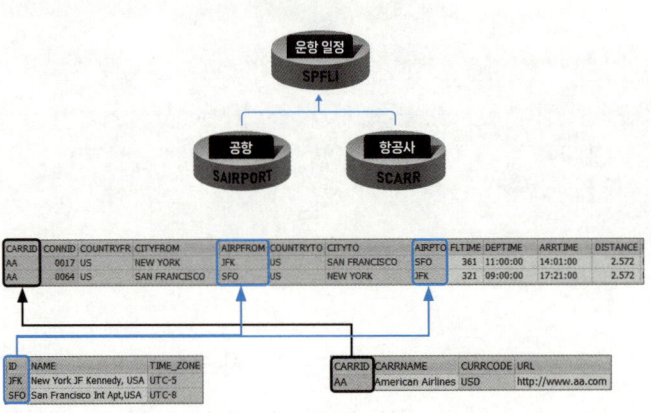

공항과 항공사 정보를 미리 만들어 두고, 이 데이터를 활용해 운항 일정 테이블을 구성하는 형태입니다. 운항 일정 테이블의 첫번째 데이터 라인을 해석하면, 'AA' 항공사의 '0017'편은 'JFK' 공항헤서 'SFO' 공항을 11시에 출발에서 14시 01분에 도착하는 운항 일정을 가지고 있음을 알 수 있습니다.

나머지도 유사한 구조로 흘러갑니다. 항공편별 운항 일정에 실제 비행일을 더하면 항공편의 세부 정보를 만들 수 있습니다. 항공편 정보에는 해당 항공편이 제공하는 좌석의 수도 있어야 합니다. 그 정보는 항공기 모델마다 다르겠죠. 그래서 항공기 정보가 필요합니다.

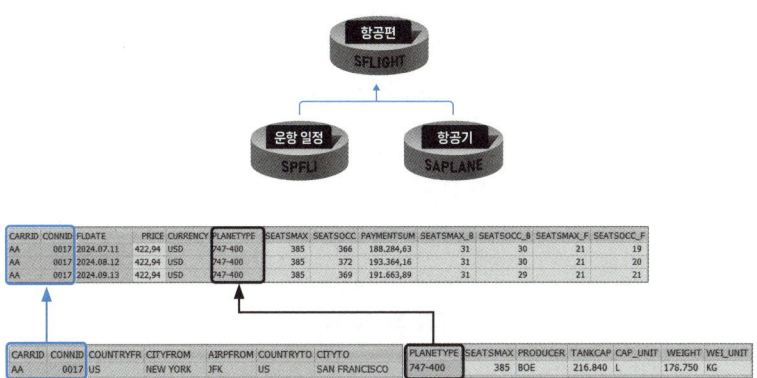

그림처럼 항공일정 정보와 항공기 정보를 조합하여 항공편 정보를 만듭니다. 마지막 남은 것은 예약 정보입니다. 항공편 정보에 어떤 정보가 더해져야 할까요? 예약은 누가 하나요? 맞습니다. 고객 정보가 더해지면 되겠지요.

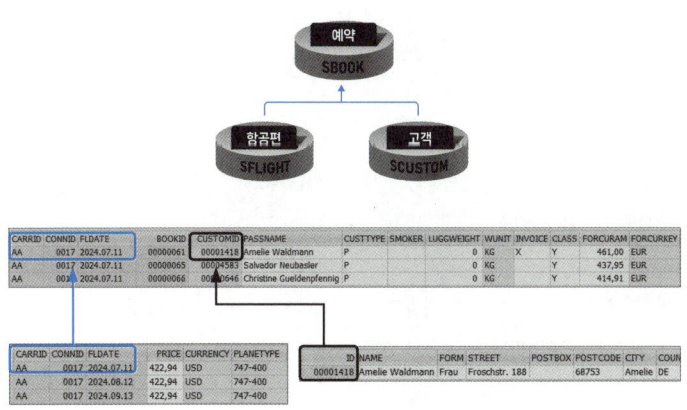

데이터가 많아져서 중요한 필드만 남겼습니다. 2024년 7월 11에 출발하는 AA 0017 항공편에 탑승하는 고객들의 예약 정보를 예약 테이블(SBOOK)에서 관리합니다. 예약이 성립되면 예약번호(BOOKID)가 만들어질 것이고, 해당 고객의 고객 정보에 따라 운임 등 여러 정보가 정해지겠죠.

## 한 눈에 쏙

제가 처음 ABAP 공부를 할 때 누가 꼭 좀 정리해줬으면 했던 것이 있습니다. 테이블들의 연관관계를 한눈에 볼 수 있도록 누가 정리 안해주나 였습니다. 아무도 안해주더군요. 20년 넘게 미루다가 제가 정리했습니다. 지금까지 길게 설명한 항공사 관리 테이블들을 키필드 중심으로 정리해 봤습니다.

| 테이블 | 키필드 | 설명 | 데이터 샘플 | 비고 |
|---|---|---|---|---|
| SBOOK | CARRID | 항공사 코드 | AA | American Airline |
| SBOOK | CONNID | 연결번호 | 17 | 편명: CARRID+CONNID |
| SBOOK | FLDATE | 항공편 일자 | 2024.07.11 | SFLIGHT-FLDATE 참조 |
| SBOOK | BOOKID | 예약번호 | 61 | |
| SBOOK | CUSTOMID | 고객번호 | 1046 | SCUSTOM-ID 참조 |
| SCUSTOM | ID | 고객번호 | 1046 | Achim Kramer(고객이름) |
| SFLIGHT | CARRID | 항공사 코드 | AA | American Airline |
| SFLIGHT | CONNID | 연결번호 | 17 | 편명: CARRID+CONNID |

# 01 항공사 관리 테이블

| 테이블 | 키필드 | 설명 | 데이터 샘플 | 비고 |
|---|---|---|---|---|
| SFLIGHT | FLDATE | 항공편 일자 | 2024.07.11 | |
| SPFLI | CARRID | 항공사 코드 | AA | American Airline |
| SPFLI | CONNID | 연결번호 | 17 | 편명: CARRID+CONNID |
| SAIRPORT | ID | 공항코드 | JFK/SFO | 케네디/샌프란시스코 공항 |
| SAPLANE | PLANETYPE | 항공기 유형 | 747-400 | 보잉 747 기종 |

각 테이블과 필드 간의 연관관계도는 다음과 같습니다.

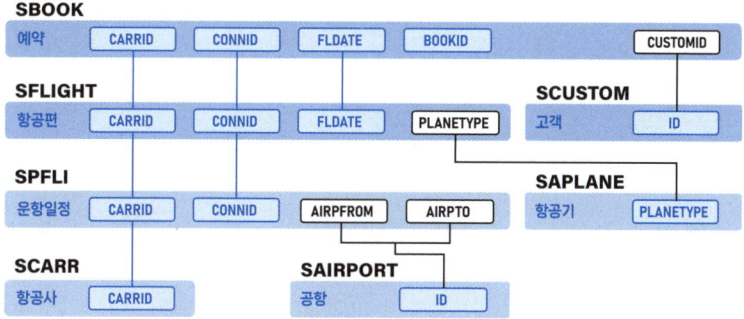

부록 02

실습 환경 가이드

내가 접속한 SAP 화면과 책에서 설명하는 화면이 달라서 당황할 수 있습니다. 환경 설정의 차이 때문에 발생하는 문제입니다. 여기서는 이 책에서 사용하는 환경 설정에 대해 설명하겠습니다.

## 비주얼 디자인 설정

SAP의 초기 화면에서 '로컬 레이아웃' 버튼을 클릭합니다. 그림과 같은 메뉴 목록이 나타납니다. 그 중에서 ❷번 '옵션' 항목을 선택합니다.

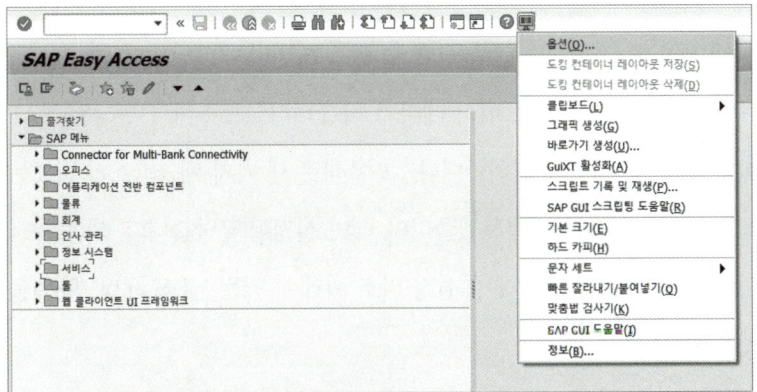

다음 그림과 같은 팝업이 나타납니다. 왼쪽 메뉴 중에서 '비주얼 디자인' 항목을 클릭하면 하위에 여러 설정 항목들이 다시 나타납니다. 그 중에서 ❶번 '테마 설정'을 클릭합니다.

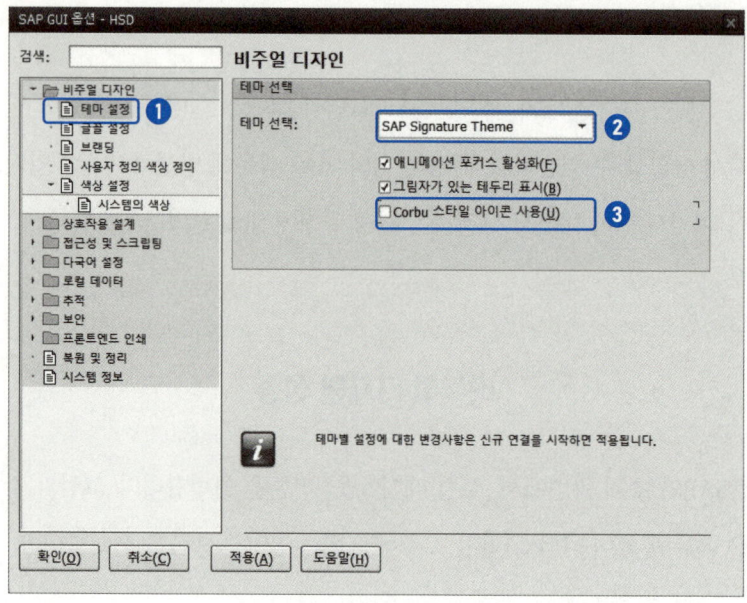

화면의 우측에 테마 선택을 할 수 있는 화면이 나타납니다. ❷번을 클릭하면 선택할 수 있는 여러 테마가 나옵니다. 그 중에서 우리는 'SAP Signature Theme'를 선택합니다. 그 아래로 세 가지 체크박스가 나오는데 3번 체크박스는 해제하겠습니다. 테마 설정이 끝났습니다. 다음은 글꼴을 세팅하겠습니다. 테마 설정 바로 아래에 있는 '글꼴 세팅' 항목을 클릭합니다.

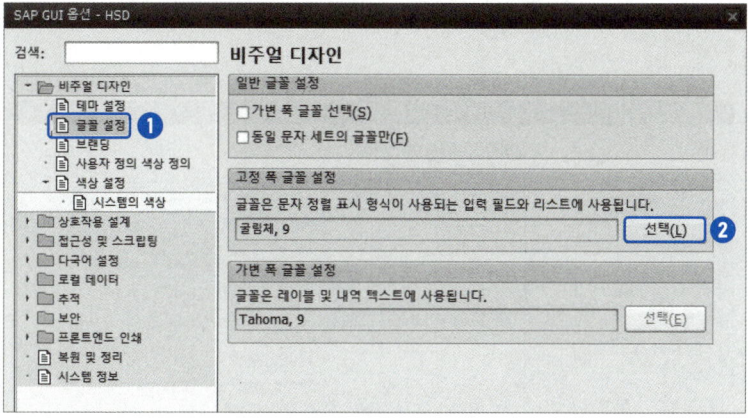

오른쪽 화면이 바뀌었습니다. ❷번의 '선택' 버튼을 클릭합니다.

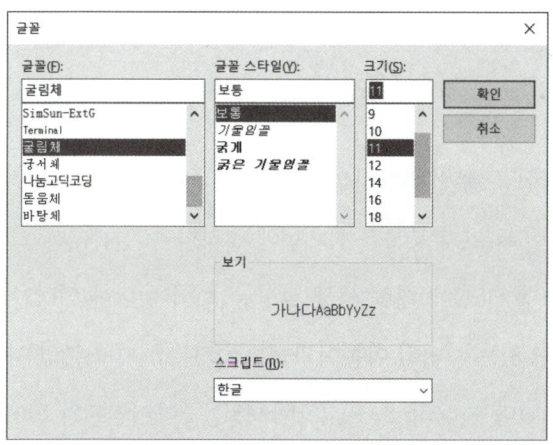

글꼴을 선택할 수 있는 팝업이 나타납니다. 익숙한 '굴림체'와 '보통', 크기는 '11'을 선택합니다. 이미 노안이 오셨으면 글자 크기를 키우세요. 글꼴 세팅도 끝이 났습니다. 마지막으로 제일 아래에 있는 '색상 세팅'

항목으로 이동하겠습니다.

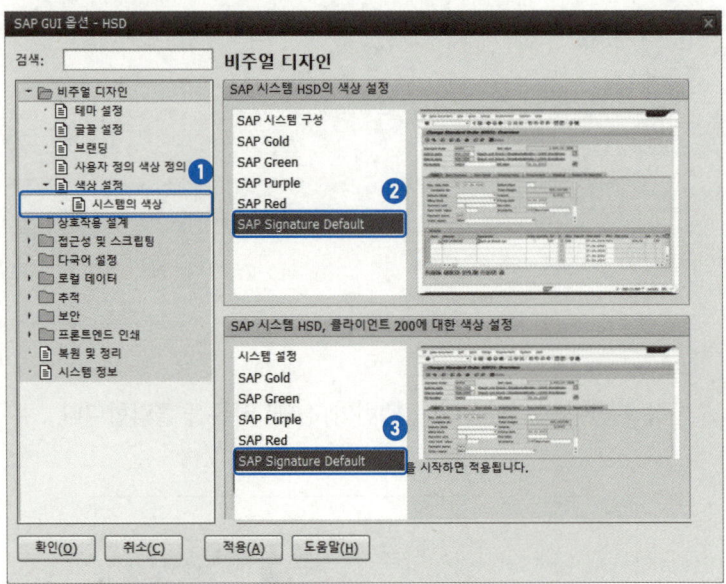

'색상 세팅'은 ❶번처럼 하위로 한번 더 이동합니다. '시스템의 색상'을 클릭하면 두 가지 항목을 한꺼번에 설정할 수 있습니다. 상단에 있는 'SAP 시스템 HSD에 대한 색상 설정'은 서버에 대한 세팅입니다. 제가 테스트하고 있는 서버의 이름이 'HSD'이거든요. 여러분의 서버명은 다를 수 있습니다. 아래의 'SAP 시스템 HSD 클라이언트의 200에 대한 색상 설정'은 'HSD' 서버 중에서도 '200'번 클라이언트에 대한 색상을 설정하는 것입니다. 우리는 둘 다 'SAP Signature Default'를 선택하겠습니다.

## 소스코드 폰트 설정하기

'비주얼 디자인'은 이 정도면 맞춰진 것 같습니다. 추가로 하나 더 차이가 날 수 있는 부분이 소스코드 부분의 폰트입니다. 가끔 코딩하실 때 폰트에 민감하신 분들이 있습니다. 이 세팅은 ABAP 편집기에 대한 세팅입니다. 따라서 'SE80' 내부에서 세팅을 할 수 있습니다.

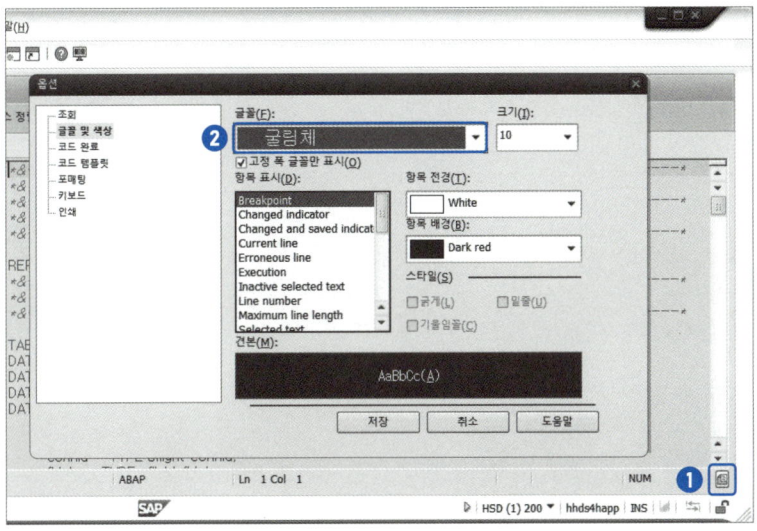

ABAP 편집기의 오른쪽 하단에 있는 ❶번 '옵션' 버튼을 클릭합니다. 그림과 같이 팝업창이 나타납니다. ❷번 '글꼴' 항목에서 '굴림체'를 선택합니다. 이 외에도 소스코드의 각 부분에 대해 색깔을 주어 가시성을 높이는 세팅 등 ABAP 편집기 상의 다양한 설정을 여기에서 할 수 있습니다. 여기까지 세팅하면 책을 따라오시는데 큰 무리는 없을 겁니다.

부록

# 부록
# 03

## 실습 프로그램 가이드

이 책에서 같이 만들어 보는 프로그램은 총 10본입니다. 생각보다 적지 않죠.

## 프로그램 명명규칙

프로그램 ID와 프로그램명을 자유롭게 구성하셔도 상관은 없지만, 그래도 명명규칙Naming Rule을 만들고 작업하는 습관을 들이는 것이 나중에 일을 할 때도 도움이 됩니다. 지금 생각으로는 이 시리즈를 계속 끌고 나갈 계획이기 때문에 시리즈를 고려하여 명명규칙을 정했습니다.

| CBO구분 | 삽질항공구분 | 시리즈버전 | 일련번호 |
|---|---|---|---|
| Z | SAP | A | 숫자2자리 |

제일 첫 자리는 CBO를 의미하는 'Y'나 'Z' 중에 'Z'를 사용하겠습니다. 그 뒤로 우리가 계속 실습할 '삽질항공'을 뜻하는 'SAP'를 붙이고, 시리즈의 첫 번째 책이라는 의미에서 'A'를 추가하겠습니다. 마지막은 숫자 두 자리 일련번호를 붙이겠습니다. 총 7자리의 명명규칙이 만들어졌습니다. 정해진 명명 규칙에 따라 이 책에서 사용하는 프로그램 ID와 프로그램명을 아래와 같이 정했습니다.

| Part | Chapter | 프로그램 ID | 프로그램명 |
|---|---|---|---|
| Part 1 | 1장 | ZSAPA01 | [삽질항공] 운항 일정 조회 |
| Part 1 | 1장 | ZSAPA01_1 | [삽질항공] 항공사정보 조회 |
| Part 1 | 1장 | ZSAPA01_2 | [삽질항공] 공항정보 조회 |
| Part 1 | 2장 | ZSAPA02 | [삽질항공] 항공사 및 공항정보 조회 |
| Part 1 | 2장 | ZSAPA02_1 | [삽질항공] 항공사 및 공항정보 조회(스플릿) |
| Part 1 | 2장 | ZSAPA02_2 | [삽질항공] 항공사 및 공항정보 조회(도킹) |
| Part 1 | 2장 | ZSAPA02_3 | [삽질항공] 항공기종 및 운항 일정정보 조회 |
| Part 1 | 2장 | ZSAPA02_4 | [삽질항공] 운항 정보 및 고객정보 조회 |
| Part 2 | 3장 | ZSAPA03 | [삽질항공] 예약현황 조회 |
| Part 2 | 3장 | ZSAPA03_1 | [삽질항공] 운항 일정 조회 |
| Part 2 | 4장 | ZSAPA04 | [삽질항공] 예약현황 조회 팝업 |
| Part 2 | 4장 | ZSAPA04_1 | [삽질항공] 운항 일정 조회 팝업 |

## 변수 명명규칙

프로그램 내부에 변수나 객체를 선언한 경우도 많았습니다. 무슨 의미인지도 모르고 타이핑하셨을 겁니다. 변수나 객체도 명명규칙이 있습니다. 이 책의 명명규칙은 다음과 같습니다.

### 1 일반 변수

gv_변수명 또는 lv_변수명으로 사용합니다. 앞의 g는 global 변수를 l은 local 변수를 의미합니다. V는 variable의 변수를 의미합니다.

```
DATA gv_var    TYPE i.           "정수형 변수
```

```
DATA gv_text     TYPE string.         "문자열 변수
DATA gv_date     TYPE d.              "날짜형 변수 (YYYYMMDD)
DATA gv_time     TYPE t.              "시간형 변수 (HHMMSS)
DATA gv_amount   TYPE p DECIMALS 2.   "소수점 2자리 숫자형 변수
```

### 2 구조체 변수

gs_변수명 또는 ls_변수명으로 사용합니다. 앞의 g와 l은 위와 동일하게 global과 local을 의미하고 다음의 s는 Structure를 의미합니다.

```
DATA: gs_sflight TYPE sflight.
"sflight 테이블의 구조를 따르는 단일 변수
```

### 3 인터널 테이블 변수

gt_변수명 또는 lt_변수명으로 사용합니다. 앞의 g와 l은 위와 동일하게 global과 local을 의미하고 다음의 t는 Internal Table을 의미합니다.

```
DATA: gt_sflight TYPE TABLE OF sflight.
"sflight 구조를 가지는 내부 테이블
```

### 4 클래스 변수

gr_변수명 또는 lr_변수명으로 사용합니다. 앞의 g와 l은 위와 동일하게 global과 local을 의미하고 다음의 r는 Reference 또는 Object Reference를 의미합니다. 주로 객체를 참조할 때 사용합니다.

```
DATA : gr_grid       TYPE REF TO cl_gui_alv_grid.
DATA : gr_container  TYPE REF TO cl_gui_container.
DATA : gr_splitter   TYPE REF TO cl_gui_splitter_container.
```

### 5 파라미터스와 셀렉트 옵션스

조회 화면에서 사용하는 파라미터스는 p_변수명 또는 pa_변수명으로 사용합니다. 셀렉트 옵션스는 s_변수명 또는 so_변수명으로 사용합니다. 이 둘은 8자리까지 가능하기 때문에 프로그램에서 사용하던 필드명 carrid 앞에 pa_를 붙이면 pa_carrid 9자리가 되어 오류가 발생합니다. 그래서 p_carrid와 같이 p_, s_가 더 많이 사용됩니다.

```
PARAMETERS     : p_carrid TYPE sflight-carrid.
SELECT-OPTIONS : s_carrid FOR sflight-carrid.
```

5가지 유형의 변수 선언 규칙을 정리해 보면 다음과 같습니다.

| 접두사 | 설명 | 예시 |
|---|---|---|
| gv_ | Global Variable 글로벌 변수 | gv_count |
| lv_ | Local Variable 로컬 변수 | lv_count |
| gs_ | Global Structure 글로벌 구조체 | gs_sflight |
| ls_ | Local Structure 로컬 구조체 | ls_sflight |
| gt_ | Global internal Table 글로벌 인터널 테이블 | gt_sflight |
| lt_ | Local internal Table 로컬 인터널 테이블 | lt_sflight |
| gr_ | Global Reference, Global object Reference 글로벌 객체 참조 변수 | gr_alv |
| lr_ | Local Reference, Local object Reference 로컬 객체 참조 변수 | lr_event_receiver |
| p_, pa_ | Parameters 파라미터스 | p_carrid |
| s_, so_ | Select-options 셀렉트 옵션스 | s_carrid |

# 에필로그

**To be continued….**

한 권을 또 끝냈습니다. 여기까지 오신 여러분께 경의를 표합니다. 이 책의 저자는 두 명입니다. 지금 에필로그를 쓰고 있는 저는 컨설턴트로 주로 활동하고 있고, 다른 한 분은 ABAP 개발을 주로 하고 계십니다. 그래서 이 책은 제가 다른 저자에게 질문하고 답을 정리하는 과정을 거쳐 완성되었습니다. 저도 같이 배우는 과정이었습니다. 어느 정도 판매가 되고 출판사가 허락한다면 이 포맷으로 몇 권을 더 쓰고 싶습니다. 여러분이 ABAP을 배우면서 느꼈던 어려움을 제가 너무 잘 알고 있기 때문입니다.

제가 ABAP 개발자가 아닌 컨설턴트가 된 이유가 아무리 노력해도 저에게 ABAP 개발자로서의 소양이 쌓이지 않았기 때문입니다. 너무 광범위하고 너무 어려워서 조금 공부하다가 현업 일에 치여서 포기하기를 서너번 반복했습니다. 그런데 이번에는 그렇지 않았습니다. 필요한 것만 전담 과외선생님께 필요한 때에 배웠기 때문입니다. 이번 책은 배우기에 가장 용이한 조회(Display) 프로그램만 다뤘습니다. 어떤 분은 이렇게 말씀하실 겁니다. 또 뭔가 시작할 거 같더니 끝낸다고. 맞습니다. 다음 책이 있습니다. 열심히 쓰고 있습니다. 기대해 주세요.

쉽다고 말씀드렸지만 절대 쉽지 않았을 겁니다. 최대한 여러 번 반복해 보세요.